Este coração é também uma flor, uma até maravilhosa.
Não é modesta violeta, nem rosa sorridente, nem lírio imaculado
ou florzinha qualquer que através da amabilidade cortês alegra
o sentido das garotas, e se deixa, bonita, enfiar em seios ainda mais
bonitos, e hoje murcha e amanhã floresce de novo. Este coração
assemelha-se mais àquela flor pesada, exótica das florestas do Brasil
que, segundo a lenda, só floresce uma vez a cada cem anos.
Eu me lembro de ter visto uma flor dessas quando menino.
Ouvimos um estampido à noite, como o de uma pistola,
e na manhã seguinte os filhos do vizinho me contaram que havia
sido seu "aloé" que desabrochara de repente com tal barulho.
Conduziram-me ao seu jardim, e ali vi, para meu espanto,
que a planta baixa e rígida, com folhas estupidamente largas,
serrilhadas e pontiagudas, nas quais se podia facilmente ferir,
estava agora projetada para o alto, e em cima carregava,
feito uma coroa dourada, o broto mais esplêndido.

H. Heine – *Viagem ao Harz*

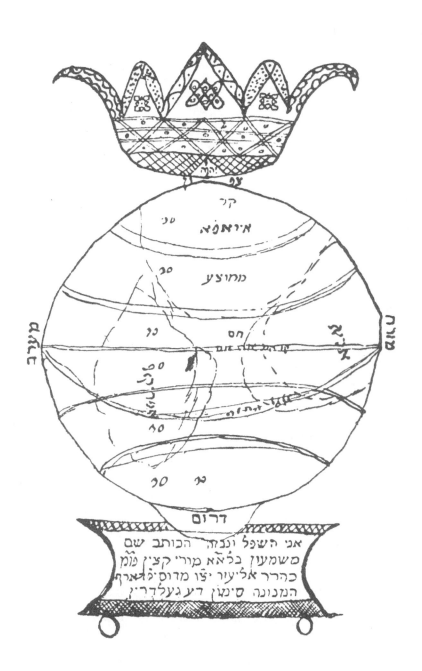

Coleção Signos
dirigida por Augusto de Campos

Supervisão editorial
J. Guinsburg

Capa
Age de Carvalho

Projeto gráfico
André Vallias

Ilustrações da contracapa
H. Heine

Revisão de texto
Eduardo Coelho

Revisão de prova
Márcia Abreu

Produção editorial
Ricardo W. Neves
Sergio Kon
Lia N. Marques
Luiz Henrique Soares.

A publicação desta obra foi amparada por um auxílio do Goethe-Institut, fundado pelo Ministério Alemão de Relações Exteriores.

heine hein?
poeta dos contrários

introdução e traduções
andré vallias

CIP-BRASIL. CATALOGAÇÃO-NA-FONTE
SINDICATO NACIONAL DOS EDITORES DE LIVROS, RJ

H381H

Heine, Heinrich, 1797-1856
Heine, hein? : Poeta dos contrários – São Paulo :
Perspectiva : Goethe-Institut, 2011
(Signos : 53)

ISBN 978-85-273-0915-8

1. Poesia alemã 1. Vallias, André. II. Título. III. Série
11-1604.   CDD: 831
                            CDU: 821.111.2-1
    22.03.11   23.03.11   025274

[PPD]

Direitos reservados à
EDITORA PERSPECTIVA LTDA.
Av. Brigadeiro Luís Antônio, 3025
01401-001 – São Paulo – SP – Brasil
Telefax: (11) 3885-8388
www.editoraperspectiva.com.br

Ao carbonário Décio Pignatari
que me deixou com Heine
atrás da orelha!

Sumário

Introdução | Poeta dos contrários 11

Daguerreótipos 35

Verdadeiramente 43

Sonetos-afresco 59

Resenha 69

Nas asas da canção 77

Cartas de Helgoland 147

Uma gaivota 177

Memorial 217

Degeneração 231

Ela dança 263

Poemas do tempo 279

Auto da fé 329

Navio negreiro 381

Larga as parábolas 397

Último canto 435

Adendo | Crônicas do Sr. Um nada 451

Adendo | *Obras disponíveis no Brasil* 493

Notas 495

Índice | *analítico-remissivo* 517

Índice | *de imagens* 535

Índice | *geral* 537

Introdução

Alegra-me que tenha gostado do meu prefácio; infelizmente não tive
tempo nem ânimo para expressar aquilo que realmente desejava,
ou seja, que morro como poeta, que não carece nem de Religião
e nem de Filosofia, e que não tem nada a ver com ambas.
O poeta entende muito bem o idioma simbólico da Religião e o jargão
abstrato da Filosofia, mas nem os senhores da Religião nem os da
Filosofia hão de entender jamais o poeta, cuja linguagem sempre
lhes parecerá grego [...]

H. Heine a Georg Weerth, 5 de novembro 1851

Poeta dos contrários

HEINE – poeta, escritor, jornalista e pensador (nascido Harry, em 1797; batizado Heinrich, em 1825; falecido Henri, em 1856) – foi uma das personalidades mais fascinantes e contraditórias do século XIX. Aluno do crítico, tradutor e teórico da literatura August von Schlegel, do linguista e sanscritólogo Franz Bopp e do filósofo Georg Hegel, ascendeu dos salões literários de Berlim à efervescente metrópole parisiense – onde conviveu com Balzac, Alexandre Dumas, Chopin, George Sand, Berlioz, Barão de Rothschild, Théophile Gautier, Franz Liszt, Gérard de Nerval, entre outros – para se tornar o primeiro artista e intelectual judeu-alemão de ampla repercussão internacional. Influenciou tanto Karl Marx, de quem foi grande amigo, quanto Nietzsche e Sigmund Freud, para ficarmos apenas entre os baluartes da Modernidade, palavra que, por sinal, ele próprio introduziu no vocabulário moderno, sem grande alarde, em 1826, quando Baudelaire tinha apenas cinco anos de idade.

Multifacetado e paradoxal, Heine desafia até hoje os que tentam lhe traçar o retrato. Seu amigo e mais próximo tradutor Gérard de Nerval resumiu numa frase o fascínio e desconcerto que a imagem incapturável do poeta provocava em seus contemporâneos: "Jamais um Proteu tomou tantas formas, jamais o Deus da Índia passeou sua alma divina numa série tão longa de avatares".

As alcunhas e definições que forjou para si ou amealhou dos amigos, admiradores, adversários, críticos e difamadores formam uma colcha de retalhos tão colorida e variada quanto os seus

Quadros de Viagem – uma mistura caleidoscópica de relatos, crônicas de costume, poesia, sátira política, reflexões filosóficas, anedotas, mitologia, fábulas populares, crítica literária e cultural – que costurou com perícia incomum para ludibriar os censores e contrabandear o seu ideário subversivo para o grande público:

filho da Revolução [1] | talento sem caráter [2] | uma mistura do sentimentalismo mais alto com as travessuras mais tolas [3] | um mercenário desmascarado da França [4] | verdadeiro humorista [5] | nunca mais do que um mestre de dança judeu [6] | um rouxinol alemão que se aninhou na peruca de Voltaire [7] | a grande cabeça entre os conspiradores [8] | Petrarca da Festa das Cabanas [9] | homem dos contrários [10] | único judeu-alemão que podia se dizer verdadeiramente judeu e alemão [11] | filho de Rabelais e Lutero [12] | homem de guerra, de escaramuça rápida, arqueiro fugidio e um pouco cruel [13] | um desavergonhado glorioso [14] | uma alma amante da beleza e criadora de mito, aprisionada numa moldura hebraica [15] | apóstolo entusiasta da reabilitação da carne [16] | herói dos boulevards [17] | Grande Pagão nº 2 [18] | paladino do espírito moderno [19] | não eco mas uma voz real [20] | ágil paramentador de sentimentos preexistentes [21] | um judeu que tentou se afrancesar [22] | cosmopolita encarnado [23] | a mais profunda corrupção da poesia alemã [24] | Arlequim doloroso [25] | falastrão espirituoso, ímpio e frívolo, e no entanto um verdadeiro poeta [26] | um cavaleiro militante e jovial do Espírito Santo [27] | o mais francês dos alemães [28] | corifeu de todo um bando de corações em frangalhos [29] | democrata pelo coração, aristocrata pelo espírito [30] | um fator violento nas forças destrutivas do seu tempo [31] | romântico desfradado [32] | o primeiro poeta alemão, como também o é Hölderlin [33] | prussiano liberado [34] | o tipo acabado do judeu marginal [35] | Eufórion, o filho de Fausto e da bela Helena [36] | acontecimento europeu [37] | depois de Shakeaspeare, o mais amável dos homens [38] | um bravo soldado na guerra de libertação da humanidade [39] | o mais perfeito de todos os poetas [40]

1. H. Heine; 2. Ludwig Börne; 3. George Sand; 4. Heinrich von Treitschke; 5. Arthur Schopenhauer; 6. Adolf Bartels; 7. H. Heine; 8. Clemens von Metternich; 9. August von Platen; 10. Gérard de Nerval; 11. Hannah Arendt; 12. Barbey d'Aurevilly; 13. Charles A. Sainte-Beuve 14. Alfred Kerr; 15. Emma Lazarus; 16. James Thomson; 17. Hermann Marggraff; 18. H. Heine; 19. Mathew Arnold; 20. George Eliot; 21. Karl Kraus; 22. Guillaume Apollinaire; 23. H. Heine; 24. Wolfgang Menzel; 25. Benedetto Croce; 26. Hans Christian Andersen; 27. Havelock Ellis; 28. Louis Ducros; 29. Theodor Fechner; 30. Lucien Lévy-Bruhl; 31. Wilhelm Dilthey; 32. H. Heine; 33. Jorge Luis Borges; 34. H. Heine; 35. Anatol Rosenfeld; 36. Théophile Gautier; 37. Friedrich Nietzsche; 38. Frank Harris; 39. H. Heine; 40. Robert Louis Stevenson.

* * *

Nasceu em Düsseldorf, às margens do Reno, em 13 de dezembro de 1797. Em Frankfurt e Hamburgo, malogrou no mundo mercantil e financeiro. Estudou Direito, Literatura e Filosofia em Bonn, Göttingen e Berlim, onde se engajou na Associação para a Cultura e Ciência dos Judeus e iniciou sua atividade jornalística, tornando-se o primeiro *flâneur* moderno. Viajou pelo Harz, que lhe forneceu o estofo de seu primeiro grande sucesso literário: *Quadros de viagem.* Tentou em vão ingressar na carreira acadêmica em Munique. Esteve na Polônia, Itália e Inglaterra. Em 1827, publicou um dos livros de poesia mais bem-sucedidos do Ocidente, o *Livro das Canções.* Durante férias, num balneário do mar do Norte – que ele, aliás, introduziu como tema na literatura alemã –, foi surpreendido pela "boa-nova" da Revolução de 1830. Sem perspectivas na Alemanha, aproveitou o momento favorável para radicar-se em Paris, de onde só viria a sair para duas rápidas incursões a Hamburgo. Na "Metrópole do século XIX", atuou como jornalista correspondente, destroçou o *De l'Allemagne* de Madame de Staël, jogou uma pá de cal na Escola Romântica alemã, inaugurando a fórceps "um novo período" literário. Enquanto divulgava poemas políticos, deu a público a mais contundente crítica ao engajamento artístico: o épico-satírico *Atta Troll. Um Sonho de Uma Noite de Verão.* Foi um dos autores de língua alemã mais lidos e censurados de seu tempo, e um ativo mediador dos dois povos que considerava os "eleitos" da humanidade – franceses e alemães. Na segunda coletânea, *Novos Poemas,* de 1844, sacudiu a terra natal com o épico-satírico *Alemanha. Um Conto de Inverno.* A doença – que julgava ser a sífilis – o fez passar os últimos oito anos da vida entrevado numa "cripta de colchões", trabalhando incansavelmente, sob doses cada vez mais fortes de morfina. Lançou ainda *Romanzero,* em 1851; e *Poemas. 1853 e 1854.* Morreu no dia 17 de fevereiro de 1856, em Paris.

* * *

Se Goethe e Schiller – ou mesmo Hölderlin (apesar do atraso de quase um século) – puderam gozar sem sobressaltos a aposentadoria no panteão da literatura alemã, o mesmo não se pode dizer de Heine, que ainda estaria suscitando controvérsias até a década de 1980: da celeuma em torno do monumento para seu centenário de nascimento, em 1897, ao conturbado processo de nomeação da Escola Superior de Medicina de Düsseldorf para Heinrich-Heine-Universität, em 1965, que se estenderia por incríveis 23 anos.

Nenhum outro autor de língua alemã foi merecedor de opiniões tão divergentes e extremadas. O filósofo Friedrich Nietzsche enalteceu, paradoxalmente, o poeta judeu-alemão como poucos o fizeram na Alemanha:

O mais alto conceito de poeta lírico me foi dado por Heinrich Heine. Procurei em vão em todos os reinos, através dos milênios, por uma música tão doce e apaixonada quanto a sua. Ele possuía aquela malícia divina sem a qual eu não consigo pensar a perfeição. (...) E como maneja o alemão! Um dia hão de dizer que Heine e eu fomos de longe os primeiros artistas da língua alemã – numa distância incomensurável de tudo o que simples alemães fizeram com ela.

Já o escritor, jornalista e dramaturgo judeu-austríaco Karl Kraus empreendeu uma cruzada tão violenta contra Heine, entre os anos de 1910 e 1917, que por pouco não o varreu do horizonte intelectual de toda uma geração:

> Sem Heine nenhum folhetim. Essa é a doença francesa que ele nos inoculou. Como é fácil ficar doente em Paris! Como se afrouxa a moral do sentimento-de-linguagem alemão! [...] Heine foi um Moisés que bateu o seu cajado no rochedo da língua alemã. Mas rapidez não é nenhuma mágica, a água não jorrou da pedra, ele a carregou na outra mão; e era água-de-colônia. Heine fez do milagre da criação de linguagem um número de mágica. Ele fez o máximo que era possível se fazer com a linguagem; porém mais alto está o que se faz da linguagem. Ele conseguia escrever cem páginas, mas não dar forma à linguagem das cem páginas não escritas.

Walter Benjamin e Elias Canetti, que parecem ter dado ouvidos a Kraus, passaram batidos por Heine. Georg Lukács reconheceu-lhe a importância no ensaio "Heinrich Heine como poeta nacional". Hannah Arendt, no entanto, foi bem mais calorosa nas páginas que lhe dedicou em *O Judeu como Pária* – "Heinrich Heine: O Schlemihl e Senhor dos Sonhos". Theodor

poeta dos contrários

W. Adorno, no célebre discurso que proferiu por ocasião do centenário de morte do poeta – "A Ferida Heine" –, marcou com o sinal de sangue a prosa heineana, louvando o autor como último *Aufklärer*, mas deixou sua poesia à mercê do anjo exterminador. Por ironia do destino, foi justamente a geração que azucrinou o mestre de Frankfurf em 1968 que começaria o longo processo de reabilitação de Heine nos países de língua alemã, precedidos que foram por Paul Celan, Helmut Heissenbüttel e Hans Magnus Enzensberger.

Incomparavelmente melhor foi a recepção de Heine entre o povo que mereceu suas sátiras mais mordazes. O poeta e crítico cultural Mathew Arnold, uma das vozes mais influentes da Inglaterra vitoriana, louvou o poeta num grande ensaio, em 1863, destacando sua "batalha de vida e morte contra o filistinismo". Ao compará-lo com Byron, "a maior força natural, o maior poder elementar" desde Shakespeare, concluiu que o Lord, "exceto por seu gênio, era um ordinário aristocrata britânico do século XIX, com pouca cultura e sem ideias", enquanto Heine "tinha toda a cultura da Alemanha; em sua mente fermentavam todas as ideias da Europa moderna".

Não menos efusiva foi a escritora George Eliot, em seu notável *German wit: Heinrich Heine*, onde, discorrendo sobre as diferenças entre *wit* e *humour*, traçando paralelos com Voltaire, Lessing, Jean Paul e Goethe, proporcionou ao público inglês uma brilhante e original apresentação do poeta judeu-alemão. Em 1890, seria a vez do polêmico Havelock Ellis – médico, psicólogo, sexólogo e reformador social – erguer a bandeira de Heine, junto às de Diderot, Whitman, Ibsen e Tolstói, em seu influente *O Novo Espírito*:

> Heine reúne e concentra para nós, num único e vívido ponto, todas as influências de seu próprio tempo que são as forças do

presente. Ele aparece diante de nós, para colocarmos em sua própria maneira, como um cavaleiro militante e jovial do Espírito Santo, investindo contra os fantasmas do passado e libertando as energias aprisionadas do espírito humano. Seu interesse, sob este ponto de vista, encontra-se aparte de seu interesse como um poeta lírico supremo, o irmão de Catulo, de Villon e Burns.

Em 1913, residindo na Inglaterra, o poeta norte-americano Ezra Pound recomendaria Heine ("quando está na veia"), Gautier ("quando não está muito frígido"), Safo, Catulo e Villon a todos que desejam "a essência da matéria", em seu "Alguns nãos por um imagista". Mas o testemunho de admiração mais eloquente ao poeta, ele o deixou em versos, no poema "Oboes (II – After Heine)" e nas "Translations from Heine", publicados na coletânea *Canzoni* (1911), onde anexou aos sete traduzidos um poema-homenagem:

Tradutor ao Traduzido

Ó Harry Heine, cheguei atrasado
para jantar contigo, que diabos!
Quem há de demolir com tanto esmero
a pompa da Filístia e o Lero-lero!

Heine foi traduzido em profusão – na Itália, haveria até de gerar uma disputa entre os poetas Zendrini e Carducci pela primazia tradutória. Foi vertido, adaptado, parodiado e plagiado à exaustão em todo o continente europeu, com especial intensidade nos países da Europa Oriental. Em russo, seus poemas começariam a ser traduzidos já em 1827, por seu amigo, o poeta e tradutor Fiódor Tiútchev, um dos três expoentes da Idade de

Ouro da literatura russa, ao lado de Púschkin e de Lérmontov, que também o traduziu. O interesse por sua obra se renovaria no início do século XX, quando sua poesia atraiu a atenção de poetas e tradutores das mais variadas vertentes – simbolistas, acmeístas, futuristas etc. –, entre os quais Blok, Annenskii, Tsvetáieva, Maiakóvski, Tinianov, Pasternak e Nabokov.

Na França, onde viveu os últimos vinte e cinco anos de vida, Heine, apesar de ter-se integrado perfeitamente, tornando-se uma celebridade inconteste da vida cultural parisiense, não apenas jamais abdicou de sua condição de estrangeiro, como dela se valeu com estratégia. No prefácio, datado de 20 de maio de 1834, que escreveu para a primeira edição de seus *Tableaux de Voyage*, revelou-se um precursor da teoria da tradução de Walter Benjamin, e um poeta "antropofágico" *avant la lettre*:

> Será sempre uma questão difícil de resolver, esta de saber como se deve traduzir em francês um escritor alemão. Devemos podar, aqui e ali, pensamentos e imagens, quando não atenderem o gosto civilizado dos franceses, e quando possam parecer-lhes um exagero desagradável ou mesmo ridículo? Ou devemos introduzir o alemão selvagem no belo mundo parisiense com toda a sua originalidade de além-Reno, fantasticamente colorido e sobrecarregado de ornamentos tão românticos? Na minha opinião, não creio que devamos traduzir o selvagem alemão em francês domesticado, e eis que me apresento aqui em minha barbárie nativa, a exemplo dos charruas, a quem destes, no verão passado, uma acolhida tão benévola. Eu também sou um guerreiro, como foi o grande Tacuabé. Ele está morto hoje, e seus restos mortais cuidadosamente preservados no Jardim das Plantas, no Museu Zoológico, esse Panteão do reino animal.

Confundindo-se nos nomes, o poeta referia-se a um grupo de índios da etnia charrua – Vaimacá Perú, Senaqué, Tacuabé e a índia Guyunusa – sobreviventes do "massacre de Salsipuedes", perpetrado pelo presidente uruguaio Fructuoso Rivera, em 1831. Levados por François Curel como atração pública a Paris, morreriam todos, com exceção de Tacuabé, já no primeiro ano de estadia. O esqueleto do cacique Vaimacá Perú permaneceu exposto no Musée de l'Homme até 2002, quando foi finalmente transladado para o Uruguai.

Bastante contraditórias foram as opiniões acerca de quão perfeitamente Heine se expressava no idioma francês. Adolphe Thiers, em 1850, teria afirmado numa roda de amigos: "O homem, no momento em que estamos, que melhor escreve em francês é um estrangeiro, esse estrangeiro é um alemão, e esse alemão é Henri Heine". Em outra ocasião, acrescentou: "O fugitivo de Düsseldorf fazia o que bem queria com a nossa língua". Por outro lado, seu tradutor Saint-René Taillandiers foi categórico ao dizer: "Apesar da opinião contrária muito difundida na França e na Alemanha, Heine não escrevia em nossa língua, ele a conhecia perfeitamente, apreciava suas sutilezas, suas delícias, mas era incapaz de construir uma frase elegante, que não estivesse atravancada de germanismos". Mas revelou também o quanto o poeta trabalhava exaustiva e minuciosamente em cada tradução, alterando e polindo o resultado até se dar por satisfeito.

Por estranho que nos pareça hoje, Heine, em vida, apenas teria seus poemas traduzidos em prosa para o francês. Fato nada incomum na época, mas reforçado pelo retrato que ele fazia do idioma de Voltaire:

> A língua francesa é muito mais um produto da sociedade, e carece da interioridade e ingenuidade que apenas uma fonte de palavras

brotada do coração do povo e fecundada pelo sangue deste pode proporcionar. Por outro lado, a declamação francesa possui uma graça e fluidez que é completamente estranha e até impossível ao inglês. Na França, a fala foi, durante trezentos anos, tão filtrada pela tagarelante vida social, que ela perdeu irrecuperavelmente todas as expressões torpes e construções obscuras, toda a escuridão e maldade, mas também todos os aromas, todos aqueles poderes de cura naturais, todas aquelas mágicas secretas que fluem e gotejam na palavra crua. A língua francesa, e portanto também a declamação francesa, está, assim como o próprio povo, orientada apenas para o dia, para o presente; o reino crepuscular das lembranças e da intuição lhe está vedado: ela floresce sob a luz do Sol, e dele advém seu calor e linda claridade; estranha e inóspita é-lhe a noite com o pálido luar, as místicas estrelas, os sonhos doces e fantasmas terríveis.

Mas tinha bons motivos para duvidar da capacidade poética de seu país de exílio: a revolução de linguagem que faria o idioma francês ressurgir verdadeiramente para a poesia ainda estava por acontecer. Os poetas que falaram propriamente no "tom" de Heine não tinham sequer nascido quando ele publicou – em 1837 – essas observações, como Verlaine (1844), Corbière (1845), Rimbaud (1854) e Laforgue (1860). Este último, não por acaso – e curiosamente nascido na terra dos charrua –, receberia a alcunha de "Heine francês".

O fato de que, além de Nerval, nenhum outro grande poeta-tradutor tenha vertido a obra de Heine pode dar a entender que sua repercussão na França tenha sido relativamente fraca. Um exame mais atento, contudo, há de revelar que os poetas franceses – seus contemporâneos e das décadas subsequentes –, se não o traduziram foi porque talvez estivessem demasiadamente ocupados em digerir o "corpo estranho" de sua poesia. Heine foi o antídoto para a poesia oceânica de Victor Hugo.

Gérard de Nerval, que traduziu e publicou "As Poesias de Henri Heine" na *Revue des Deux Mondes*, em 1842, declarou-se completamente enfeitiçado pelo "fugitivo de Düsseldorf":

> Nele, ideia e forma se identificam completamente; ninguém impeliu tão longe a cor e o relevo. Cada uma de suas frases é um microcosmo animado e brilhante; suas imagens parecem vistas numa *camera obscura* [...]

"O poeta impecável" Théophile Gautier, "mago perfeito das letras francesas", a quem Baudelaire dedicou suas "flores doentias", não foi apenas amigo de Heine, mas um tributário confesso de sua obra; não seria exagero dizer que "quando não está muito frígido", Gautier é heineano. Já a dívida de Charles Baudelaire para com o poeta judeu-alemão daria certamente assunto para um livro inteiro: sobre a história de uma influência escamoteada.

Em 1853, no artigo "A Escola Pagã", o poeta francês deu as costas ao que chamou de "literatura podre de sentimentalismo materialista" de Heine; em 1865, todavia, quando o crítico Jules Janin, no folhetim "Henri Heine e a Juventude dos Poetas", tripudiou sobre sua memória, Baudelaire o defendeu numa carta indignada:

> Caro senhor, se eu quisesse amainar completamente a cólera que provocou em mim, escrever-lhe-ia cinquenta páginas no mínimo, e provaria que, contrariamente à sua tese, nossa pobre França só tem muito poucos poetas, e que ela não tem um só a rivalizar com Henri Heine".

Era o que pensavam vários dos poetas da antologia *Le Parnasse Contemporain*. Ligados a Théophile Gautier, foram quase todos admiradores declarados do autor do "Intermezzo Lírico" e *Atta Troll*, colocando-o no mesmo patamar do monstro sagrado Victor Hugo. Em 1867, o crítico Sainte-Beuve comentaria: "Heine está muito em voga entre nós". E Paul Ginisty diria em 1886: "Durante os trinta anos que se passaram, o nome de Heinrich Heine só tem crescido [...]".

E continuou influenciando, direta ou indiretamente, os poetas das gerações seguintes: as traduções que Nerval fez em prosa de seus poemas seriam, por exemplo, determinantes para o "poema em prosa" simbolista; e André Breton ainda o citaria – sem lhe creditar, contudo – no "Manifesto do Surrealismo".

Portanto, é bastante incompreensível que a Bibliothèque de la Pléiade tenha prestigiado Lutero, Kant, Goethe, Hölderlin, Marx, Nietzsche, Rilke, Kafka e Ernst Jünger (!) em seu acervo de língua alemã, e relegado o tão influente Henri Heine ao Cemitério de Montmartre.

Na literatura portuguesa e brasileira, os poemas do *Livro das Canções* foram vertidos, na maioria das vezes, a partir das traduções francesas em prosa, e quase sempre convertidos para o verso. Não obstante, traduções do original também apareceram desde o início, como no caso de Gonçalves Dias e Francisco Adolfo de Varnhagen, no Brasil, e Gomes Monteiro, em Portugal. Todavia, quem mais se destacou no romantismo luso-brasileiro foi Álvares de Azevedo, que parece ter sido o único poeta, no período, a ter se deixado impregnar pelo coloquialismo irônico dos *Novos Poemas* de Heine, dos quais traduziu "Diga-me quem inventou o relógio". Sua pequena obra-prima "Namoro a Cavalo", escrita presumivelmente em 1851, é de nítida inspiração heineana.

Machado de Assis, admirador declarado do poeta, verteu poemas de Heine a partir de traduções francesas, mas veio a fazê--lo do original, após ter aprendido o idioma alemão por influência de Tobias Barreto, o mais ativo divulgador da cultura alemã no Brasil nas décadas de 1870 e 80, que não apenas absorveu a poesia e prosa heineanas mas, principalmente, seus escritos teológico--filosóficos. Na era de Bismarck, quando o patriotismo germânico já começava a exalar xenofobia a todo vapor – o jurista, filósofo, poeta e jornalista sergipano haveria de fazer uma defesa singular do judeu Heinrich Heine contra ataques de cunho antissemita.

Em Portugal, na chamada Geração de 70, Heine manifestou--se com toda a clareza, tendo o seu nome circulado na companhia de Gérard de Nerval, e não raro posto acima de Victor Hugo, como revelou Jaime Batalha Reis na introdução que escreveu para o livro *Prosas Bárbaras*, de Eça de Queirós, reunindo os folhetins publicados na *Gazeta de Portugal*, nos anos de 1866 e 1867:

> A maior influência nesse período sobre Eça de Queirós – a de Heine – foi também considerável sobre alguns dos seus mais ilustres contemporâneos e amigos. Vê-se nas poesias, mais tarde reunidas por Antero de Quental sob o nome de *Primaveras românticas* [...].

Ainda que a poesia política de Antero de Quental estivesse mais próxima da "poesia-tendência" satirizada no *Atta Troll*, ele se mostrou um autêntico satirista heineano na "Carta de H. Heine a Gérard [de] Nerval", que deu a lume no bissemanário *O Século XIX*, em 1864.

O poeta Castro Alves, por sua vez, tinha mais afinidades com Victor Hugo do que com Heine, mas foi num poema homônimo do último, escrito em 1853, que ele se inspirou para escrever sua obra mais emblemática – "O Navio Negreiro", de 1868. Mais tarde, usaria uma célebre declaração heineana em francês como epígrafe de seu livro *Os Escravos*:

> Eu realmente não sei se mereço que algum dia me enfeitem o caixão com uma coroa de louros. A poesia, por mais que eu a tenha amado, me foi sempre um brinquedo sagrado, ou um meio abençoado para um fim celestial. Jamais atribuí grande valor à posteridade de poeta, e se louvam ou criticam meus poemas, pouco me importa. Porém uma espada deveis colocar sobre meu caixão; pois fui um bravo soldado na guerra de libertação da humanidade.

Em 1878, o pseudônimo "Atta Troll" circulou nas páginas do *Diário do Rio de Janeiro*, na polêmica travada em versos entre os poetas românticos e os adeptos da "Ideia Nova", marco inaugural do parnasianismo brasileiro. Poucos anos depois – quem sabe, como comentário críptico de um "romântico desfradado" – o urso dançarino de Heine haveria de aparecer canibalizado em "O Inferno de Wall Street" (*O Guesa*), de Joaquim de Sousândrade:

> (Practicos mystificadores fazendo seu negócio;
> *self-help* ATA-TROLL:)

> — Que indefeso cáia o extrangeiro,
> Que a usura não paga, o pagão!
> = Orelha ursos tragam,
> Se afagam,
> Mammumma, Mammumma, Mammão.

(Magnetico *handle-organ*; *ring* d'ursos sentenciando
à pena-última o architecto da PHARSALIA; odysseu
fantasma nas chammas dos incendios d'Albion:)

— Bear... Bear é ber'beri, Bear... Bear...
= Mammumma, mammumma, Mammão!
  — Bear... Bear... ber'... Pegásus...
    Parnasus...
= Mammumma, mammumma, Mammão!

Em Portugal, a poesia de Heine teria ainda forte influência
em Cesário Verde e Eugénio de Castro, que traduziu alguns
poemas do "Intermezzo Lírico". Já no periférico simbolismo
brasileiro, Heine esteve bem representado por dois expoentes
– Cruz e Sousa e Alphonsus de Guimaraens. O poeta de Minas
Gerais empreendeu a primeira tradução integral de um ciclo de
Heine – "Nova Primavera" –, com 44 poemas, publicados em
1898, na *Revista Brasileira*, de José Veríssimo. O poeta de Santa
Catarina, além de mencioná-lo em três de seus poemas em prosa
do livro *Missal* (1893), rendeu-lhe homenagem em um de seus
Últimos Sonetos – "Rir!":

[...]
Antes chorar que rir de modo triste...
Pois que o difícil do rir bem consiste
Só em saber como Henri Heine rir!...

O poeta esteve bastante em voga na última década do
século XIX. Além da mencionada tradução de Alphonsus de
Guimaraens, foi objeto de uma outra iniciativa editorial: da
revista *A Semana*, dirigida por Valentim Magalhães e Max

Fleiuss, que encomendaram a escritores e poetas consagrados traduções do "Intermezzo lírico"; estas seriam publicadas na edição de 14 de abril de 1894, e reunidas em livro no mesmo ano. Atenderam à solicitação: Machado de Assis, Raul Pompeia, Raimundo Correia, Luís Delfino, João Ribeiro, Afonso Celso, Francisca Júlia, entre outros.

Muito amigo de Valentim Magalhães, Euclides da Cunha, germanófilo convicto, não traduziu Heine, contudo certamente inspirou-se nele para criar sua pequena mas não irrelevante obra poética, como revela este poema-postal de 1904:

NUM CARTÃO POSTAL
[Em que se vê uma mulher, com roupão de banho, lendo numa praia]
A Reinaldo Porchat

Lê?... Não lê. Aquele ar não é por certo
De quem medita. É o ar de quem atrai.
E se qualquer de nós, naquelas praias,
Aparecesse, quedaria incerto,

Sem saber distinguir quem mais nos trai
– Entre a insídia de uma onda ou de um afago
Se o velho mar misterioso e vago,
Ou esse abismo de roupão e saias!

No modernismo brasileiro, Heine estreou em grande forma com Manuel Bandeira, que na temporada de treze meses que passou na Suíça, entre 1913 e 14, para tratatamento da tuberculose, reforçou o alemão aprendido no ginásio para ler Goethe, Lenau e Heine. Contudo, foi só o último que deu as caras no poema satírico antiparnasiano "Os Sapos", escrito em 1917, verdadeiro "abre alas" da geração que faria a Semana de Arte Moderna. Enquanto tradutor, o poeta pernambucano-carioca daria mais atenção a Hölderlin do que a Heine, de quem só traduziu um poema; não obstante, inseriu um verso inteiro do poema mais musicado do *Livro das Canções*, na segunda estrofe de "Imagens de Juiz de Fora", de 1948:

> Entras, mimosa e cândida,
> E enleado em teu perfume
> Gagueja um poeta pálido:
> 'Du bist wie eine Blume...'

Quanto a Carlos Drummond de Andrade, uma pergunta se coloca... O heineano "O rapaz ama uma jovem" (1822) teria inspirado a drummondiana "Quadrilha" (1930) – "João amava Teresa que amava Raimundo" – que por sua vez inspirou o cabralino "Os Três Mal-amados" (1942)?

O século XX lusófono, contudo, não foi nada pródigo em traduções de Heine, especialmente em poesia. No Brasil, a única coletânea – *Livro das Canções* –, organizada por Jamil Almansur Haddad, e publicada numa edição sem data, no final dos anos de 1940, limitou-se a recolher traduções do século XIX, acrescidas de apenas duas feitas por contemporâneos: Manuel Bandeira e Geir Campos. Afora algumas iniciativas esparsas – "O Navio Negreiro", por Augusto Meyer; alguns poemas por João Barrento, Nelson Ascher, Marco Lucchesi, Marcelo Backes, entre outros –, Heine teria fechado o século à míngua, não fossem as dez traduções que Décio Pignatari publicou em seu *31 Poetas – 214 Poemas: do Rig-Veda e Safo a Apollinaire*, em 1996, onde colocou Heine ao lado de Burns, Byron, Leopardi, Browning e Rimbaud.

poeta dos contrários

A recepção de Heine nos países de língua espanhola foi sem dúvida superior, não somente pela quantidade e qualidade das traduções, mas pela intensidade e reconhecimento da influência. Em 1883, o grande historiador e polígrafo espanhol Menéndez Pelayo – no prólogo para *Poemas y Fantasías de Enrique Heine*, traduzidos por José J. Herrero – confessou que "em outros tempos, gostava pouco de Henrique Heine, considerado como poeta lírico", admirando tão somente sua "prosa brilhante e cáustica", mas que havia educado o seu gosto e "se convertido no mais fervoroso de seus admiradores e o mais desejoso de propagar seu conhecimento na Espanha", declarando ainda:

> Nunca a mistura de espontaneidade e de reflexão chegou na arte moderna a um ponto mais alto. Nunca se alcançou efeito mais profundo com meios mais sensíveis, com histórias quase triviais de amor. Nunca floresceu uma poesia mais intensamente lírica, e mais desligada das condições de raça e de tempo; mais própria, em suma, para servir de expressão palpitante a sentimentos de todos os povos e de todas as latitudes. Nunca ideias e afetos mais flutuantes, mais ondulosos, mais difíceis de aprisionar na tela de ouro e seda que a palavra rítmica tece, vieram tão dóceis ao conjuro do poeta. Nunca mãos céticas tocaram com tanto amor as luminosas quimeras da vida.

Exatamente um século depois, o poeta e escritor argentino Jorge Luis Borges, também num prólogo – para a coletânea *Alemania, Cuento de Invierno y Otras Poesías*, realizada por seu amigo Alfredo Bauer –, revelou que aprendera o idioma alemão instigado principalmente por Arthur Schopenhauer e pelo escocês germanófilo Thomas Carlyle, "mas do modo mais agradável que se possa imaginar: a leitura do *Buch der Lieder*", e concluiu peremptoriamente:

Sou heterodoxo em muitas matérias. Contra o parecer de toda a Alemanha e de todas as universidades do globo, direi que Heinrich Heine é, para mim, o primeiro poeta alemão, como também o é Hölderlin. Robert Louis Stevenson foi mais longe; em algum lugar de sua vasta obra, que não posso fixar agora mas que recordo com precisão, deixou escrito que Heine é o mais perfeito de todos os poetas. Goethe e Nietzsche foram sem dúvida mais complexos e mais dignos de análise, mas a poesia os visitou com menos frequência.

* * *

Heine talvez continue a desafiar nossos parâmetros, provocando desconfiança e rejeição, porque não se encaixa no modelo binário que seu admirador Friedrich Nietzsche propagou – ele não é apolíneo nem dionisíaco. Pertence a uma terceira categoria que o Ocidente relegou às sombras. Havelock Ellis acertou em cheio quando chamou o poeta judeu-alemão de "Hermes travesso".

O culto dessa que é uma das mais primordiais e complexas divindades da Antiguidade estaria ligado aos rituais de fecundação, de onde adveio sua associação ao intercurso, à criatividade e à invenção. Não por acaso, Hermes era o protetor tanto dos poetas e pensadores, dos diplomatas e tradutores, como dos comerciantes e ladrões. Era o Arauto de Zeus, o Senhor dos caminhos, o Transgressor das fronteiras. A ele foram atribuídas tanto a criação da lira – brinquedo com o qual aplacou a ira de Apolo – como da escrita.

Na Idade Média, ele foi defenestrado. Mas continuou ativo – rebaixado como jogral, na corte – ou temido como o "Tinhoso", nas encruzilhadas. O *jokerman* – "You're a man of the mountains, you can walk on the clouds, Manipulator of crowds, you're a dream twister" – como haveria de cantar mais tarde um outro judeu errante e fugidio – Robert Zimmerman, por alcunha Bob Dylan –, quem sabe o avatar mais próximo e recente de Harry Heine. (Ou seria o genial quadrinista Art Spiegelman?)

Foi o primeiro poeta verdadeiramente midiático do século XIX, o primeiro a se apropriar com estratégia das redes de influência, das engrenagens do jornalismo e dos melindres do mercado editorial, sem jamais trair, no entanto, seu projeto iluminista de "libertação da humanidade". Foi o mais autêntico – se não o único – utópico esclarecido de seu tempo. O maior contrabandista de ideias. Nele confluem a *Aufklärung*, o *Sturm und Drang*, a Revolução Francesa e a Escola Romântica: eis o quadrívio que configurou o artista pop inaugural. E assim como Moisés, após conduzir o povo por quarenta anos no deserto, Heine teve vedado o acesso à Terra Prometida da Modernidade. O privilégio – ou maldição – coube todo a Charles Baudelaire. À gaivota – ziguezagueando por entre as ondas – de Heine [vide p. 131], a posteridade preferiu o albatroz – orgulhoso, torturado no convés – de Baudelaire. Heine, todavia, pode muito bem ser considerado o *founding uncle* da contracultura. Teria sido um tropicalista, o mais doce dos bárbaros, se nascido no Brasil do Estado Novo. Um crítico alemão afirmou uma vez que se Heine vivesse, estaria na televisão. Hoje podemos acrescentar: estaria na web, seria a convergência de mídias em pessoa. Planetário, enzímico e sincrético.

Impossível tentar compreender o fenômeno desse Proteu, sem se aproximar simultaneamente de sua poesia, de sua prosa, de seu pensamento, pois estão hermeneuticamente entrelaçados em seu brilhante caduceu.

* * *

Esta antologia compõe-se de 120 poemas, extraídos dos quatro livros de poesia que Heine publicou em vida, e dos poemas do espólio: 32 do *Livro das Canções* ou de sua época; 43 do *Novos Poemas* ou de sua época; 26 do *Romanzero* ou de sua época; 19 do *Poemas. 1953 e 1954* ou de sua época. Estão dispostos em ordem cronológica, segundo a edição organizada por Klaus Briegleb, cobrindo um período que vai de 1819 a 1855, intercalados por textos – seus ou de contemporâneos – e alguns excertos de obras, com destaque para *Ludwig Börne. Um Memorial*, do qual traduzi metade do "Livro Primeiro" e todo o "Livro Segundo", onde estão as "Cartas de Helgoland" que Thomas Mann tanto apreciava.

Não foram incluídos os grandes épicos-satíricos nem os poemas mais longos do *Romanzero* e do espólio, que esperamos abordar em futura publicação. O texto original dos poemas foi obtido da edição de Düsseldorf, disponível na web, no Heinrich-Heine-Portal.

As traduções em verso procuraram seguir o máximo possível a métrica e o esquema de rimas do original, desviando apenas quando julguei necessário para garantir a eficácia do poema em português. A coloquialidade da linguagem de Heine foi transportada para o português do Brasil, não raro buscando imprimir às traduções um tom próximo do nosso cancioneiro popular – especialmente do samba carioca das décadas de 1930 e 40 –, sem comprometer, contudo, a verosimilhança. Não procuram se passar por poemas escritos no Brasil do século XIX, mas tampouco pretendem soar contemporâneos, antes almejando um tom coloquial com pátina – porém sem poeira ou teia de aranha.

No "Adendo" do livro, o leitor encontrará um relato bio-bibliográfico mais detalhado – "Crônicas do Sr. Um nada" – , recheado de citações do próprio poeta, e ainda uma listagem de suas obras atualmente disponíveis no Brasil.

Gostaria de agradecer o auxílio incomensurável do poeta-irmão Age de Carvalho, que não só acompanhou desde o início, com amizade e paciência inesgotáveis, o trabalho de tradução, oferecendo valiosas sugestões, como também honrou este livro com o requinte de sua arte gráfica, concebendo a capa e dando orientações para a diagramação.

Ao poeta Augusto de Campos, mestre e amigo, a minha mais profunda gratidão pela acolhida tão generosa que deu ao projeto, e pela cuidadosa leitura dos textos e poemas: seus comentários e alvitres foram essenciais para o resultado final, cujos desacertos, todavia, inevitáveis como sempre, são exclusivamente meus.

Um agradecimento especial à minha mulher Nelci; aos meus filhos Marina, Victor e Anna; aos meus pais Myriam e Amilcar; minhas irmãs Cristiana e Alexandra; e aos amigos que colaboraram de uma forma ou de outra, com palavras de estímulo, críticas e subsídios, para a realização deste livro:

Halina Grynberg, Alberto Dines, Rachel Gutiérrez, Ecila Azeredo Grünewald, Wolfgang Bock, Tobias Cepelowicz, Norma Schipper, Jair Ferreira dos Santos, Antonio Cicero, Rita Meyer, Eucanaã Ferraz, Cláudio Nunes de Morais, Evelyn Hartoch, Kristina Michahelles, Thea Schünemann, Martin Meggle, Eduardo Coelho, Vanderley Mendonça e Izabela Kestler *in memoriam.*

André Vallias
Rio, fevereiro de 2011

Daguerreótipos

heinehein?

"Era um belo homem de uns trinta e cinco ou trinta e seis anos, aparentando uma saúde robusta; dir-se-ia um Apolo germânico, ao vermos sua face alta e branca, pura como uma mesa de mármore, onde sombreavam abundantes mechas de cabelo loiro. Seus olhos azuis cintilavam de luz e inspiração; suas bochechas redondas, cheias, com um contorno elegante, não eram chumbadas pela lividez romântica tão à moda naquela época. Ao contrário, os rosados desabrochavam classicamente; uma ligeira curvatura hebraica desarrumava, sem alterar a pureza, a intenção que tivera seu nariz de ser grego; seus lábios harmoniosos arranjados como duas belas rimas, para nos servirmos de uma de suas frases, guardavam, em repouso, uma expressão charmosa; mas, tão logo falasse, jorravam, zunindo, de seu arco vermelho, flechas afiadas e farpantes, dardos sarcásticos para os quais nunca faltava um alvo; pois nunca alguém foi tão cruel para com a tolice: ao sorriso divino do musageta sucedia a gargalhada do sátiro [...].

Jamais uma natureza foi composta de elementos mais diversos do que a de Henri Heine; ele era, ao mesmo tempo, alegre e triste, cético e crente, meigo e cruel, sentimental e escarnecedor, clássico e romântico. Alemão e francês, delicado e cínico, entusiasta e pleno de sangue-frio; tudo, menos tedioso. À plástica grega mais pura ele juntava o senso moderno mais requintado; era verdadeiramente Eufórion, o filho de Fausto e da bela Helena."

Théophile Gautier

"É UM FILHO de Rabelais e Lutero que, com lágrimas nos olhos, une a bufoneria desses dois imensos bufões com uma sentimentalidade tão grande quanto a de Lamartine. É um Ariosto triste, tão feérico e tão deliciosamente louco como o outro Ariosto que montava o hipogrifo! É um Dante alegre – onde já se viu? – exilado como o homem de Florença, mas que tem maneiras de falar de sua pátria ainda mais tristes do que as de Dante; por sob essa alegria, mentira e verdade que seguram com mãos tão leves e unhas pontudas o coração! É um Voltaire, mas com alma, quando Voltaire só tem espírito. É um Goethe, sem a melancolia de Goethe [...]."

Barbey d'Aurevilly

"NÃO É UM MERO chacoalhar de antíteses dizer literariamente que Henri Heine é cruel e meigo, ingênuo e pérfido, cético e crédulo, lírico e prosaico, sentimental e sarcástico, apaixonado e glacial, espiritual e pitoresco, antigo e moderno, medieval e revolucionário. Ele possui todas as qualidades e ainda, se quiserem, os defeitos que se excluem; é o homem dos contrários, e isso sem esforço, sem premeditação, pela ação de uma natureza panteísta que experimenta todas as emoções e percebe todas as imagens. Jamais um Proteu tomou tantas formas, jamais o Deus da Índia passeou sua alma divina numa série tão longa de avatares.

Surgido no céu literário um pouco mais tarde, mas não sem menos impacto que a plêiade brilhante onde Wieland, Klopstock, Schiller e Goethe brilharam, ele pôde evitar vários defeitos de seus predecessores. Pode-se censurar em Klopstock uma profundeza cansativa, em Wieland uma leveza exagerada, em Schiller um idealismo às vezes absurdo; enfim, Goethe, visando reunir a sensação, o sentimento e o espírito, peca amiúde por uma frieza glacial. Como já o dissemos, Henri Heine é naturalmente sensível, ideal, plástico e, acima de tudo, espiritual. Nada de Klopstock entrou na formação de seu talento, porque sua natureza repugna tudo o que é entediante; ele tem de Wieland a sensualidade, de Schiller o sentimento, de Goethe a espitualidade panteística; ele só tira de si mesmo seu incrível poder de realização. Nele, ideia e forma se identificam completamente; ninguém impeliu tão longe a cor e o relevo. Cada uma de suas frases é um microcosmo animado e brilhante; suas imagens parecem vistas numa *camera obscura* [1]; suas figuras se destacam do fundo e causam, pela intensidade da ilusão, a mesma surpresa amedrontadora como se retratos descessem de suas molduras para nos dizer bom-dia. Não é mais uma leitura que se faz, é uma cena mágica a que se assiste; nos sentimos enclausurados no círculo com o poeta, e então ao nosso redor correm, num tumulto silencioso, seres fantásticos de uma verdade cativante; ele passa diante de nossos olhos quadros tão impossivelmente reais que experimentamos uma espécie de vertigem."

Gérard de Nerval

"HEINE ESTARÁ MAIS ao nosso nível de francês quando tiver um pouco menos de espírito. É que o espírito do sr. Heine é muito mais o de um poeta do que aquele de todo mundo; ele não tem somente esses traços inesperados, cativantes, curtos, essas relações novas e picantes que uma palavra exprime e martela na memória; ele tem, em alto grau, a imaginação de espírito, o dom das comparações singulares, surpreendentes, mas prolongadas, mil feixes, a todos os instantes, reminiscências coloridas, analogias brilhantes e símbolos. Ora, para um poeta que escreve prosa, e que por cima deve ser lido em prosa francesa, a mais difícil de todas as prosas, muitas precauções são necessárias para fazer passar, como que por contrabando, essa magia e riquezas [...]."

Charles-Augustin Sainte-Beuve

"HEINE É UM ARTISTA, um poeta, e para seu mais amplo reconhecimento só lhe falta o seu próprio. Porque deseja frequentemente ser ainda outra coisa além de poeta, ele perde-se com frequência. Quem como ele considera a forma o mais elevado, terá de ficar somente com ela, quando voa no ilimitado, e a areia o engole. Quem adora a arte como sua divindade e também dirige preces, ao seu bel-prazer, à natureza, ultraja tanto a arte quanto a natureza. Heine suplica à natureza o seu néctar e pólen, e constrói com a plástica cera da arte a sua colmeia. Mas ele não a molda para conservar o mel, ele só armazena o mel para encher a colmeia. Por isso não comove quando chora; pois sabemos que com as lágrimas ele apenas rega as maçãs do próprio rosto. Por isso não convence quando diz a verdade; porque sabemos que só ama a beleza na verdade. Mas a verdade nem sempre é bela, e ela não o é para sempre. Demora até que floresça, e precisa fenecer até que traga os seus frutos".

Ludwig Börne

"NÃO SOU UM ERUDITO, não estou entre os 700 sábios da Alemanha. Estou com o povaréu na soleira da sabedoria daqueles, e quando alguma verdade escapa por debaixo, e essa verdade vem até a mim, então andou o bastante: escrevo-a com letras bonitas num papel e a entrego ao tipógrafo; ele a compõe com chumbo e a entrega ao impressor; este a imprime e ela passa a pertencer ao mundo inteiro."

"ÍNDOLE PACÍFICA. Desejos: cabana modesta, telhado de palha, porém uma boa cama, comida gostosa, leite e manteiga bem frescos, flores em frente à janela, belas árvores defronte à porta, e se o bom Deus quiser me fazer totalmente feliz, que me conceda a alegria de ver, nessas árvores, cerca de seis ou sete de meus inimigos enforcados. – De coração comovido hei de perdoar, antes de suas mortes, todas as infâmias que me infligiram em vida – sim, temos que perdoar nossos inimigos, mas não antes de serem enforcados. – Perdão, amor e compaixão."

H. Heine

Verdadeiramente

Poemas, 1819 – 1821

Die Grenadiere

Nach Frankreich zogen zwei Grenadier',
Die waren in Rußland gefangen.
Und als sie kamen in's deutsche Quartier,
Sie ließen die Köpfe hangen.

Da hörten sie beide die traurige Mähr:
Daß Frankreich verloren gegangen,
Besiegt und zerschlagen das große Heer, –
Und der Kaiser, der Kaiser gefangen.

Da weinten zusammen die Grenadier'
Wohl ob der kläglichen Kunde.
Der Eine sprach: Wie weh wird mir,
Wie brennt meine alte Wunde.

Der Andre sprach: Das Lied ist aus,
Auch ich möcht' mit dir sterben,
Doch hab' ich Weib und Kind zu Haus,
Die ohne mich verderben.

Was scheert mich Weib, was scheert mich Kind,
Ich trage weit bess'res Verlangen;
Laß sie betteln gehn, wenn sie hungrig sind, –
Mein Kaiser, mein Kaiser gefangen!

Gewähr' mir Bruder eine Bitt':
Wenn ich jetzt sterben werde,
So nimm meine Leiche nach Frankreich mit,
Begrab' mich in Frankreichs Erde.

Das Ehrenkreuz am rothen Band
Sollst du auf's Herz mir legen;
Die Flinte gieb mir in die Hand,
Und gürt' mir um den Degen.

Os granadeiros

Dois granadeiros rumo à França –
Na Rússia foram prisioneiros.
Quando chegaram na Alemanha,
Desacertaram-se os ponteiros.

Souberam da triste notícia:
Que seu país foi derrotado,
O grande exército vencido,
O imperador aprisionado.

A desventura choram juntos
Dois granadeiros infelizes.
Um diz: A dor me dói tão fundo,
Que rasga antigas cicatrizes.

E o outro: O sonho se acabou,
Também desejo me acabar,
Mas tenho filhos e uma esposa,
Quem é que vai prover meu lar?

Mulher e filhos que se danem,
Almejo um fim muito maior;
Sustenham-se com mendicância –
Prenderam nosso imperador!

Irmão, te faço um só pedido:
Assim que definhar de vez,
Carrega meu corpo contigo,
Me enterra em bom solo francês.

Põe a medalha em fita rubra
Sobre o meu mudo coração;
O sabre deixa-me à cintura,
Revólver na palma da mão.

verdadeiramente

So will ich liegen und horchen still,
Wie eine Schildwach, im Grabe,
Bis einst ich höre Kanonengebrüll,
Und wiehernder Rosse Getrabe.

Dann reitet mein Kaiser wohl über mein Grab,
Viel Schwerter klirren und blitzen;
Dann steig' ich gewaffnet hervor aus dem Grab', –
Den Kaiser, den Kaiser zu schützen.

[1819]

Na cova eu quero descansar
Calado, em estado de vigia,
Até de novo ouvir troar,
No chão, canhões, cavalaria.

Ele virá no corcel branco,
Veloz, já escuto o seu fragor;
Da cova, armado, então me arranco, –
Pra defender o imperador.

Das Lied von den Dukaten

Meine güldenen Dukaten,
Sagt wo seid ihr hingeraten?

Seid ihr bei den güldnen Fischlein,
Die im Bache froh und munter
Tauchen auf und tauchen unter?

Seid ihr bei den güldnen Blümlein,
Die auf lieblich grüner Aue
Funkeln hell im Morgentaue?

Seid ihr bei den güldnen Vöglein,
Die da schweifen glanzumwoben
In den blauen Lüften oben?

Seid ihr bei den güldnen Sternlein,
Die im leuchtenden Gewimmel
Lächeln jede Nacht am Himmel?

Ach! Ihr güldenen Dukaten,
Schwimmt nicht in des Baches Well,
Funkelt nicht auf grüner Au,
Schwebet nicht in Lüften blau,
Lächelt nicht am Himmel hell –
Meine Manichäer, traun!
Halten euch in ihren Klaun.

[1820]

Cantiga dos dobrões

Meus dobrões, dobrões de ouro,
Para onde vocês foram?

Para o meio de peixinhos
Que faíscam no riacho,
Para cima e para baixo?

Para o meio de florzinhas
Que cintilam na campina,
Quando o sol as ilumina?

Para o meio de andorinhas
Que revoam alto, ao léu,
Rabiscando o azul do céu?

Para o meio de estrelinhas
Que, sorrindo em turbilhão,
Desafiam a escuridão?

Ah! dobrões, dobrões de ouro,
Não mergulhem no riacho,
Não se exibam na campina,
Não revoem céu acima,
Não acendam mais o facho:
Meus credores – acreditem! –
Comem vocês com apetite.

ICH STAND in dunkeln Träumen
Und starrte ihr Bildniß an,
Und das geliebte Antlitz
Heimlich zu leben begann.

Um ihre Lippen zog sich
Ein Lächeln wunderbar,
Und wie von Wehmuthsthränen
Erglänzte ihr Augenpaar.

Auch meine Thränen flossen
Mir von den Wangen herab –
Und ach, ich kann es nicht glauben,
Daß ich dich verloren hab'!

[1820]

Num sonho escuro, eu
Olhava o seu retrato,
Então o rosto amado –
E imóvel – se moveu.

Nos lábios vi pousar
O riso mais bonito,
E, como umedecido,
Reacender o olhar.

Das lágrimas também
Meu rosto está molhado –
Eu não aceito o fato
Que te perdi, meu bem!

WENN EINST DIE POSAUNEN *mit schmetterndem Schall*
Am jüngsten Tag erklingen,
Dann werden die Toten überall
Aus ihren Gräbern springen.

Dann singen die Engel von oben herab
Das Lied vom Herrn der Welt;
Doch ich, ich bleibe liegen im Grab,
Wenn's Lied mir nicht gefällt.

[1821]

QUANDO AS TROMBETAS retumbarem nas alturas
Anunciando o fim da História,
Hão de se abrir as sepulturas,
E os mortos vão pular pra fora.

Os serafins do céu então irão cantar
Louvores ao Senhor do Mundo;
Mas se o coral não me agradar,
Fico deitado em minha tumba.

ICH GROLLE NICHT, *und wenn das Herz auch bricht,*
Ewig verlor'nes Lieb! ich grolle nicht.
Wie du auch strahlst in Diamantenpracht,
Es fällt kein Strahl in deines Herzens Nacht.

Das weiß ich längst. Ich sah dich ja im Traum,
Und sah die Nacht in deines Herzens Raum,
Und sah die Schlang', die dir am Herzen frißt,
Ich sah, mein Lieb, wie sehr du elend bist.

[1821]

Não vou chiar! Se o coração despedaçar,
Perdido amor, ainda assim não vou chiar!
Ainda que andes a brilhar em diamantes:
Nada ilumina as tuas noites torturantes.

Tudo isso eu já sabia. Vi na escuridão
De um sonho os labirintos do teu coração,
Eu vi a víbora cruel que te devora,
E vi, querida, como estás tão triste agora.

verdadeiramente

Wahrhaftig

Wenn der Frühling kommt mit dem Sonnenschein,
Dann knospen und blühen die Blümlein auf;
Wenn der Mond beginnt seinen Strahlenlauf,
Dann schwimmen die Sternlein hintendrein;
Wenn der Sänger zwei süße Äuglein sieht,
Dann quellen ihm Lieder aus tiefem Gemüt; -
Doch Lieder und Sterne und Blümelein,
Und Äuglein und Mondglanz und Sonnenschein,
Wie sehr das Zeug auch gefällt,
So machts doch noch lang keine Welt.

[1821]

Verdadeiramente

Tão logo brilha o sol da primavera,
As flores desabrocham pela relva;
E quando a lua espalha o véu de prata,
Um séquito de estrelas nada atrás;
Quando dois olhos lindos se iluminam,
Canções de amor os vates descortinam; –
Contudo, estrelas, lua, sol e flor,
Dois olhos lindos e canções de amor,
Por mais que nos comovam lá no fundo,
Não mudam uma vírgula no mundo.

Sonetos-afresco

a Christian Sethe

1821

ICH TANZ NICHT MIT, *ich räuchre nicht den Klötzen,*
Die außen goldig sind, inwendig Sand;
Ich schlag nicht ein, reicht mir ein Bub die Hand,
Der heimlich mir den Namen will zerfetzen.

Ich beug mich nicht vor jenen hübschen Metzen,
Die schamlos prunken mit der eignen Schand';
Ich zieh nicht mit, wenn sich der Pöbel spannt
Vor Siegeswagen seiner eiteln Götzen.

Ich weiß es wohl, die Eiche muß erliegen,
Derweil das Rohr am Bach, durch schwankes Biegen,
In Wind und Wetter stehnbleibt, nach wie vor.

Doch sprich, wie weit bringt's wohl am End' solch Rohr?
Welch Glück! als ein Spazierstock dient's dem Stutzer,
Als Kleiderklopfer dient's dem Stiefelputzer.

[1821]

NÃO ENTRO NESSA DANÇA, não incenso
Os ídolos de ouro e pés de barro;
Tampouco aperto a mão desse masmarro
Que me difama e distribui dissenso.

Não galanteio a linda rapariga
Que ostenta sem pudor suas vergonhas;
Nem acompanho as multidões medonhas
Que adoram seus heróis de meia-figa.

Eu sei: carvalhos têm que desabar,
Enquanto o junco se abaixando espera
Passar o vento forte da intempérie.

Mas do que pode um junco se orgulhar?
Tirar poeira de capacho ao sol,
Curvar-se para a linha de um anzol.

GIB HER DIE LARV', *ich will mich jetzt maskieren*
In einen Lumpenkerl, damit Halunken,
Die prächtig in Charaktermasken prunken,
Nicht wähnen, ich sei einer von den Ihren.

Gib her gemeine Worte und Manieren,
Ich zeige mich in Pöbelart versunken,
Verleugne all die schönen Geistesfunken,
Womit jetzt fade Schlingel kokettieren.

So tanz ich auf dem großen Maskenballe,
Umschwärme von deutschen Rittern, Mönchen, Kön'gen,
Von Harlekin gegrüßt, erkannt von wen'gen.

Mit ihrem Holzschwert prügeln sie mich alle.
Das ist der Spaß. Denn wollt' ich mich entmummen,
So müßte all das Galgenpack verstummen.

[1821]

ME PASSA A MÁSCARA: vou desfilar
De plebe; a rica escória do salão,
Em paetês e plumas de pavão,
Não há de me tomar por um de lá!

Maus modos e o baixíssimo calão
Me passa, eu vou vestir-me de gentalha!
Renego cada sílaba que saia
Da boca de um janota de plantão.

Assim, eu vou pulando o carnaval
Em meio a reis, valetes e rainhas,
Cumprimentando apenas o arlequim.

E todos seguem me lascando o pau.
Mas só retiro a máscara do rosto,
Quando acabar a farsa de mau gosto.

ICH LACHE *ob den abgeschmackten Laffen,*
Die mich anglotzen mit den Bocksgesichtern;
Ich lache ob den Füchsen, die so nüchtern
Und hämisch mich beschnüffeln und begaffen.

Ich lache ob den hochgelahrten Affen,
Die sich aufblähn zu stolzen Geistesrichtern;
Ich lache ob den feigen Bösewichtern,
Die mich bedrohn mit giftgetränkten Waffen.

Denn wenn des Glückes hübsche Siebensachen
Uns von des Schicksals Händen sind zerbrochen,
Und so zu unsern Füßen hingeschmissen;

Und wenn das Herz im Leibe ist zerrissen,
Zerrissen, und zerschnitten, und zerstochen –
Dann bleibt uns doch das schöne gelle Lachen.

[1821]

Eu RIO do pernóstico velhaco,
De bode, me encarando a noite inteira;
Eu rio da raposa sorrateira
Que fuça em busca do meu ponto fraco.

Eu rio do acadêmico macaco,
Que arrota regras e vomita asneira;
Eu rio dessa víbora embusteira,
Querendo me emboscar de seu buraco.

Pois quando nos atinge a mão irada
Do acaso, e a nossa vida se estilhaça,
E os cacos vão caindo pelo chão;

E quando em nosso peito o coração
Se rasga, dilacera e despedaça –
Nos resta uma sonora gargalhada.

IM HIRN SPUKT *mir ein Märchen wunderfein,*
Und in dem Märchen klingt ein feines Lied,
Und in dem Liede lebt und weht und blüht
Ein wunderschönes zartes Mägdelein.

Und in dem Mägdlein wohnt ein Herzchen klein,
Doch in dem Herzchen keine Liebe glüht;
In dieses lieblos frostige Gemüt
Kam Hochmut nur und Übermut hinein.

Hörst du, wie mir im Kopf das Märchen klinget?
Und wie das Liedchen summet ernst und schaurig?
Und wie das Mägdlein kichert, leise, leise?

Ich fürchte nur, daß mir der Kopf zerspringet -
Und ach! da wär's doch gar entsetzlich traurig,
Käm der Verstand mir aus dem alten Gleise.

[1821]

No CÉREBRO uma história da carocha
Me assusta; nela escuto uma cantiga,
Onde circula, pula, chora e briga
Uma menina-flor que desabrocha.

Seu coração, contudo, é tão tacanho,
Que lá o amor jamais logrou morar;
No antro escuro e frio de amargar
Só coube uma soberba sem tamanho.

Não vês como esta fábula incomoda?
E como a tal canção me desespera?
E o quanto a menininha tripudia?

Receio que a cabeça ainda me exploda —
E arre! o que pior me acontecera
Do que a razão sair do trilho um dia?

Resenha

Autor desconhecido ('Schm.'):
Rheinisch-Westfälischer Anzeiger, 7 de junho de 1822

O sr. Heine já nos revelou em algumas ocasiões que é um poeta pensante, um que se fartou com todos os frutos daquela árvore, da qual a poesia é apenas um dos galhos, para que fosse nossa obrigação esconder as deficiências das quais o mesmo se livraria, como podemos acreditar, se reconhecesse mais profundamente a finalidade da poesia. Sabemos decerto que este juízo destoa estrepitosamente daqueles já feitos sobre a poesia de Heine, e que a maioria de seus leitores haverá de nos replicar: pelo menos não nos entediamos com esses poemas como com os costumeiros versos aguados, e a verdade da paixão e a audácia da representação que vigoram naqueles comoveram nosso íntimo.

Mas essa comoção, esse impacto galvânico, é a finalidade da poesia? Não, decerto não! A poesia deve agir como a – religião. Como, nos tempos mais remotos, víamos poesia e religião andarem de mãos dadas, a poesia servindo de vestimenta à religião, e esta de estofo à poesia, e de alma, assim deve ser hoje ainda. Como é finalidade particular de nossa sagrada religião cristã curar os sentimentos dilacerados, fortalecê-los, elevá-los, assim a poesia deve visar essa mesma finalidade, e ainda que faça parte de sua natureza remexer também com violência as paixões, e invocar a tempestade das emoções com dizeres estranhos, isso só deve acontecer para que reconcilie ainda mais serenamente as paixões, e dissolva aquela tempestade numa brisa amena. Observando agora o espírito que vive nos poemas de Heine, não só sentimos falta desse princípio conciliador, aquela harmonia que até a erupção mais selvagem das paixões deve levar em conta, como ainda encontramos um princípio hostil, uma dissonância cortante, um espírito selvagem de destruição que arranca todas as flores da vida, e em nenhum lugar deixa germinar a palmeira da paz.

Nos poemas de Heine, avistamos a terrível imagem daquele anjo que decaiu da divindade. Vemos aí: a nobre beleza que é dilacerada por uma fria risada de escárnio, a elevação suplicante que se transforma num orgulho desafiador e a dor clássica que gesticula arejada no início, para finalmente se petrificar num desolado remorso. O amor de Heine não é uma doação feliz, mas uma triste demanda, seu ardor é um fogo do inferno, seu Eros tem patas de cavalo. Por isso revelam-se como os piores e mais lamentáveis aqueles poemas onde o autor se faz de delicado ao extremo e suspirante, especialmente nas canções de amor. […]

É muito compreensível que, embora o sr. Heine peque tão imperdoavelmente contra a finalidade da poesia, seus poemas encontrem tão grande aclamação entre o público, já que o pecado é em si mais interessante que a virtude, que não raro é até monótona. As pessoas preferem ler histórias criminais às narrativas edificantes, preferem Pitaval [1] à *acta santorum* [2]. Mas em Heine ocorre ainda outra circunstância: quanto menos ele honra a finalidade da poesia, tanto mais tem compreendido e considerado a essência da mesma. Toda a essência da poesia vive nesses poemas. Isso é inegável; como também não se pode negar que a tocha rubra do incendiário é um fogo tão verdadeiro quanto a chama sagrada no altar de Vesta. Em todos os poemas de Heine vigora uma pura objetividade de representação, e nos poemas que surgem de sua subjetividade, ele nos dá por assim dizer uma imagem determinada e objetiva de sua subjetividade, o seu sentimento subjetivo. Temos que admirar essa objetividade de representação. O sr. Heine se mostra aí um grande poeta, com uma inata e clara capacidade de intuição; ele não raciocina e reflete com palavras filosóficas e poéticas, ele nos dá imagens que em seu conjunto formam um todo que desperta os mais profundos pensamentos filosóficos e poéticos. Seus poemas são hieroglifos poéticos que representam um mundo de intuições e sentimentos em poucos signos. Esses hieroglifos poéticos, esses signos visuais, essas abreviações de grandes pensamentos e sentimentos profundos são inteligíveis a todos, pois são particularmente bem escolhidos, claros e simples. O autor utilizou as imagens e formas, ou seja, a linguagem da canção popular alemã na maioria de seus poemas. Em todos impera aquele tom popular que os adeptos artificiais da empolação convencional ridicularizam como simplório, e que em sua verdadeira simplicidade só pode ser atingido pelos grandes poetas. Desde Bürger[3] não conhecemos nenhum outro poeta que tenha logrado isso tão bem quanto Heine. Goethe mirou um alvo completamente diverso; ele deu à canção popular um colorido para o chazinho da tarde. Para isso ele, tal qual outros novos poetas populares, apoderou-se do tecido e dobras, até mesmo de estrofes inteiras de velhas canções populares, para costurar novas. Heine, por sua vez, tem o mérito de os poemas que escreveu no tom popular serem totalmente originais, tanto em relação ao tecido quanto às dobras. Ele não roubou o lindo armário de ideias do povo, tingindo-as, como costumam fazer os ladrões, para torná-las irreconhecíveis, ou rasgando-as em retalhos para costurá-las em composições da moda. Resenhista que conhece a maioria das canções populares, não podemos nos admirar o bastante pelo fato de não termos encontrado nas canções populares de Heine a matéria ou eco de qualquer canção alemã já existente, e nos alegramos sinceramente que o sr. Heine tenha atingido o tom adequado das mesmas, sua ingenuidade despojada, sua profundidade maliciosa, e sua humorística e epigramática conclusão. [...]

resenha

Em nossa literatura, jamais um poeta apresentou sua plena subjetividade, sua individualidade, sua vida interior, com tanta irreverência e com tão surpreendente despudor como o sr. Heine em seus poemas. Uma vez que a rigorosa representação objetiva dessa subjetividade grandiosa, não convencional, traz todas as marcas da verdade, e uma vez que a verdade possui uma força maravilhosamente conquistadora, encontramos mais uma razão a justificar porque os poemas de Heine exercem uma sedução tão irresistível sobre os leitores. [...]

O sr. Heine, neste jornal, já se confessou uma vez, em artigo polêmico, um adepto ardoroso da escola romântica, um schlegeliano, e também pronuciou inequivocamente essa confissão em seus poemas. Não obstante, devemos chamar a atenção do sr. Heine: por mais que ele tenha frequentado a escola schlegeliana, e se fortalecido nas instrutivas e "benevolentes" palavras de A. W. Schlegel, ele não pertence de forma alguma à escola schlegeliana.

Essa última, a escola romântica *par excellence*, ou, para melhor nomeá-la, a escola pseudorromântica, constitui-se de dois elementos que nós, graças a Deus!, procuramos em vão nos poemas de Heine – a cavalaria e o monaquismo, ou o regime feudal e a hierarquia. A mera burguesia, a mera humanidade é o elemento único que vive na poesia de Heine, e, a não ser por um leve rumor, não achamos nele nenhum tilintar de esporas cavalheirescas e fumaça de incenso eclesiástico, as duas peças principais da Idade Média e da escola schlegeliana que tanto suspira pela Idade Média; em uma palavra – Heine é um poeta para o Terceiro Estado (*tiers état*).

Já mencionamos que os poemas de Heine se destacam pela originalidade. Isso é especialmente o caso nos "Quadros de Sonho" e nos "Sonetos-afresco". Os primeiros têm um surpreendente caráter próprio, não sabemos em que categoria de poesia rubricá-los, e atestamos que o sr. Heine enriqueceu nossa literatura com um novo gênero poético. Essa série de simples relatos de sonhos, ou de situações oníricas, forma por assim dizer uma *camera obscura*, com um espelho de cristal iluminado por centelhas de um vermelho escuro, onde inúmeras figuras estranhas – uma parte trazendo expressões de anjo, outra parte abomináveis máscaras de demônio, num maravilhoso vaivém – tornam visível ao leitor, através de seus loucos agrupamentos e assustadores embates, a vida interior do poeta. Esta é tão somente um reflexo poético de sua vida exterior, que o poeta descreve com força insólita nos "Sonetos-afresco". Esses últimos não são tão poéticos como os "Quadros de Sonho", mas têm um tempero bem mais forte. Nos "Quadros de Sonho" vemos um notívago que observa os segredos da vida com sonâmbula claridade. Nos "Sonetos-afresco" vemos um homem acordado, em plena consciência e de olhos penetrantes, mirando o afã dos homens e seu próprio peito doentio.

No que diz respeito à forma dos poemas heineanos, não queremos descambar em minuciosidade pedante, e só nos permitiremos algumas observações condensadas. A forma da maioria dos "Quadros de Sonho" é displicente por demais.

O sr. Heine se diverte aí com arcaísmos, coqueteia com *nonchalance* poética, e quer emprestar um rude aspecto de xilogravura a esses poemas, para que seu fino estofo poético contraste ainda mais com a forma despojada e sem arte. [...]

Somente nos sonetos e em algumas pequenas canções o autor se mostra um perfeito metrificador; aí vemos a marca da escola schlegeliana; e o contraste que faz a crua matéria dos "Sonetos-afresco"com sua refinada forma artística lhes garante o seu grande encanto. [...]

resenha

Esperamos que o sr. Heine faça bom proveito das observações que lhe demos acima. Até agora, podemos lhe atribuir tantas máculas quanto elogios. Contudo, depende exclusivamente dele, se essas máculas poderão desaparecer logo. A natureza o escolheu como favorito, e o armou com todas as faculdades que lhe permitem tornar-se um dos maiores poetas da Alemanha; depende exclusivamente dele, se irá preferir ser funesto à sua pátria como um fogo-fátuo desvirtuante ou como gigantesca árvore venenosa.

Schm.
Rheinisch-Westfälischer Anzeiger, 7 de junho de 1822

Nas asas da canção

Poemas, 1822 – 1830

AUF FLÜGELN des Gesanges,
Herzliebchen, trag' ich dich fort,
Fort nach den Fluren des Ganges,
Dort weiß ich den schönsten Ort.

Dort liegt ein rothblühender Garten
Im stillen Mondenschein;
Die Lotosblumen erwarten
Ihr trautes Schwesterlein.

Die Veilchen kichern und kosen,
Und schau'n nach den Sternen empor;
Heimlich erzählen die Rosen
Sich duftende Mährchen ins Ohr.

Es hüpfen herbey und lauschen
Die frommen, klugen Gazell'n;
Und in der Ferne rauschen
Des heiligen Stromes Well'n.

Dort wollen wir niedersinken
Unter dem Palmenbaum,
Und Liebe und Ruhe trinken,
Und träumen seeligen Traum.

[1822]

Nas asas da canção,
Amor, vou te levar;
Às margens do rio Ganges,
Sei de um lindo lugar,

Onde jardins florescem
Vermelhos ao luar;
A flor de lótus quer
A sua irmã saudar.

Sussurram violetas,
Vendo a estrela piscar;
As rosas contam lendas
De aromas pelo ar.

Gazelas, tão espertas,
Saltitam sem parar;
Ao longe reverbera
Um ondulante altar.

Sob a palmeira vamos,
Querida, nos deitar,
Sorver o amor e a calma,
Sonhos na preamar.

Es STEHEN *unbeweglich*
Die Sterne in der Höh'
Viel tausend Jahr' und schauen
Sich an mit Liebesweh.

Sie sprechen eine Sprache,
Die ist so reich, so schön;
Doch keiner der Philologen
Kann diese Sprache verstehn.

Ich aber hab' sie gelernet,
Und ich vergesse sie nicht:
Mir diente als Grammatik
Der Herzallerliebsten Gesicht.

[1822]

POR SÉCULOS afora,
Inertes no infinito,
Estrelas se entreolham
No amor irresolvido.

A língua em que murmuram
É rica e muito bela;
Filólogo nenhum
Jamais há de entendê-la.

Porém tenho-a aprendido
Em teoria e prática:
A face em que eu orbito
Serviu-me de gramática.

EIN JÜNGLING LIEBT *ein Mägdlein,*
Die hat einen Andern erwählt;
Der Andre liebt eine Andre,
Und hat sich mit dieser vermählt.

Das Mägdlein heirathet aus Aerger
Den ersten besten Mann,
Der ihr in den Weg gelaufen,
Der Jüngling ist übel dran.

Es ist eine alte Geschichte,
Doch bleibt sie immer neu;
Und wem sie just passiret,
Dem bricht das Herz entzwey.

[1822]

O RAPAZ AMA uma jovem
Que deseja outro rapaz;
Este de outra se enamora,
Lá se vão ao juiz de paz.

A donzela então decide
Desposar, só por despeito,
O primeiro que ela avista;
O rapaz ficou desfeito.

É uma história tão antiga,
Mas que sempre se renova;
E quem já passou por isso
Pôs seu coração à prova.

DIE WELT *ist dumm, die Welt ist blind,*
Wird täglich abgeschmackter;
Sie spricht von dir, mein schönes Kind,
Du hast keinen guten Charakter.

Die Welt ist dumm, die Welt ist blind,
Und dich wird sie immer verkennen;
Sie weiß nicht wie weich deine Arme sind,
Und wie deine Küsse brennen.

[1822]

O MUNDO é tolo, o mundo é cego,
E cada vez mais descarado;
Que disparate, meu chamego,
Dizerem que não tens caráter!

O mundo é tolo, o mundo é cego,
Não saberá te dar valor
Nem ver os beijos que recebo
No caldeirão do teu amor.

EIN FICHTENBAUM *steht einsam*
Im Norden auf kahler Höh'.
Ihn schläfert; mit weißer Decke
Umhüllen ihn Eis und Schnee.

Er träumt von einer Palme,
Die, fern im Morgenland,
Einsam und schweigend trauert
Auf brennender Felsenwand.

[1822]

SOLITÁRIO, na montanha,
Um pinheiro do hemisfério
Norte dorme sob a manta
Branca de gelo e de neve.

Ele sonha com a palmeira
Do Oriente, tão distante,
Que calada se lamenta
Sobre o penhasco escaldante.

ICH KANN ES *nicht vergessen,*
Geliebtes, holdes Weib,
Daß ich dich einst besessen,
Die Seele und den Leib.

Den Leib möcht' ich noch haben,
Den Leib so zart und jung;
Die Seele könnt Ihr begraben,
Hab' selber Seele genung.

Ich will meine Seele zerschneiden,
Und hauchen die Hälfte dir ein,
Und will dich umschlingen, wir müssen
Ganz Leib und Seele seyn.

[1822]

Não ME SAI da memória,
Mulher, amada e linda,
Que foste minha outrora
De corpo e alma. Ainda

Quero-te em carne e osso;
Da alma não necessito,
Podem jogar no fosso,
Pois não me falta espírito.

Corto minh'alma ao meio:
Assopro-te a metade,
Te abraço, então seremos
Corpo e alma de verdade.

PHILISTER *in Sonntagsröcklein*
Spatzieren durch Wald und Flur;
Sie jauchzen, sie hüpfen wie Böcklein,
Begrüßen die schöne Natur.

Betrachten mit blinzelnden Augen
Wie Alles romantisch blüht;
Mit langen Ohren saugen
Sie ein der Spatzen Lied.

Ich aber verhänge die Fenster
Des Zimmers mit schwarzem Tuch;
Es machen mir meine Gespenster
Sogar einen Tagesbesuch.

Die alte Liebe erscheinet,
Sie stieg aus dem Todtenreich,
Sie setzt sich zu mir und weinet,
Und macht das Herz mir weich.

[1822]

COM ROUPINHAS de domingo,
Filistinos fazem festa;
Tal cabritos, dão pulinhos,
Passeando na floresta.

Os seus olhos vibram tanto
Na romântica paisagem;
Todo-ouvidos para o canto
Dos pardais entre a ramagem.

Eu, porém, cubro as janelas
Com a mais negra cortina;
Sob a luz do dia ou velas,
Grei de espectros me azucrina.

Surge então o velho amor,
Senta junto a mim e chora,
Vem da morte; e num tremor –
O meu coração descora.

HAST DU DIE LIPPEN *mir wund geküßt,*
So küsse sie wieder heil,
Und wenn du bis Abend nicht fertig bist,
So hat es auch keine Eil.

Du hast ja noch die ganze Nacht,
Du Herzallerliebste mein!
Man kann in solch einer ganzen Nacht
Viel küssen und selig seyn.

[1822]

Os TEUS BEIJINHOS foram tantos,
Meu lábio está em carne viva;
Agora exijo um outro tanto
Para curar minha ferida.

Não te preocupes, por favor,
Em apressar o expediente:
A noite é longa, meu amor,
E o teu enfermo é paciente!

UND BIST DU erst mein ehlich Weib,
Dann bist du zu beneiden,
Dann lebst du in lauter Zeitvertreib,
In lauter Pläsier und Freuden.

Und wenn du schiltst und wenn du tobst,
Ich werd es geduldig leiden;
Doch wenn du meine Verse nicht lobst,
Laß ich mich von dir scheiden.

[1823]

SE NOS CASARMOS no papel,
Então vão todos te invejar:
Hás de passar a leite e mel
Os dias de papo pro ar.

Quando tiveres teus chiliques,
Prometo que não vou chiar;
Porém meus versos não critiques,
Que aí vou me divorciar.

GABEN MIR RATH *und gute Lehren,*
Ueberschütteten mich mit Ehren,
Sagten, daß ich nur warten sollt',
Haben mich protegiren gewollt.

Aber bey all ihrem Protegiren
Hätte ich können vor Hunger krepiren,
Wär' nicht gekommen ein braver Mann,
Wacker nahm er sich meiner an.

Braver Mann! Er schafft' mir zu essen!
Will es ihm nie und nimmer vergessen!
Schade, daß ich ihn nicht küssen kann!
Denn ich bin selbst dieser brave Mann.

[1823]

ME ENTUPIRAM de conselhos,
Me fartaram de honrarias,
Prometeram de joelhos
Que depois me ajudariam.

Já estaria em pele e osso,
Apesar da distinção,
Não tivesse um valoroso
Homem me estendido a mão.

Devo a vida ao cavalheiro
Que de mim não se esqueceu!
Eu quisera dar-lhe um beijo,
Só não dou porque sou EU!

[Die Loreley]

ICH WEISS NICHT, *was soll es bedeuten,*
Daß ich so traurig bin;
Ein Mährchen aus alten Zeiten,
Das kommt mir nicht aus dem Sinn.

Die Luft ist kühl und es dunkelt,
Und ruhig fließt der Rhein;
Der Gipfel des Berges funkelt
Im Abendsonnenschein.

Die schönste Jungfrau sitzet
Dort oben wunderbar,
Ihr goldnes Geschmeide blitzet,
Sie kämmt ihr goldnes Haar.

Sie kämmt es mit goldnem Kamme,
Und singt ein Lied dabey;
Das hat eine wundersame,
Gewaltige Melodey.

Den Schiffer, im kleinen Schiffe,
Ergreift es mit wildem Weh;
Er schaut nicht die Felsenriffe,
Er schaut nur hinauf in die Höh'.

Ich glaube, die Wellen verschlingen
Am Ende Schiffer und Kahn;
Und das hat mit ihrem Singen
Die Lore-Ley gethan.

[1823]

[A Lorelai] [1]

EU NÃO SEI como explicar
Porque ando triste à beça;
Uma história de ninar
Não me sai mais da cabeça.

Dia ameno, a noite cai
Sobre o Reno devagar;
Na montanha, a luz se esvai
Faiscando pelo ar.

Uma chuva de centelhas
Repentina alumbra o céu;
A mais linda das donzelas
No penhasco apareceu.

Com escova de ouro escova
Seus cabelos incendidos;
E as canções que cantarola
Arrebatam os sentidos.

Uma dor logo fulmina
O barqueiro num batel;
Ele olha para cima:
Os escolhos esqueceu.

No final, creio que o rio
Engoliu o batel e – ai! –
O barqueiro que caiu
No canto da Lorelai.

MEIN HERZ, *mein Herz ist traurig,*
Doch lustig leuchtet der May;
Ich stehe, gelehnt an der Linde,
Hoch auf der alten Bastey.

Da drunten fließt der blaue
Stadtgraben in stiller Ruh';
Ein Knabe fährt im Kahne,
Und angelt und pfeift dazu.

Jenseits erheben sich freundlich,
In winziger, bunter Gestalt,
Lusthäuser und Gärten und Menschen,
Und Ochsen und Wiesen und Wald.

Die Mägde bleichen Wäsche,
Und springen im Gras herum;
Das Mühlrad stäubt Diamanten,
Ich höre sein fernes Gesumm'.

Am alten grauen Thurme
Ein Schilderhäuschen steht;
Ein rothgeröckter Bursche
Dort auf und nieder geht.

Er spielt mit seiner Flinte,
Die funkelt im Sonnenroth,
Er präsentirt und schultert –
Ich wollt', er schösse mich todt.

[1823]

MEU CORAÇÃO tão triste, triste,
O maio brilha com destreza;
Eu me debruço sobre a tília
Nas ruínas de uma fortaleza.

Embaixo, o espelho d'água flui
Tranquilo e azul pelo canal;
Lá no barquinho o jovem fuma
E pesca, em paz proverbial.

Atrás, figuram coloridos,
Em amistosa miniatura,
Jardins, pessoas e casinhas,
Floresta, vacas e pastura.

Donzelas branqueando a roupa
Na grama brincam saltitantes;
Ouço o murmúrio do monjolo
Que inunda o ar de diamantes.

Na torre antiga, se destaca
Do muro cinza uma guarita;
Todo vestido de escarlata,
Um rapazote se exercita.

Testa o manejo da espingarda
Que ora reflete o sol vermelho,
Armas ao ombro, põe-se em guarda –
Quem dera me acertasse em cheio.

Du bist wie eine Blume
So hold und schön und rein:
Ich schau' dich an, und Wehmut
Schleicht mir ins Herz hinein.

Mir ist, als ob ich die Hände
Aufs Haupt dir legen sollt',
Betend, daß Gott dich erhalte
So rein und schön und hold.

[1823]

Tu és como uma flor
Tão linda, leve e pura:
Te vejo, e logo a dor
Meu coração tortura.

É como se eu tivesse
De erguer a mão, pedindo
A Deus que te conserve
Tão pura, leve e linda.

Donna Clara

In dem abendlichen Garten
Wandelt des Alkaden Tochter;
Pauken- und Trommetenjubel
Klingt herunter von dem Schlosse.

"Lästig werden mir die Tänze
Und die süßen Schmeichelworte,
Und die Ritter, die so zierlich
Mich vergleichen mit der Sonne.

"Ueberlästig wird mir Alles,
Seit ich sah, bei'm Strahl des Mondes,
Jenen Ritter, dessen Laute
Nächtens mich an's Fenster lockte.

"Wie er stand so schlank und muthig,
Und die Augen leuchtend schossen
Aus dem edelblassen Antlitz,
Glich er wahrlich Sanct Georgen."

Also dachte Donna Clara,
Und sie schaute auf den Boden;
Wie sie aufblickt, steht der schöne,
Unbekannte Ritter vor ihr.

Händedrückend, liebeflüsternd,
Wandeln sie umher im Mondschein,
Und der Zephyr schmeichelt freundlich,
Mährchenartig grüßen Rosen.

Mährchenartig grüßen Rosen,
Und sie glüh'n wie Liebesboten. –
Aber sage mir, Geliebte,
Warum du so plötzlich roth wirst?

Dona Clara

Anda a filha de um alcaide
Pela noite no jardim;
Reverberam no castelo
Os timbales e o clarim.

"Não aguento mais a dança,
Nem a adulação sem-fim,
Cavaleiros que me igualam
À flor branca do jasmim.

"Eu não acho graça em nada
Desde que, uma noite assim,
Avistei lá da sacada
Um fidalgo ao bandolim."

"Que nobreza, que elegância!
Seu fulgor vinha até mim
Como se fosse uma lança
De um São Jorge de marfim."

Remoía suas lembranças
Todas, tim-tim por tim-tim,
Quando Clara se depara
Com seu belo paladim.

De mãos dadas, sussurrando
Ao luar, os dois caminham;
Rosas de um conto de fadas,
Brisa amena de cetim.

Rosas de um conto de fadas
Brilham feito querubins. –
Mas por que tingiu-se, amada,
O teu rosto de carmim?

nas asas da canção

"Mücken stachen mich, Geliebter,
Und die Mücken sind, im Sommer,
Mir so tief verhaßt, als wären's
Langenas'ge Judenrotten."

Laß die Mücken und die Juden,
Spricht der Ritter, freundlich kosend.
Von den Mandelbäumen fallen
Tausend weiße Blüthenflocken.

Tausend weiße Blüthenflocken
Haben ihren Duft ergossen. –
Aber sage mir, Geliebte,
Ist dein Herz mir ganz gewogen?

"Ja, ich liebe dich, Geliebter,
Bei dem Heiland sey's geschworen,
Den die gottverfluchten Juden
Boshaft tückisch einst ermordet."

Laß den Heiland und die Juden,
Spricht der Ritter, freundlich kosend.
In der Ferne schwanken traumhaft
Weiße Liljen, lichtumflossen.

Weiße Liljen, lichtumflossen,
Blicken nach den Sternen droben. –
Aber sage mir, Geliebte,
Hast du auch nicht falsch geschworen?

"Falsch ist nicht in mir, Geliebter,
Wie in meiner Brust kein Tropfen
Blut ist von dem Blut der Mohren
Und des schmutz'gen Judenvolkes."

"Os mosquitos, cavaleiro,
Me picaram no ínterim,
Tenho raiva dessa praga
Como do judeu chinfrim."

Deixa os bichos para lá
E os judeus, meu amorzinho.
Vê, da amendoeira caem
Pétalas sobre o caminho:

Flocos brancos odorantes
Que o nariz acariciam.
Mas me diz: teu coração
Balançou mesmo por mim?

"Não duvides, meu senhor,
Por Jesus, juro que sim,
Ele a que os judeus tratantes
E velhacos deram fim."

Deixa o Cristo para lá
E os judeus, minha rolinha.
Olha só como balançam
Suave os lírios na colina.

Na colina os lírios brancos
Vendo estrelas no confim. –
Ouço-te jurar em falso?
São lorotas de Aladim?

"Não há uma gota falsa
De sangue dentro de mim;
Meu amor, não sou da raça
De Judá, nem sou muslim."

Laß die Mohren und die Juden,
Spricht der Ritter, freundlich kosend;
Und nach einer Myrthenlaube
Führt er die Alkadentochter.

Mit den weichen Liebesnetzen
Hat er heimlich sie umflochten;
Kurze Worte, lange Küsse,
Und die Herzen überflossen.

Wie ein schmelzend süßes Brautlied
Singt die Nachtigall, die holde;
Wie zum Fackeltanze hüpfen
Feuerwürmchen auf dem Boden.

In der Laube wird es stiller,
Und man hört nur, wie verstohlen,
Das Geflüster kluger Myrthen
Und der Blumen Athemholen.

Aber Pauken und Trommeten
Schallen plötzlich aus dem Schlosse,
Und erwachend hat sich Clara
Aus des Ritters Arm gezogen.

"Horch! da ruft es mich, Geliebter,
Doch, bevor wir scheiden, sollst du
Nennen deinen lieben Namen,
Den du mir so lang verborgen."

Und der Ritter, heiter lächelnd,
Küßt die Finger seiner Donna,
Küßt die Lippen und die Stirne,
Und er spricht zuletzt die Worte:

Deixa os mouros para lá
E os judeus, amada minha;
Vamos nos aconchegar
Entre os ramos de alecrim.

E fez pra filha do alcaide
O mais delicado ninho;
Foi sucinto na palavra,
Mas prolixo no carinho.

Doce e ardente epitalâmio
Canta o rouxinol a fio.
Pirilampos logo inflamam
Nas contradanças do cio.

O arvoredo então se cala,
Não se ouve mais um pio,
Só as flores cochichando,
Ao redor do chão macio.

De repente, no castelo
Os timbales e o clarim
Soam alto; Dona Clara
Se levanta no jardim.

"Creio que estão me chamando!
Meu querido, diz enfim:
Qual a graça do teu nome?
Não o escondas mais de mim."

Ele esboça uma risada,
Então beija-lhe os dedinhos,
A maçã do rosto e os lábios,
E lhe diz devagarinho:

"Ich, Sennora, Eu'r Geliebter,
Bin der Sohn des vielbelobten,
Großen, schriftgelehrten Rabbi
Israel von Saragossa."

[1823]

"Meu amor, deu-me o destino
Uma estirpe primorosa,
Eu sou filho do Rabino
Israel de Zaragoza."

DÄMMERND LIEGT *der Sommerabend*
Ueber Wald und grünen Wiesen;
Goldner Mond, am blauen Himmel,
Stralt herunter, duftig labend.

An dem Bache zirpt die Grille,
Und es regt sich in dem Wasser,
Und der Wandrer hört ein Plätschern,
Und ein Athmen in der Stille.

Dorten, an dem Bach alleine,
Badet sich die schöne Elfe;
Arm und Nacken, weiß und lieblich,
Schimmern in dem Mondenscheine.

[1824]

Lusco-fusco de verão
Sobre o verde do vergel;
Lua de ouro odora o véu
No lilás da imensidão.

No regato, trila um grilo,
Trisca a água, contumaz;
O andarilho, envolto em paz,
Ouve um respirar tranquilo.

Toma banho, no lugar,
Uma elfa linda e só;
Colo e braços de filó
Brilham brancos ao luar.

WIR FUHREN ALLEIN *im dunkeln
Postwagen die ganze Nacht;
Wir ruhten einander am Herzen,
Wir haben gescherzt und gelacht.*

*Doch als es Morgens tagte,
Mein Kind, wie staunten wir!
Denn zwischen uns saß Amor,
Der blinde Passagier.*

[1824]

Sós, NA DILIGÊNCIA escura,
Viajando a noite inteira;
Lado a lado, com ternura,
Muito riso e brincadeira.

Quando o sol subia a pino,
Que surpresa, minha criança!
Passageiro clandestino:
Eros, entre nós, descansa.

DER GANGES *rausch, der große Ganges schwillt,*
Der Himalaya stralt im Abendscheine,
Und aus der Nacht der Banianenhaine
Die Elephantenheerde stürzt und brüllt; –

Ein Bild! Ein Bild! Mein Pferd für'n gutes Bild!
Womit ich dich vergleiche, Schöne, Feine,
Dich Unvergleichliche, dich Gute, Reine,
Die mir das Herz mit heitrer Lust erfüllt!

Vergebens siehst du mich nach Bildern schweifen,
Und siehst mich mit Gefühl und Reimen ringen, –
Und, ach! du lächelst gar ob meiner Qual!

Doch lächle nur! Denn wenn du lächelst, greifen
Gandarven nach der Zither, und sie singen
Dort oben in dem goldnen Sonnensaal.

[1824]

O GANGES brame, avança o grande Ganges[2];
Os Himalaias raiam no crepúsculo;
Do bosque de banians[3], tão denso, escuro,
Estrondam, num tropel, os elefantes; –

Imagem! Uma imagem! Meu cavalo
Por uma só imagem que dê conta
De ti, ó incomparável, que me afronta
O coração, no mais doce regalo!

Me vês na vã procura de uma imagem,
Emaranhado em rimas e emoção, –
E ris, achando graça do suplício!

Mas ri! Pois quando ris, vejo o solstício,
E os Gandharvas[4] – de cítara na mão –
Entoam ragas na áurea carruagem.

An Edom!

Ein Jahrtausend schon und länger,
Dulden wir uns brüderlich,
Du, du duldest, daß ich atme,
Dass du rasest, dulde Ich.

Manchmal nur, in dunkeln Zeiten,
Ward dir wunderlich zu Mut,
Und die liebefrommen Tätzchen
Färbtest du mit meinem Blut!

Jetzt wird unsre Freundschaft fester,
Und noch täglich nimmt sie zu;
Denn ich selbst begann zu rasen,
Und ich werde fast wie Du.

[1824]

A Edom! [5]

Há dois milênios já perdura
A convivência tão fraterna –
Quando eu respiro, tu me aturas,
Se te enraiveces, eu tolero.

Algumas vezes, convenhamos,
Cruzaste as raias do mau gosto,
As santas unhas mergulhando
Na tinta rubra do meu corpo!

Nossa amizade agora cresce
A cada dia e nunca para;
Virei alguém que se enraivece,
Estou ficando a tua cara.

EINGEHÜLLT *in graue Wolken*
Schlafen jetzt die großen Götter,
Und ich höre wie sie schnarrchen,
Und wir haben wildes Wetter.

Wildes Wetter! Sturmeswüthen
Will das arme Schiff zerschellen –
Ach, wer zügelt diese Winde
Und die herrenlosen Wellen!

Kann's nicht hindern, daß es stürmet,
Daß da dröhnen Mast und Bretter,
Und ich hüll' mich in den Mantel,
Um zu schlafen wie die Götter.

[1824-1826]

Os GRANDES deuses ora dormem,
Envoltos numa nuvem cinza;
Escuto como roncam forte,
A tempestade se aproxima.

Que tempo atroz! A tempestade
Quer destroçar a embarcação –
No vento e no escarcéu quem há de
Pôr sela, arreios e bridão?

Não tenho culpa se a procela
Empurra os barcos para o fundo,
Então me enrosco nas cobertas
E, como um deus, enfim eu durmo.

Die Nacht am Strande

Sternlos und kalt ist die Nacht,
Es gährt das Meer;
Und über dem Meer, platt auf dem Bauch,
Liegt der ungestaltete Nordwind,
Und heimlich, mit ächzend gedämpfter Stimme,
Wie'n störriger Griesgram, der gutgelaunt wird,
Schwatzt er ins Wasser hinein,
Und erzählt viel tolle Geschichten,
Riesenmährchen, todtschlaglaunig,
Uralte Sagen aus Norweg,
Und dazwischen, weitschallend, lacht er und heult er
Beschwörungslieder der Edda,
Graue Runensprüche,
So dunkeltrotzig und zaubergewaltig,
Daß die weißen Meerkinder
Hochaufspringen und jauchzen,
Uebermuth-berauscht.
Derweilen, am flachen Gestade,
Ueber den fluthbefeuchteten Sand,
Schreitet ein Fremdling, mit einem Herzen,
Das wilder noch als Wind und Wellen;
Wo er hintritt,
Sprühen Funken und knistern die Muscheln,
Und er hüllt sich fest in den grauen Mantel,
Und schreitet rasch durch die wehende Nacht,
Sicher geleitet vom kleinen Lichte,
Das lockend und lieblich schimmert,
Aus einsamer Fischerhütte.

Vater und Bruder sind auf der See,
Und mutterseelallein blieb dort
In der Hütte die Fischertochter,
Die wunderschöne Fischertochter.

Noite na praia[6]

A noite fria, sem estrelas –
O mar a fermentar;
E sobre o mar, estendido de bruços,
O vento norte, disforme,
Fala furtivo às águas,
A voz velada de lamúrias,
Feito um velho irritadiço que se anima
E conta, ávido de sangue,
Histórias maravilhosas, fábulas de gigantes,
Antigas sagas lá da Noruega,
E, de vez em quando, altissonante, ri e brada
Cânticos de invocação do *Edda*[7],
Provérbios rúnicos sombrios,
Tão fosco-truculento, o necromante,
Que os filhos brancos do mar
Saltam alto e exultam,
Inebriados de soberba.
Enquanto isso, na orla plana,
Por sobre a úmida areia da maré,
Caminha um forasteiro, de coração
Ainda mais selvagem que os ventos e vagas;
Por onde pisa, faíscas
Espirram, e os mariscos se esfarelam,
E, envolto em seu manto gris,
Ele avança veloz na noite, através da ventania,
Conduzido a salvo pelo trêmulo
Brilho, e sedutor, que avista na cabana
Solitária de um pescador.

O pai e irmão estão no mar,
E na cabana eis que ficou,
Só com seu pensamento, a filha
Do pescador, a linda filha.

Am Heerde sitzt sie
Und horcht auf des Wasserkessels
Ahnungsüßes, heimliches Summen,
Und schüttet knisterndes Reisig ins Feuer,
Und bläßt hinein,
Daß die flackernd rothen Lichter
Zauberlieblich wiederstralen
Auf das blühende Antlitz,
Auf die zarte, weiße Schulter,
Die rührend hervorlauscht
Aus dem groben, grauen Hemde,
Und auf die kleine, sorgsame Hand,
Die das Unterröckchen fester bindet,
Um die feine Hüfte.

Aber plötzlich, die Thür springt auf,
Und es tritt herein der nächtige Fremdling;
Liebesicher ruht sein Auge
Auf dem weißen, schlanken Mädchen,
Das schauernd vor ihm steht,
Gleich einer erschrockenen Lilje;
Und er wirft den Mantel zur Erde,
Und lacht und spricht:
Siehst du, mein Kind, ich halte Wort,
Und ich komme, und mit mir kommt
Die alte Zeit, wo die Götter des Himmels
Niederstiegen zu Töchtern der Menschen,
Und die Töchter der Menschen umarmten,

Und mit ihnen zeugten
Zeptertragende Königsgeschlechter
Und Helden, Wunder der Welt.
Doch staune, mein Kind, nicht länger

Defronte ao fogão
Ela escuta, na água da chaleira,
Um murmúrio doce-auspicioso,
E joga gravetos crepitantes ao fogo,
Assoprando-o,
Até que as rubras fagulhas
Reflitam, enfeitiçantes,
Em seu rosto florescente
E nos delicados ombros brancos,
Escapulindo, atentos,
Da blusa tosca e cinza, tão tocantes,
E nas mãos pequenas, cuidadosas,
Que amarram a sua saia
Na cintura fina.

De repente, a porta se escancara:
O noturno forasteiro adentra,
Joga os olhos confiantes
Sobre a moça esguia e branca
Que diante dele treme,
Estarrecida feito um lírio branco,
Lança o manto ao chão,
Solta a gargalhada e diz:
Vês, minha criança, eu cumpro a palavra!
Vim, e comigo vem o tempo antigo,
Quando os deuses celestes
Baixavam às filhas dos homens,
E abraçavam as filhas dos homens,

E com elas geravam
Dinastias de reis, o cetro em punho,
E heróis, maravilhas do mundo.
Mas, criança, não te assustes

Ob meiner Göttlichkeit,
Und ich bitte dich, koche mir Thee mit Rum,
Denn draußen war's kalt,
Und bey solcher Nachtluft
Frieren auch wir, wir ewigen Götter,
Und kriegen wir leicht den göttlichsten Schnupfen,
Und einen unsterblichen Husten.

[1825]

Com a minha divindade,
E prepara-me logo um chá com rum,
Que lá fora faz frio,
E nesta maresia,
Até nós, os deuses eternos,
Pegamos fácil uma constipação divina,
E uma tosse imorredoura.

Ramsgate

"O, des liebenswürdigen Dichters,
Dessen Lieder uns entzücken!
Hätten wir ihn in der Nähe,
Seine Lippen zu beglücken!"

Während liebenswürd'ge Damen
Also liebenswürdig dachten,
Mußt ich, hundert Meil entfernt,
In der öden Fremde schmachten.

Und es hilft uns nichts im Norden,
Wenn im Süden schönes Wetter,
Und von zugedachten Küssen
Wird das magre Herz nicht fetter.

[1827]

Ramsgate[8]

"Mesmo de longe, ó poeta,
Nós te adoramos a canção!
Quem dera os lábios teus pudessem
Colher a nossa gratidão!"

Enquanto as adoráveis damas
Me endereçavam o elogio,
A muitas léguas de distância,
Eu padecia o triste exílio.

De nada ajuda aqui no norte,
Se lá no sul brilha o verão;
E o coração não fica forte
Com beijos da imaginação.

ZU DER LAUHEIT *und der Flauheit*
Deiner Seele paßte nicht
Meiner Liebe wilde Rauheit,
Die sich Bahn durch Felsen bricht.

Du, du liebtest die Chausseen
In der Liebe, und ich schau
Dich am Arm des Gatten gehen,
Eine brave, schwang're Frau.

[1827-1832]

A MORNA fragilidade
Da tua alma não combina
Com o meu amor selvagem
Que abre trilhas na ravina.

Amas no amor a avenida;
E eu te vejo assim impávida,
De mãos dadas com o marido,
A flanar feliz e grávida.

IN WELCHE SOLL ICH *mich verlieben,*
Da beide liebenswürdig sind?
Ein schönes Weib ist noch die Mutter,
Die Tochter ist ein schönes Kind.

Die weißen, unerfahrnen Glieder,
Sie sind so rührend anzusehn!
Doch reizend sind geniale Augen,
Die unsre Zärtlichkeit verstehn.

Es gleicht mein Herz dem grauen Freunde,
Der zwischen zwei Gebündel Heu
Nachsinnlich grübelt, welch von beiden
Das allerbeste Futter sei.

[1829]

Por qual das duas se apaixona
Meu coração que o amor balança?
A mãe tem ares de madona,
A filha é uma linda criança.

Ver essas formas graciosas,
Tão inocentes, que delícia!
Mas quem resiste àqueles olhos
Que sabem ler toda a malícia?

Meu coração parece, assim,
O amigo cinza e sem ação
Ante dois montes de capim:
Não sabe qual é sua ração.

DIESER LIEBE *toller Fasching,*
Dieser Taumel unsrer Herzen,
Geht zu Ende, und ernüchtert
Gähnen wir einander an!

Ausgetrunken ist der Kelch,
Der mit Sinnenrausch gefüllt war,
Schäumend, lodernd, bis am Rande;
Ausgetrunken ist der Kelch.

Es verstummen auch die Geigen,
Die zum Tanze mächtig spielten,
Zu dem Tanz der Leidenschaft;
Auch die Geigen, sie verstummen.

Es erlöschen auch die Lampen,
Die das wilde Licht ergossen
Auf den bunten Mummenschanz;
Auch die Lampen, sie erlöschen.

Morgen kommt der Aschenmittwoch,
Und ich zeichne deine Stirne
Mit dem Aschenkreuz und spreche:
Weib, bedenke, daß du Staub bist.

[1829]

O CARNAVAL do nosso amor,
Que arrebatava o coração,
Chegou ao fim e vejo só
Nosso bocejo desfilar!

Agora está vazio o cálice
Que transbordava de paixão
Efervescente e inebriante;
O cálice se esvaziou.

Também calou-se a melodia,
Que arrebatava na avenida
A dança da nossa emoção;
A melodia se calou.

Não brilha mais aquela luz
Que iluminava a passarela
Nas cores da agremiação;
Aquela luz já se apagou.

A quarta-feira bate à porta;
Com cinzas faço-te um sinal
Da cruz na testa, e digo então:
Recorda-te, mulher, que és pó.

DER SCHMETTERLING *ist in die Rose verliebt,*
Umflattert sie tausendmahl,
Ihn selber aber goldig zart,
Umflattert der liebende Sonnenstral.

Jedoch, in wen ist die Rose verliebt?
Das wüßt' ich gar zu gern.
Ist es die singende Nachtigall?
Ist es der schweigende Abendstern?

Ich weiß nicht, in wen die Rose verliebt;
Ich aber lieb' Euch all:
Rose, Schmetterling, Sonnenstral,
Abendstern und Nachtigall.

[1830]

A BORBOLETA, afim da rosa,
Dá piruetas ao redor;
Em torno dela, quem dá voltas
É o sol queimando-se de amor.

Quem é que vai ficar com a rosa?
Eu gostaria de saber.
Será o rouxinol canoro?
A estrela d'alva a emudecer?

Não sei quem vai ficar com a rosa;
Só sei que eu amo a todos vós:
Ó rosa, borboleta e sol,
Ó estrela d'alva e rouxinol.

DIE BLAUEN *Frühlingsaugen*
Schau'n aus dem Gras hervor;
Das sind die lieben Veilchen,
Die ich zum Strauß erkor.

Ich pflücke sie und denke,
Und die Gedanken all,
Die mir im Herzen seufzen,
Singt laut die Nachtigall.

Ja, was ich denke, singt sie
Lautschmetternd, daß es schallt;
Mein zärtliches Geheimniß
Weiß schon der ganze Wald.

[1830]

ESSES OLHOS-primavera,
Me fitando azuis na relva,
São amáveis violetas
Que escolhi para um buquê.

Vou colhendo enquanto penso:
O que vem ao pensamento
E no coração me dói,
Cantam alto os rouxinóis.

O que eu penso eles cantam
Estridentes – num instante
Minha sina mais secreta
Espalhou-se na floresta.

DER BRIEF, *den du geschrieben,*
Er macht mich gar nicht bang;
Du willst mich nicht mehr lieben,
Aber dein Brief ist lang.

Zwölf Seiten, eng und zierlich!
Ein kleines Manuskript!
Man schreibt nicht so ausführlich
Wenn man den Abschied giebt.

[1830]

A CARTINHA que me escreves
Não me abala a alegria;
Pra dizer que o amor já era,
Escreveste em demasia.

Doze folhas manuscritas
Com letrinha de notário!
Quem deseja a despedida
Não se dá tanto trabalho.

SORGE NIE, *daß ich verrathe*
Meine Liebe vor der Welt,
Wenn mein Mund ob deiner Schönheit
Von Metaphern überquellt.

Unter einem Wald von Blumen
Liegt, in still verborgner Huth,
Jenes glühende Geheimniß,
Jene tief geheime Glut.

Sprühn einmahl verdächt'ge Funken
Aus den Rosen – sorge nie!
Diese Welt glaubt nicht an Flammen
Und sie nimmt's für Poesie.

[1830]

NÃO RECEIES: para o mundo
Meu amor eu não declaro,
Se a beleza tua inunda
Minha boca de metáforas.

Sob as árvores em flor,
Jaz, no mudo esconderijo,
O segredo abrasador,
Tão profundo e protegido.

Se escapar uma faísca
Dentre as rosas – ah, não temas!
Que este mundo não decifra:
Onde há fogo, vê poemas.

WIE EIN GREISENANTLITZ *droben*
Ist der Himmel anzuschauen,
Rotheinäugig und umwoben
Von dem Wolkenhaar, dem grauen.

Blickt er auf die Erde nieder
Müssen welken Blum' und Blüthe,
Müssen welken Lieb' und Lieder
In dem menschlichen Gemüthe.

[1830]

TRANSFIGURA-se num velho
Carrancudo o céu acima,
Cíclope de olho vermelho
E cabelos nuvem-cinza.

Se olha em nossa direção,
Murcham flores e rebentos,
Os amores e a canção
Se dissolvem pelos ventos.

Cartas de Helgoland

Helgoland[1], primeiro de julho de 1830

Eu mesmo já estou farto dessa guerra de guerrilha e anseio pela calma, ou ao menos por uma condição onde possa dedicar-me sem amarras às minhas inclinações naturais, ao meu jeito sonhador, aos meus pensamentos e ruminações fantasiosas. Que ironia do destino ter sido justamente eu, que tanto aprecio estirar-me na pocilga da silenciosa e plácida vida sentimental, predestinado a chacoalhar meus pobres conterrâneos de seu conforto e a incitá-los ao movimento! Eu que prefiro, acima de tudo, ocupar-me em observar as nuvens, inventar metrificados jogos de palavras, investigar os mistérios dos elementais e mergulhar no mundo maravilhoso dos contos de fada... Justamente eu tive que editar anais políticos, comunicar assuntos da hora, panfletar desejos revolucionários, acender paixões, dar petelecos incessantes no nariz do pobre Zé Povinho alemão, a fim de que acordasse de seu saudável sono de gigante... Óbvio que nada mais consegui do que provocar um leve espirro no gigantesco roncador, e de forma alguma despertá-lo... Também puxei-lhe com força o travesseiro, mas ele o endireitou com a mão trôpega de sono... Desesperançado, quis um dia incendiar sua touca de dormir, que, no entanto, de tão empapada com o suor dos pensamentos não produziu nada mais do que fumaça... e o Zé Povinho, dormindo, sorriu.

Estou cansado e anseio por calma. Hei de comprar também uma touca de dormir e cobrir os meus ouvidos. Ah, se eu apenas soubesse onde repousar minha cabeça. Na Alemanha é impossível. A todo momento, um policial viria sacudir-me para verificar se estou mesmo dormindo; só de pensar nisso já me estraga todo prazer. Mas afinal, para onde ir? De novo ao sul? Ao país onde florescem os limoeiros e as laranjas douradas? Ah! Diante de cada limoeiro há agora um guarda austríaco que trovejar-te-á um apavorante "alto lá!" na cara. Ficaram tão azedas quanto os limões as ditas laranjas douradas. Ou devo ir para o norte? Talvez ao nordeste? Ah! os ursos polares estão mais perigosos do que nunca, desde que foram civilizados e passaram a usar luvas glacé. Ou devo voltar à diabólica Inglaterra, onde não fui enforcado *in effigie* mas onde tampouco quero viver em pessoa? Deviam pagar para a gente morar lá, e, ao invés disso, a estada na Inglaterra custa o dobro dos demais lugares. Nunca mais quero pôr os pés nesse desprezível país, onde as máquinas são como homens e os homens gesticulam como máquinas. Que zumbem e silenciam tão assustadoramente. Quando fui apresentado ao enorme governante, e esse inglês de araque permaneceu imóvel na minha frente sem falar uma palavra por vários minutos, passou-me involuntariamente pela cabeça olhar as suas costas, para averiguar se haviam esquecido de dar corda no maquinário. Que a ilha de Helgoland esteja sob o domínio inglês já me é fatal o suficiente. Às vezes imagino sentir o cheiro daquele tédio que os filhos de Albion exalam em todo lugar. De fato, de cada inglês emana um certo gás, o mortífero veneno do tédio, que observei com meus próprios olhos, não na Inglaterra onde todo o ar está dele impregnado, mas nas terras do sul, por onde o inglês vagueia solitário, e onde a auréola de melancolia que circunda sua cabeça torna-se bastante nítida no ensolarado ar azul. Os ingleses acreditam que seu denso tédio seja um produto territorial, e para escapar do mesmo, viajam por todos os países, entediando-se em todos os lugares e voltando para casa com um *diary of an ennuyé*. Parece o caso do soldado que caiu no sono: os companheiros besuntaram-lhe as narinas com excremento; quando acordou, percebeu que a guarita cheirava mal, e saiu para fora; mas não tardou a voltar, dizendo que lá fora também fedia, que o mundo inteiro cheirava mal.

Um amigo meu, que voltou recentemente da França, me assegurou que os ingleses viajam pelo continente por desespero da pesada culinária de sua pátria; nas *tables d'hôte* se veem os gordos bretões engolindo somente *vol-au-vent, crème, suprème, ragout, gelées* e outras iguarias arejadas, e com aquele apetite colossal que treinaram em casa com a massa de *roastbeefs* e o *plum pudding* de Yorkshire, levando à ruína qualquer dono de restaurante. Será que devastar as *tables d'hôte* é a razão secreta que leva os ingleses a viajarem por aí? Enquanto nós rimos da frivolidade com que observam as curiosidades e galerias de arte, talvez sejam eles que nos enganam, e o seu sorriso não passe, assim, de uma astuta camuflagem de suas intenções gastronômicas?

Mas por melhor que seja sua própria cozinha, a França não anda lá muito bem das pernas, e a grande retirada não tem mais fim. Os jesuítas florescem ali e cantam hinos de vitória. Os atuais detentores do poder são os mesmos imbecis que tiveram suas cabeças cortadas há cinquenta anos... Do que adiantou? Levantaram do túmulo, e o seu governo está mais tolo do que antes, pois quando os deixaram sair do reino dos mortos para a luz do dia, a maioria colocou, na pressa, a melhor cabeça que estava à mão, e com isso ocorreram desacertos irremediáveis: a cabeça, amiúde, não combina com o tronco e com o coração que ali dentro assombra. Muitos deles, conforme a própria razão espalha nas tribunas, têm cabeças cuja sabedoria admiramos, mas que, no entanto, se deixam logo conduzir pelos corações

cartas de helgoland

incorrigíveis aos atos mais estúpidos... É a terrível contradição – entre pensamento e emoção, princípio e paixão, palavra e ação – desses *revenants*!

Ou devo ir para América, essa imensa penitenciária da liberdade, onde os grilhões invisíveis me apertariam ainda mais dolorosamente que os visíveis lá de casa, e onde o mais repugnante dos tiranos, a plebe, exerce sua rude dominação? Tu sabes o que penso desse país amaldiçoado, que outrora amava, quando ainda não o conhecia... E, não obstante, devo louvá-lo por obrigação do *métier*... Ó caríssimos camponeses alemães, ide para a América! Lá não há príncipes nem nobres, todos os homens são iguais, são um único caipira... Com exceção, é claro, de alguns milhões que têm a pele negra ou marrom, e que são tratados como cachorros. A escravidão, que foi abolida na maior parte dos estados, não me repulsa propriamente tanto quanto a brutalidade com que tratam os negros e mulatos livres. Também aqueles, que em mínimo grau descendem de um negro – ainda que não tragam na cor da pele o sinal da descendência, mas tão somente nos traços do rosto – terão de suportar as piores ofensas, ofensas estas que irão nos parecer até fantasiosas na Europa. Ao mesmo tempo, esses americanos têm o seu cristianismo em grande conta, e são os mais ávidos frequentadores de igrejas. Tal hipocrisia aprenderam com os ingleses que, aliás, lhes deixaram suas piores qualidades. A utilidade mundana é, no fundo, a sua religião, e o dinheiro é seu Deus, seu Deus único e todo-poderoso. Naturalmente que um coração nobre poderá lamuriar-se em silêncio contra o egoísmo e a injustiça generalizados. Mas se quiser de fato combatê-los, espera-o um martírio que ultrapassa todos os conceitos europeus. Creio que foi em Nova York, onde um pregador evangélico indignou-se tanto com a judiação dos homens de cor, que, desafiando o cruel preconceito, casou sua própria filha com um negro.

Tão logo esse ato verdadeiramente cristão tornou-se público, o povo invadiu a casa do pregador, que somente através da fuga evitou sua morte; a casa, porém, foi arrasada, e a filha, a pobre vítima, caiu nas garras do populacho, para satisfazer-lhes a fúria. *She was lynched*, isto é, foi completamente despida, banhada em pixe, rolada sobre os edredons rasgados e, nessa viscosa cobertura de penas, humilhada e arrastada por toda a cidade...

Ó liberdade, és um sonho ruim!

HELGOLAND, 8 DE JULHO

JÁ QUE ONTEM era domingo, e uma plúmbea melancolia pesava sobre a ilha inteira, ameaçando esmagar minha cabeça, recorri no desespero à *Bíblia*... e te confesso, embora seja um heleno furtivo, que o livro não só me enteteve muito como edificou-me largamente. Que livro! Amplo e grande como o mundo, enraizando-se nas profundezas da Criação e arremetendo-se em questões até o mistério azul do firmamento... Aurora e crepúsculo, promessa e cumprimento, nascimento e morte, todo o drama da humanidade, tudo está nesse livro... É o livro dos livros, a *Bíblia*. Os judeus deveriam se consolar com facilidade por terem perdido Jerusalém e o Templo e o tabernáculo e os talheres dourados e as joias de Salomão... Essa perda é mínima em comparação com a *Bíblia*, esse tesouro indestrutível que conseguiram salvar. Se não me engano, foi Maomé que chamou os judeus de o "Povo do Livro", um nome que até os dias de hoje perdura no Oriente e que é profundamente representativo. Um livro é sua pátria, sua propriedade, seu senhor, seu azar e sorte. Eles vivem nos pacíficos limites desse livro, ali exercem sua cidadania inalienável, ali não podem ser perseguidos, desprezados, ali são fortes e dignos de inveja. Imersos na leitura desse livro, muito pouco notaram das mudanças que ocorreram ao seu redor, no mundo real; povos surgiram e desapareceram, Estados floresceram às alturas e feneceram, revoluções assolaram o planeta... Porém eles, os judeus, estavam inclinados sobre o seu livro, e nada perceberam da selvagem caçada do tempo que grassava sobre suas cabeças.

Assim como o profeta do Oriente os denominou o "Povo do Livro", o profeta do Ocidente, em sua *Filosofia da História*, os chamou de o "Povo do Espírito". Desde o mais remoto início, como observamos no Pentateuco, os judeus professam a sua inclinação ao abstrato, e toda sua religião não passa de um tipo de dialética, através da qual a matéria é separada do espírito, e o Absoluto é somente reconhecido na forma exclusiva do espírito. Que posição assustadoramente isolada não tiveram que assumir entre os povos da Antiguidade, que se dedicavam aos mais alegres serviços da natureza, compreendendo o espírito muito mais como manifestação, em símbolo e imagem, na matéria! Que terrível oposição não ergueram, portanto, contra o colorido Egito que coalhava de hieroglifos, contra a Fenícia dos grandes templos de prazer de Astarte, ou mesmo contra a bela pecadora, a adorável, doce-perfumosa Babilônia, e por último, até mesmo contra a Grécia, a florescente terra natal da arte!

É um drama curioso esse de como o Povo do Espírito foi gradualmente se libertando de toda a matéria, espiritualizando-se por completo. Moisés deu ao espírito, por assim dizer, as paliçadas materiais contra a invasão dos povos vizinhos: ao redor do campo onde semeara o espírito, plantou a áspera lei cerimonial e um egocêntrico sentimento de nacionalidade, como uma protetora cerca de espinhos. Mas quando a sagrada planta espiritual já havia deitado raízes tão fundas e crescido tão alto rumo ao céu que não podia mais ser extirpada: eis que surge Jesus Cristo e derruba a lei cerimonial, que doravante nenhuma importância terá, proclamando também a sentença de morte sobre a nacionalidade judaica... Conclamou todos os povos à participação no Reino de Deus, que antes só pertencia a um único povo eleito divinamente, concedendo à toda a humanidade a cidadania judaica... Foi uma grande demanda emancipatória, resolvida, contudo, de forma bem mais generosa que as atuais na Saxônia e Hannover... O Redentor que livrou seus irmãos da lei cerimonial e da nacionalidade, tornou-se, naturalmente, vítima de sua humanidade, vindo a ser crucificado a mando do magistrado de Jerusalém e escarnecido pelo populacho...

Todavia, somente a carne foi humilhada e crucificada, o espírito foi glorificado, e o martírio do Vitorioso, que conquistou para o espírito o domínio do mundo, virou o símbolo desse triunfo, e a humanidade toda, desde então, aspira *in imitationem Christi* à mortificação do corpo e à suprassensível entrada no espírito absoluto...

Quando voltará a harmonia? Quando irá o mundo se curar dessa ânsia por espiritualização, o insano erro através do qual tanto a alma como o corpo adoeceram? Um grande antídoto reside no movimento político e na arte. Napoleão e Goethe atuaram com precisão. Aquele, por ter obrigado os povos a admitirem todos os tipos de movimentos saudáveis ao corpo; este, por nos ter tornado de novo receptíveis à arte grega e criado obras de peso, nas quais podemos nos agarrar como nas estátuas de mármore dos deuses, para não afundarmos no mar enevoado do espírito absoluto...

cartas de helgoland

Helgoland, 18 de julho

No *Antigo Testamento*, li por inteiro o primeiro livro de Moisés. Tal qual uma longa caravana, desfilou o sagrado mundo antigo através do meu espírito. Destacam-se os camelos. Sobre cujas altas corcundas vão sentadas, envoltas em véus, as Rosas de Canaã. Vaqueiras piedosas tocam os bois e as vacas adiante. Eles passam por montanhas descalvadas, por tórridos areais, onde só aqui e acolá surge um tufo de palmeiras que abanam refrescantes. Os servos cavaram um poço. Doce, silencioso, o Oriente ensolarado! Como é aprazível repousar em tuas tendas! Ó Labão, quem dera eu pudesse apascentar os teu rebanhos! De bom grado serviria sete anos por Raquel, e mais outros sete anos por Lia, que tu me impões! Ouço como balem as ovelhas de Jacó, vejo como ele as defronta com a vara descascada, quando vão beber água, na época do acasalamento. As malhadas nos pertencem agora. Nesse meio tempo, Rubem volta para casa e traz à sua mãe um ramo de *dudaim* [2] que colhera no campo. Raquel demanda o *dudaim* e Lia lhe dá, com a condição de que Jacó venha dormir com ela na próxima noite. O que é *dudaim*? Os comentadores quebraram suas cabeças em vão. Lutero não soube fazer melhor do que chamar igualmente essas flores de *dudaim*. Quem sabe sejam goivos amarelos da Suábia. Muito me comoveu a história de amor de Siquém e Diná. Mas os irmãos dela, Simeão e Levi, não a entenderam tão sentimentalmente. É abominável que tenham estrangulado o infeliz do Siquém e todos os seus parentes, numa artimanha furiosa, ainda que o pobre amante tenha se comprometido a desposar a irmã deles, a lhes dar terras e bens, a se aliar a eles numa única e grande família, ainda que com esse intuito ele tenha se deixado circuncidar junto com todos os homens de seu povo. Os dois rapazes deveriam ter se alegrado com um tão excelente partido para sua irmã, a prometida cunhadagem haveria de ser de maior utilidade para sua tribo: através dela teriam ganho, além das valiosas oferendas matinais, um bom pedaço de terra, da qual muito precisavam... Não se poderia agir mais corretamentente do que esse apaixonado príncipe Siquém, que, no fundo, só antecipou as prerrogativas do matrimônio, movido pelo amor. Mas assim se sucedeu, ele fez mal a irmã deles, e não existia para os dois irmãos, tão ciosos da honra, nenhuma outra punição para o erro a não ser a morte... E quando seu pai lhes questionou a ação sanguinolenta, mencionando os benefícios que a cunhadagem com Siquém lhes teria trazido, eles responderam: "Haveremos por acaso de fazer negócios com a virgindade de nossa irmã?"

Corações cruéis e inflexíveis, os desses irmãos. Mas debaixo da dura pedra, emanava o perfume de um sentimento moral muito delicado. É curioso como esse sentimento moral, sob a forma que se manifesta em outras ocasiões na vida dos patriarcas, não tenha resultado de uma religião positiva ou legislação política – não, outrora, entre os ancestrais dos judeus não havia a religião positiva nem a lei política, ambas só apareceriam muito mais tarde. Eu creio, portanto, poder afirmar que a moralidade independe do dogma e da legislação, ela é inteiramente um produto do saudável sentimento humano, e a moralidade verdadeira, a razão do coração, irá perdurar eternamente, mesmo que o Estado e a Igreja venham abaixo.

Gostaria que tivéssemos uma outra palavra para isso que chamamos aqui de moralidade [*Sittlichkeit*]. Poderíamos ser levados a entender a moralidade como produto dos costumes [*Sitte*]. Os povos latinos veem-se na mesma arapuca, ao tirarem sua *morale* de *mores*. Mas a verdadeira moralidade é tão independente do dogma e da legislação quanto dos costumes de um povo. Estes são decorrência do clima, da história, e desses mesmos fatores originaram-se a legislação e a dogmática. Existe, assim, um costume indiano, um chinês, um costume cristão, mas só existe uma única moralidade humana. Esta talvez não se deixe apreender em um conceito, e a lei da moralidade, que denominamos moral, não passa de uma brincadeira dialética. A moralidade se revela nas ações, e somente nos motivos destas, não em suas formas e cores, reside o significado moral. No frontispício da *Viagem ao Japão* de Golovnin[3] leem-se como epígrafe estas belas palavras que o viajante russo ouviu de um ilustre japonês: "Os costumes dos povos são diferentes, mas uma boa ação é reconhecida como tal em todos os lugares".

Desde que eu penso, venho refletindo sobre esse tema, a moralidade. O problema da natureza do bem e do mal, que há mil e quinhentos anos coloca em torturante movimento todos os grandes intelectos, impôs-se a mim tão somente na questão da moralidade.

Do *Antigo Testamento* pulo às vezes para o *Novo*, e aqui também me resplandece a onipotência do grande livro. Que solo sagrado não pisam aí os teus pés! Numa tal leitura deveríamos tirar os sapatos, como na proximidade de um santuário. As palavras mais estranhas do *Novo Testamento* são para mim as desta passagem do *Evangelho de S. João*, 16, v. 12-13: "Ainda tenho muito que vos dizer, mas vós não o podeis suportar agora. Mas, quando vier aquele Espírito de verdade, ele vos guiará em toda a verdade; porque não falará de si mesmo, mas dirá tudo o que tiver ouvido, e vos anunciará o que há de vir". Portanto a última palavra não está dita, e eis talvez aqui o elo no qual uma nova Revelação poderá se ligar. Ela inicia-se com a redenção da palavra, põe fim ao martírio e instaura o reino da alegria eterna:

heinehein?

o Milênio. Todas as promessas encontram finalmente o seu mais pleno cumprimento.

Uma certa ambiguidade mística predomina em todo o *Novo Testamento*. Uma astuta digressão, não um sistema, são as palavras: "Dai a César o que é de César e a Deus o que é de Deus". Do mesmo modo, quando perguntam a Cristo "és o rei dos judeus?" a resposta é evasiva. Assim também quando se indaga se ele seria o Filho de Deus. Maomé se mostra muito mais aberto e categórico. Quando lhe perguntaram algo semelhante, respondeu: "Deus não tem filhos".

Que grande drama é a Paixão! E o quão profundamente motivada pelas profecias do *Antigo Testamento*! Ela não poderia ser contornada, era o lacre vermelho da confirmação. Tal como os milagres, a Paixão também serviu de anúncio... Se aparecer um Salvador agora, não terá mais que se deixar crucificar para divulgar a sua doutrina com impacto... Basta que simplesmente mande imprimi-la e anuncie o livrinho nos classificados do *Allgemeine Zeitung*, a seis cruzados por linha. Que doce figura esse Homem-Deus! Em comparação com ele, quão obtuso não parece o herói do *Antigo Testamento*! Moisés ama seu povo com uma intimidade comovente; preocupa-se feito uma mãe com o futuro desse povo. Cristo ama a humanidade; aquele Sol flameja a terra inteira com os raios quentes de seu amor. Que bálsamo aliviante para todas as feridas do mundo são suas palavras! Que fonte revigorante para todos os sofredores foi o sangue que escorreu no Gólgota!... Esse sangue respingou nos brancos deuses de mármore da Grécia, que adoeceram de um horror interior e nunca mais se recuperaram! A maioria, naturalmente, já carregava a peste dentro de si, e o susto tão somente apressou-lhes a morte. Primeiro morreu Pã.

Conheces a fábula como a narra Plutarco? É estranhíssima essa história de marinheiro da Antiguidade. – A seguinte:

No tempo de Tibério, um navio navegava próximo das ilhas Paxi, que ficam no litoral da Etólia, através da noite. As pessoas que estavam nele ainda não tinham ido dormir, e, depois do jantar, muitos ainda bebiam, quando de súbito ouviram uma voz proveniente da costa, que gritava o nome de Thamus (assim se chamava o piloto) tão alto, que todos foram tomados de grande espanto. Na primeira e segunda vez, Thamus permaneceu calado, mas na terceira respondeu; no que a voz, num tom ainda mais alto, disse-lhe as seguintes palavras: "Quando chegares na altura de Pelodes, anuncia que o grande Pã está morto!" Ao atingirem a posição, Thamus executou a missão, gritando da popa do navio para a terra: "O grande Pã está morto!" Após o chamado seguiram-se os mais estranhos sons, uma mistura de suspiros e gritos de admiração, como se fossem emitidos por muitos ao mesmo tempo. As testemunhas contaram o sucedido em Roma, onde as opiniões mais curiosas foram dadas a respeito. Tibério mandou investigar melhor o assunto e não duvidou de sua veracidade.

HELGOLAND, 29 DE JULHO

LI DE NOVO no *Antigo Testamento*. Que grande livro! Mais peculiar do que o conteúdo é para mim esta exposição, onde a palavra é um produto da natureza, feito uma árvore, uma flor, o mar, as estrelas e o próprio homem. Florece, corre, cintila, sorri, não se sabe como, não se sabe por que, e achamos tudo completamente natural. É realmente a palavra de Deus, enquanto outros livros só dão conta de anedotas humanas. Em Homero, o outro grande livro, a exposição é um produto da arte, e embora a matéria também seja sempre, como na *Bíblia*, tirada da realidade, ela se configura numa forma poética, como se derretida no crisol do espírito humano; é refinada num processo que nós denominamos arte. Na *Bíblia* não aparece qualquer vestígio de arte; o estilo é o de um bloco de notas, no qual o espírito absoluto, como se não tivesse qualquer auxílio individual, registra os acontecimentos do dia, quase com aquela mesma fidelidade aos fatos que usamos para escrever nossos bilhetes. Sobre esse estilo não se pode emitir qualquer juízo, apenas constatar o efeito sobre nossas emoções, e não se desconcertaram pouco os gramáticos gregos, quando tiveram que definir em conceitos convencionais muitas das belezas flagrantes da *Bíblia*. Longino fala de sublime. Estetas mais recentes, de ingenuidade. Ah! como já disse, aqui faltam todos as referências para o julgamento... A *Bíblia* é a palavra de Deus. Apenas em um único escritor sinto algo que me lembra o estilo sem mediações da *Bíblia*. É Shakespeare. Também nele irrompe às vezes a palavra com aquela assombrosa nudez que nos assusta e estremece; nas obras shakesperianas vemos às vezes a verdade encarnada sem as roupagens da arte. Mas isso só acontece em alguns momentos; o gênio da arte, sentindo talvez a sua impotência, delega, por um momento, sua tarefa à natureza, para depois reafirmar com ciúme ainda maior o seu domínio sobre a criação plástica e o divertido encadeamento do drama. Shakespeare é judeu e grego ao mesmo tempo, ou melhor, nele os dois elementos, o espiritualismo e a arte, se interpenetraram, plenos de conciliação, desdobrando-se num todo mais elevado.

Essa mistura harmônica dos dois elementos haverá de ser a tarefa de toda a civilização europeia? Estamos ainda muito distantes de um tal resultado. O deus grego, e com ele todo o partido poético, há pouco expressou com veemência sua antipatia contra Jerusalém. O partido contrário, que não tem à frente nenhum grande nome, a não ser alguns falastrões, como o judeu Pustkuchen[4], o judeu Wolfgang Menzel[5], o judeu Hengstenberg[6], levantou ainda mais estridentemente o farisaico grito de protesto contra Atenas e os grandes pagãos.

Meu vizinho de quarto, advogado de Königsberg, frequentador do balneário, me toma por um pietista, pois sempre que me faz uma visita, encontra-me com a *Bíblia* na mão. É por isso que gosta de me alfinetar um pouco, e um cáustico sorriso da Prússia Oriental faísca na sua magra cara de bacharel, toda vez que pode me falar de religião. Discutíamos ontem sobre a Santíssima Trindade. Com o Pai a coisa ainda andava bem; é o Criador do mundo e tudo deve ter a sua causa. Mas empacou consideravelmente com a crença no Filho, que o astuto homem queria proibir-se, mas que, ao final, com generosidade quase irônica, aceitou. A terceira pessoa da Trindade, o Espírito Santo, todavia, considerou a mais flagrante contradição. O que seria o Espírito Santo, ele não pôde de forma alguma compreendê-lo, e de repente, sorrindo, falou: "Com o Espírito Santo se dá o mesmo que com o terceiro cavalo, quando a gente viaja pelo Correio Expresso; é preciso sempre pagar por ele, mas a gente nunca vê o tal do cavalo".

O vizinho, que mora embaixo de mim, não é pietista nem racionalista, mas um holandês indolente e amanteigado como os queijos que negocia. Nada consegue movimentá-lo; é a imagem da mais sóbria tranquilidade, nem mesmo quando conversa com a minha senhoria sobre seu assunto predileto, a salgagem de peixes, eleva-se a sua voz acima do nível da rasteira monotonia. Infelizmente, graças à pouca espessura do assoalho, sou forçado frequentemente a ouvir suas conversas, e, enquanto eu debatia com o prussiano a Santíssima Trindade, lá embaixo, o holandês explicava como se diferencia o bacalhau do *Labberdan* e do *stockfish*; que seriam no fundo a mesmíssima coisa.

Meu senhorio é um marinheiro valoroso, conhecido em toda a ilha por seu destemor nas tempestades e catástrofes, mas generoso e manso feito uma criança. Pois ele acaba de voltar de uma longa viagem, e me contou, com seriedade cômica, um fenômeno que observou ontem, 28 de julho, no alto mar. Parece ridículo: meu senhorio afirma que o mar inteiro cheirava a bolo saído do forno, e que o quente e delicado aroma penetrava-lhe as narinas com tanta sedução que até lhe doía o coração. Não vês? Era uma peça semelhante à sedutora imagem aérea que reflete um tremulante espelho d'água ao sedento andarilho dos desertos árabes. Uma *fata morgana* assada.

HELGOLAND, PRIMEIRO DE AGOSTO

NÃO TENS IDEIA do quanto me deleito aqui, neste *dolce far niente*. Não trouxe qualquer livro que se ocupe dos assuntos do dia. Minha biblioteca se resume à *História dos Lombardos* de Paulo Warnefrido [7], à *Bíblia*, Homero e a alguns alfarrábios sobre bruxaria. Sobre esse último tema, pretendo escrever um interessante livreto. Nesse intuito, venho me ocupando recentemente com a investigação dos últimos rastros de paganismo na época moderna e batizada. É muito curioso o quanto perdurou em toda a Europa, e sob quais disfarces, as lindas entidades do fabulário grego. – E, no fundo, eles perduram, através de nós, até os dias de hoje, através de nós, os poetas. Estes, desde o triunfo da igreja cristã, formaram sempre uma comunidade silenciosa, onde a alegria no culto das antigas imagens e a rejubilante fé nos deuses se disseminam de geração em geração, na tradição dos cantos sagrados... Todavia, ah!, a *Ecclesia pressa* [8], que venera Homero e os antigos profetas, vem sendo cada dia mais coagida; o fervor dos familiares negros acende-se cada vez mais hesitante. Ameaça-nos uma nova perseguição aos deuses? Temor e esperança alternam-se em meu espírito, e a incerteza me domina.

Fiz novamente as pazes com o mar (tu sabes, estávamos *en délicatesse*), e agora nos sentamos juntos e dialogamos confidencialmente. Sim, quero pendurar a filosofia e a política e dedicar-me de novo à arte e à contemplação da natureza. Mas todo esse esforço e tortura é inútil, e não obstante me sacrifique para a salvação geral, esta não se beneficiou em quase nada do meu esforço. O mundo não permanece no cessar-fogo inerte, mas na mais estéril circulação. Outrora, quando era jovem e inexperiente, acreditava que, na guerra de libertação da humanidade, ainda que os combatentes isolados perecessem, a grande causa venceria no final... E eu estremeço com estes belos versos de Byron: "As ondas vão uma atrás da outra, e na praia se arrebentam e se desmancham uma atrás da outra, mas o mar segue adiante".

Ah! Quando se observa por mais tempo essas manifestações da natureza, percebe-se que o mar que avança, volta de novo ao leito anterior num ciclo determinado, e mais tarde avança de novo, com a mesma violência, buscando recuperar o terreno perdido, e por fim, pusilânime, parte em retirada como antes, e embora repita esse jogo continuadamente, nunca vai adiante... Também a humanidade move-se pelas leis do fluxo e refluxo, e quem sabe no mundo do espírito a Lua também exerça a sua influência sideral.

Hoje é Lua nova, e apesar de todo o melancólico ceticismo, com o qual a minha alma se debate, pressentimentos maravilhosos esgueiram-se para dentro de mim... Algo extraordinário

acontece no mundo, agora... O mar cheira a bolo, e os monges-
-nuvens pareciam tão tristes na noite passada, tão preocupados...
Vaguei solitário pela praia, no pôr do sol. Um silêncio cerimonial
imperava ao redor. O alto e recurvo céu assemelhava-se à cúpula
de uma catedral gótica. As estrelas pendiam ali feito incontáveis
candeeiros, queimando, contudo, sombrias e trêmulas. Chiavam
como um órgão hidráulico as ondas do mar; corais intempesti-
vos, dolorosos e desesperados, e, no entanto, ocasionalmente,
triunfantes. Por cima de mim, passava um cortejo aéreo de
nuvens brancas que se assemelhavam a monges, todos de cabeça
baixa, com um olhar carregado de preocupações, numa triste
procissão... Até parecia que seguiam um cadáver... Quem vai ser
enterrado? Quem morreu? – perguntava para mim mesmo.
O grande Pã está morto?

HELGOLAND, 6 DE AGOSTO

ENQUANTO o seu exército combatia os lombardos, o rei dos
hérulos jogava xadrez, tranquilamente, em sua tenda. Ameaçou
de morte quem lhe trouxesse a notícia de derrota. O sentinela,
que observava a batalha de cima de uma árvore, gritava sempre:
"Vencemos! Vencemos!" – até que finalmente suspirou: "Rei
infeliz! Infeliz povo dos hérulos!" Então o rei percebeu que a
batalha estava perdida, mas tarde demais! Pois os lombardos já
entravam em sua tenda e o trespassaram...
Eu acabara de ler essa história no Paulo Warnefrido, quando
chegou um grosso calhamaço de jornal com as notícias quentes,
ardendo de quentes, do continente. Eram raios de Sol, embru-
lhados em papel de impressão, que inflamaram em minha alma o

mais selvagem incêndio. Era como se eu pudesse acender o oceano inteiro até o polo norte com as brasas alucinadas do entusiasmo e da alegria que ardiam em mim. Agora sei porque o mar cheirava a bolo. O rio Sena espalhou de imediato a boa nova no mar, e em seus palácios de cristal, as belas sereias, simpáticas desde sempre a todo heroísmo, logo ofereceram um *thé dansant*, para festejar os grandes acontecimentos, e por isso o mar cheirava a bolo. Corri feito um louco ao redor da casa; primeiro beijei a gorda senhoria, depois o seu amistoso leão-marinho, também abracei o magistrado da Prússia oriental, em cujos lábios, no entanto, não vi desaparecer de todo o frígido sorriso da descrença. Até o holandês eu apertei contra o meu peito, mas a cara gorda e indiferente manteve-se fria e calma, e creio que até mesmo se o Sol de julho em pessoa o tivesse abraçado, *Mynheer*[9] só teria transpirado levemente, mas nunca se incendiado. Essa sobriedade em meio ao entusiasmo geral é ultrajante. Assim como os espartanos preservavam seus filhos da embriaguez, mostrando-lhes um hilota bêbado como exemplo a se evitar, deveríamos fornecer às nossas instituições de ensino um holandês, para que a sua apática e inerte natureza de peixe provocasse nas crianças o horror à sobriedade. E deveras, a sobriedade holandesa é um vício bem mais mortífero que a embriagez dos hilotas. Gostaria de quebrar a cara de *Mynheer*...

Mas não, sem excessos! Os parisienses nos deram um exemplo tão brilhante de clemência. Sim, verdadeiramente, mereceis ser livres, ó franceses, pois trazeis a liberdade no coração. Por isso vos distinguis de vossos pobres pais, que se levantaram contra uma servidão milenar, mas que entre todos os atos de heroísmo, também perpetraram aquela insana atrocidade, que fez o gênio humano esconder o rosto. Desta vez, as mãos do povo só se tingiram de sangue no tumulto de um combate em legítima defesa, e não depois da batalha.

O povo, ele próprio, fez os curativos nas feridas de seus inimigos, e quando a ação se concluiu, ele voltou calmo às suas ocupações diárias, sem ao menos pedir uma gorjeta pelo grande trabalho!

"Ante o escravo que rompe os grilhões, ante o homem livre, não tremei!"

Vês como estou inebriado, o quão fora de mim, o quão universal... eu cito "O Sino"[10] de Schiller.

E a velha rapaziada, cuja loucura incorrigível custou tanto sangue de cidadãos, os parisenses trataram-na com clemência comovente. E ele estava realmente jogando xadrez, como o rei dos hérulos, quando os vitoriosos invadiram a sua tenda. Assinou com as mãos trêmulas a abdicação. Não quis ouvir a verdade. Deu ouvidos somente às mentiras dos cortesãos. Estes gritaram sempre: "Vencemos! Vencemos!" Incompreensível a confiança do maluco real... Olhou com espanto, quando o *Journal des Débats*, assim como outrora o sentinela na batalha dos lombardos, de repente anunciou: *malheureux roi! malheureuse France!*

Com ele, Carlos X[11], termina finalmente o reino de Carlos Magno, assim como terminou com Rômulo Augusto o reino de Rômulo. Como antigamente uma nova Roma, começa agora uma nova França. Tudo me parece ainda como se fosse um sonho; especialmente o nome de Lafayette[12] que me soa como uma lenda da primeira infância. Ele está mesmo montado num cavalo, comandando a Guarda Nacional? Eu quase receio que não seja verdade, uma vez que foi impresso. Quero ir a Paris, para ver com meus próprios olhos. Ele deve estar esplêndido, cavalgando pelas ruas, o cidadão dos dois mundos, o divino grisalho, as madeixas prateadas ondulando nos ombros sagrados... Ele saúda, com os velhos olhos, os netos daqueles que, outrora, lutaram com ele pela liberdade e igualdade... Faz sessenta anos que ele voltou da América, trazendo a Declaração dos Direitos do Homem, os dez mandamentos da nova fé do mundo, que lhe foram revelados lá sob o trovão dos canhões e raios.

E assim tremula de novo nas torres de Paris a bandeira tricolor, e soa a *Marselhesa*. Lafayette, a bandeira tricolor, a *Marselhesa*... Estou como que inebriado. Esperanças intrépidas erguem-se com paixão, feito árvores com frutos dourados e galhos selvagens que crescem, esticando suas frondes até as nuvens. As nuvens, contudo, em voos rápidos arrancam as raízes dessas árvores gigantes e escorraçam-nas para longe. O céu pende carregado de violinos, e o mar – eu também sinto agora o aroma – cheira a bolo saído do forno. Os violinos tocam sem parar lá no alto da alegria azul-celeste, e das ondas esmeraldas ouve-se como que os risinhos felizes de meninas. Debaixo, no entanto, a terra estronda e palpita, o chão se abre, e os velhos deuses esticam a cabeça para fora, com abrupta admiração, e perguntam: "Que significa o júbilo que penetra até o centro da terra? O que há de novo? Podemos sair novamente?" Não, permaneceis embaixo, no mundo de névoas, onde em breve juntar-se-á a vós um novo colega de morte... "Qual o seu nome?" Vós o conheceis bem, ele que outrora vos arrojou no reino da noite eterna...

Pã está morto!

HELGOLAND, 10 DE AGOSTO

LAFAYETTE, a bandeira tricolor, a *Marselhesa*...

Foi-se Lafayette, a bandeira tricolor, a *Marselhesa*...

Foi-se minha ânsia por tranquilidade. Sei de novo o que eu quero, o que devo, o que preciso... Sou um filho da Revolução e de novo pego as armas invulneráveis, sobre as quais a minha mãe proferiu a sua bênção mágica... Flores! Flores! Quero coroar minha cabeça para o combate mortal. A lira também, tragam-me a lira, para que eu cante uma canção de batalha... Palavras feito estrelas flamejantes que incendeiem palácios e iluminem as cabanas... Palavras feito lanças luzidias que zunam para cima até o sétimo céu e atinjam os hipócritas piedosos que se esconderam atrás do Santíssimo... Eu sou todo alegria e canto, espada e chama!

Quem sabe, completamente louco também...

Daqueles selvagens raios de Sol, embrulhados em papel de impressão, um me acertou o cérebro, e todos os meus pensamentos ardem em brasa. Em vão mergulho a cabeça no mar. Água nenhuma há de apagar este fogo grego. Mas os outros também não passam melhor. Os demais frequentadores do balneário também foram atingidos pela insolação parisiense, particularmente os berlinenses, que este ano afluíram em massa para cá e atravessam de ilha em ilha; tanto que se pode dizer que todo o mar do Norte está infestado de berlinenses. Até os pobres helgolandeses urram de alegria, embora só pelo instinto compreendam os acontecimentos. O pescador, que ontem me levou à pequena ilha de areia onde nadamos, sorriu-me com as palavras: "O povo pobre venceu!" Sim, através do instinto, o povo talvez compreenda os acontecimentos melhor do que nós com o auxílio de todos os nossos conhecimentos. Assim me contou uma vez a senhora de Varnhagen[13]: quando não se sabia ainda o desfecho da batalha de Leipzig, sua empregada entrou de repente no quarto, gritando apavorada: "Os nobres venceram".

Desta vez a gente pobre conquistou a vitória. "Mas de nada adianta se não derrotarem também a hereditariedade!" Estas palavras pronunciou o magistrado prussiano num tom que me chamou a atenção. Não sei por que essas palavras, que eu não compreendo, permanecem tão atemorizantes na minha memória. Que quer dizer com isso o ríspido mocho?

Esta manhã, chegou-me outra remessa de jornais. Eu engulo-os com se fossem maná. Infantil como sou, interessam-me muito mais os detalhes comoventes do que o todo significativo. Oh! se eu pudesse ver também o cachorro Medor![14] Este me interessa muito mais do que aqueles que levaram em pulos rápidos a coroa a Philippe d'Orléans[15]. O cão Medor levou pederneira e munição ao seu dono, e quando este tombou e foi enterrado no pátio do Louvre, ao lado de seus co-heróis, ali permanceu o pobre animal, imóvel no túmulo, feito uma estátua da fidelidade, sentado dia e noite, pouco comendo do alimento que lhe ofereciam, e enterrando a maior parte, talvez para alimentar seu sepulto senhor!

Eu nem consigo mais dormir, e no espírito sobre-exaltado assolam-me as assombrações mais bizarras. Sonhos despertantes que tropeçam um sobre o outro, fazendo as figuras se misturarem fantasticamente e, como no teatro de sombras chinês, ora apequenam-se feito anões, ora de novo agigantam-se; enlouquecedores. Neste estado, tenho às vezes a sensação de que, do mesmo jeito, meus membros se esticam colossais, e eu, como se munido de pernas imensamente longas, corresse da Alemanha à França e depois voltasse. Sim, eu me lembro de ter na noite passada percorrido todas as províncias e provinciazinhas, batido na porta de meus amigos, e tirado as pessoas do sono... Não raro me fitavam com olhos vidrados de espanto, que me assustavam, a ponto de não saber de imediato o que eu queria e por que os acordava! Em alguns gordos filistinos, que roncavam abominavelmente, bati bastante nas costelas, e estes bocejando me perguntaram: "Que horas são?" Em Paris, caros amigos, o galo cantou; é tudo que sei. – Depois de Augsburgo, a caminho de Munique, deparei-me com um sem-número de cúpulas góticas que pareciam estar em fuga e tremiam de medo. Eu mesmo, cansado de tanto perambular, me pus por fim a voar, e voei de estrela em estrela. Mas não há nenhum outro mundo habitado, como sonham alguns, tão só esferas cintilantes de pedra, ermas e estéreis. Elas não caem por não saberem onde cair. Flutuam para cima e para baixo nas alturas, no maior constrangimento. Também entrei no Céu. O portão e a porta estavam abertos. Longos e altos salões reverberantes, com antiquadas cornijas douradas, totalmente vazios, onde apenas se via, aqui e acolá, sentado, um velho serviçal empoado, num uniforme vermelho desbotado, coxilando calmamente numa poltrona aveludada. Em muitos quartos, as bandas da porta estavam soltas das dobradiças; em outros lugares, as portas tinham sido fechadas e triplamente lacradas com o selo oficial, como nas casas acometidas de bancarrota ou nos casos de morte. Adentrei finalmente um quarto, onde um homem velho e magro, sentado à escrivaninha, remexia uma grande pilha de papéis. Trajava preto, tinha cabelos completamente brancos e uma cara enrugada de negociante; perguntou-me, com a voz rouca, o que eu queria. Na minha ingenuidade, achei que era o amável Deus Senhor, e respondi cheio de confiança: "Ah, querido Senhor Deus, quero aprender a trovejar; soltar raios eu já consigo... Ah, ensina-me também a trovejar!" "Não faleis tão alto", retrucou-me asperamente o velho e magro homem, virando-me as costas e voltando a remexer sua pilha de papéis. "Este é o senhor Registrador", sussurou-me um dos vermelhos serviçais, que levantara-se da poltrona e esfregava os olhos bocejando... Pã está morto!

CUXHAVEN, 19 DE AGOSTO

TRAVESSIA INCÔMODA, numa canoa aberta, contra vento e
tempestade; o que me levou, como de costume nesses casos, a
ficar enjoado. Como as pessoas, o mar retribui o meu amor com
adversidades e flagelos. No início eu passo bem, e me entrego
de bom grado ao doce balançar. Mas, aos poucos, minha cabeça
começa a girar, e todos os tipos de figuras fantásticas zunem ao
meu redor. Do escuro imbróglio marítimo levantam-se os velhos
demônios, abominavelmente nus até os quadris, uivando versos
horríveis e incompreensíveis, espirrando-me na cara a espuma
branca das ondas.

Em carrancas mais mortíferas ainda, transfiguram-se as
nuvens no alto, pendendo tão baixas que por pouco não tocam
minha cabeça, e soprando-me no ouvido, com uma voz finíssima,
as bobagens mais sinistras. Essa doença do mar, embora não seja
perigosa, atiça os mais repulsivos e falsos sentimentos, insupor-
táveis até à loucura. Por fim, esgoelando-me de febre, tenho a
sensação de ser uma baleia que carrega na barriga o profeta Jonas.
O profeta Jonas, porém, chacoalhava irado dentro do meu ventre
e gritava sem cessar: "Ó Nínive! Ó Nínive! Serás destruída! Nos
teus palácios, hão de pulular os mendigos; nos teus templos, os
couraceiros babilônios hão de alimentar suas éguas. Mas vós, ó
sacerdotes de Baal, sereis agarrados pela orelha e pregados no
portal do templo! Sim, haverão de vos pregar pela orelha na porta
de vossos estabelecimentos, ó padeiros de Deus! Pois usastes de
falsa medida, vendestes fraudulentamente o pão demasiadamente
leve para o povo! Ó espertalhões de cabeça raspada! Quando o
povo está faminto, ofereceis a ele apenas um tênue e homeopático
alimento de mentira; quando está sedento, bebeis à sua saúde até

vos saciardes: somente aos reis estendeis o cálice cheio. Contudo, vós, ó burgueses e ordinários, haveis de receber golpes de bastão e vergasta; pontapés também, e tapas na cara; e eu vos posso predizer isso com segurança: primeiro, porque hei de fazer tudo o que for possível para os receberdes; segundo, porque sou profeta, o profeta Jonas, filho de Amitai... Ó Nínive! Ó Nínive! Serás destruída!"

Assim, aproximadamente, pregava o orador na minha barriga, e ele parecia gesticular tanto ao falar, que ia se embaraçando mais e mais nas minhas tripas, fazendo com que tudo girasse no meu corpo... Até que, por fim, não podendo aguentar mais, cuspi o profeta para fora. Deste modo pude aliviar-me e, ao chegar finalmente numa hospedaria, apreciar por inteiro uma boa xícara de chá. Aqui está infestado de hamburgueses com suas esposas, que vêm tomar banho de mar. Também capitães de navio de todos os países, esperando por bons ventos, passeiam para cima e para baixo no alto dos diques, ou sentam nos bares, bebendo seu fortíssimo grogue, e alegram-se com os três dias de julho. Gritam em todas as línguas o merecido viva aos franceses; e aquele inglês, normalmente taciturno, os elogia tão falante quanto o português tagarela que lamenta não poder levar sua carga de laranjas diretamente a Paris, para refrescar o povo após o calor do combate. Até mesmo em Hamburgo, segundo me contam, naquela Hamburgo onde o ódio aos franceses se enraizou mais fundo, até ali impera agora somente o entusiasmo pela França. Tudo esquecido: Davout[16], os bancos roubados, os cidadãos fuzilados, os saiotes alemães, os maus versos de libertação, pai Blücher[17], "Deus salve o Rei", tudo esquecido...

Em Hamburgo a tricolor tremula, a *Marselhesa* soa em todos os lugares, até mesmo as mulheres aparecem no teatro com fitinhas tricolores no peito, e sorriem com seus olhos azuizinhos, suas bocas vermelhinhas, seus narizes tão branquinhos... Até os banqueiros, que devido à agitação revolucionária perderam muito dinheiro com os títulos estatais, comungam da alegria geral, e cada vez que o corretor lhes informa de que as ações despencaram ainda mais, olham mais felizes e respondem: "Tudo bem, tudo bem, não faz mal!"

Sim, por todos os cantos, em todos os países, hão de entender os homens muito facilmente o significado desses três dias de julho, e reconhecer neles a vitória de seus próprios interesses e festejá--los. A grande ação dos franceses fala tão claramente a todos os povos e inteligências, das altas às mais baixas, e os corações hão de estremecer tanto nas estepes dos bashkires como nas alturas da Andaluzia... Já vejo como o macarrão há de entalar na boca do napolitano, a batata na boca do irlandês, quando a notícia chegar por lá... O Polichinelo[18] é bem capaz de pegar uma espada, e Paddy[19] de fazer um Bull[20] que irá desmanchar o sorriso de todos os ingleses. E a Alemanha? Não sei. Haveremos de fazer finalmente um uso mais justo de nossas florestas de carvalho, ou seja, em barricadas para a libertação do mundo? Haveremos, nós que a natureza brindou com tanta profundeza, força e coragem, de usar finalmente nossos talentos divinos, entender, proclamar e realizar as palavras do grande mestre, a doutrina dos direitos do homem?

Faz seis anos agora que eu, numa peregrinação a pé pelo meu país, subi o Wartburgo[21] e visitei a cela onde o doutor Lutero se hospedou. Um bravo homem, em quem não vejo mácula alguma; ele realizou um trabalho gigantesco, e nós haveremos de beijar--lhe as mãos para sempre, em agradecimento por tudo aquilo que fez. Não desejamos silenciar o quão antipático foi com nossos amigos, quando estes quiseram se adiantar um pouco mais do que ele próprio na exegese das palavras divinas, ao sugerirem a igualdade dos homens aqui na terra... Uma tal sugestão era de fato prematura então, e o mestre Hemling[22] que te cortou a cabeça, ó pobre Thomas Münzer[23], procedeu justificadamente, de um certo ponto de vista: pois tinha a espada na mão, e o seu braço era forte!

No Wartburgo, visitei a câmara de armas, onde se penduram as armaduras, os velhos elmos com pontas, os pavês, alabardas, espadões, todo o vestuário de ferro da Idade Média. Vaguei pensativo pela sala, com um amigo da universidade, um jovem senhor da nobreza, cujo pai fora um dos mais poderosos tetrarcas da nação, e que dominava toda a trêmula provinciazinha. Seus ancestrais foram poderosos barões também, e o rapaz deliciava-se em recordações heráldicas, olhando os armamentos e armaduras que, como avisava um papelzinho, pertenceram a algum cavaleiro de seu clã. Quando tirou do gancho a longa espada do ancestral e a experimentou, curioso para ver se conseguia manejá-la, confessou que lhe era muito pesada, baixando o braço, decepcionado. Ao ver isso, ao ver como o braço do descendente era fraco demais para a espada de seus pais, pensei aqui com meus botões: a Alemanha pode ser livre.

NOVE ANOS MAIS TARDE

ENTRE MEU PRIMEIRO e segundo encontro com Ludwig Börne[24] ocorreu a Revolução de Julho, que explodiu o nosso tempo em duas metades iguais. As cartas acima podem revelar o sentimento, no qual me encontrou aquele grande acontecimento, e neste presente memorial elas servirão de ponte mediadora entre o primeiro e terceiro livro. De outra forma a transição teria sido muito abrupta. Hesitei em publicar uma quantidade maior, pois nas cartas subsequentes a temporária embriaguez da liberdade cambaleou impetuosa demais por sobre as regulações policiais, enquanto que mais tarde, observações demasiadamente sóbrias irrompem e o coração frustrado se perde em pensamentos pusilânimes, dilacerantes e desesperados! Logo nos primeiros dias de minha chegada à capital da Revolução, percebi que as coisas, na realidade, tinham cores bem diferentes do que aquelas que lhe conferiram a distância os efeitos de luz do meu entusiasmo. Os cabelos de prata que eu vira esvoaçar majestosamente nos ombros de Lafayette, herói dos dois mundos, transformaram-se, ao observá-los mais de perto, numa peruca marrom que cobria miseravelmente um crânio estreito. E até mesmo o cão Medor, que visitei no pátio do Louvre e que, guardado sob bandeiras tricolores e troféus, comeu tranquilo a ração que lhe dei: não era de forma alguma o verdadeiro cachorro, mas uma besta corriqueira que se apropriara da glória alheia, como é muito usual entre os franceses, e que, assim como tantos outros, explorava a fama da Revolução de Julho...

Pobre povo! Pobre cão, eles!

É deveras uma velha história. Não para si mesmo, desde tempos imemoriais, não para si mesmo sangrou e sofreu o povo, mas para os outros. Em julho de 1830 conquistou a vitória para aquela burguesia que valia tão pouco quanto a nobreza que substituiu, e com o mesmo egoísmo... O povo não ganhou nada, além do remorso e da grande penúria, com a sua vitória. Mas acreditai: quando soar novamente o sino da intempérie e o povo tomar em armas, desta vez ele lutará em causa própria e exigirá o soldo merecido. Desta vez, o verdadeiro Medor há de receber as honras e a ração... Só Deus sabe por onde perambula agora, desprezado, escarnecido e faminto...

Mas cala-te, coração, tu te expões em demasia.

Uma gaivota
Poemas, 1830 – 1839

GRANVILLE[1], 23 DE AGOSTO DE 1838

Tenho, valoroso amigo, de lhe expressar o mais sincero agradecimento por sua carta do dia 6. Escrevi a Campe logo depois do recebimento para pedir que não mande ainda para impressão o segundo volume do *Livro das Canções*, especialmente o adendo. Quero somente mais tarde publicá-lo, quando examiná-lo mais uma vez e acrescentar um suplemento apropriado. Você decerto tem razão em afirmar que alguns poemas ali podem ser usados por meus adversários; estes, no entanto, são tão hipócritas quanto covardes. Pelo que sei, entre os poemas impróprios não há nenhum que já não tenha sido impresso na primeira parte do *Salon*[2]; o novo acréscimo é, no que consigo me lembrar, de natureza totalmente inofensiva. Creio deveras que numa futura edição não terei de descartar nenhum desses poemas, e, com a consciência limpa, hei de mandar imprimi-los, como o teria feito com o *Satiricon*, de Petrônio, e as *Elegias Romanas*, de Goethe, se tivesse escrito essas obras-primas. Assim como as últimas, meus poemas repulsivos não são alimento para a rude multidão. Nesse sentido eles estão numa trilha falsa. Só espíritos elevados, aos quais o tratamento artístico de um tema frívolo ou demasiado natural proporciona um prazer espirituoso, podem encontrar satisfação neles. Um juízo apropriado sobre estes poemas só poucos alemães podem pronunciar, uma vez que lhes é desconhecida a própria matéria: os amores anômalos num hospício mundial como é Paris. Não são os requisitos morais de algum cidadão casado, em algum cantinho da Alemanha, que estão aqui em questão, mas a autonomia da arte. O meu moto permanece: a arte é a finalidade da arte, como o amor é a finalidade do amor, e até mesmo a vida, finalidade da vida. [...]

Carta a Karl Gutzkow[3].

DAS IST *eine weiße Möve,*
Die ich dort flattern seh'
Wohl über die dunklen Fluthen;
Der Mond steht hoch in der Höh'.

Der Haifisch und der Roche,
Die schnappen hervor aus der See,
Es hebt sich, es senkt sich die Möve;
Der Mond steht hoch in der Höh'.

O, liebe, flüchtige Seele,
Dir ist so bang und weh!
Zu nah ist dir das Wasser,
Der Mond steht hoch in der Höh'.

[1832-1836]

Vê-se uma gaivota branca,
Sobre as ondas do oceano
Tão escuro, esvoaçando;
Lá no alto a lua plana.

Tubarões e uma jamanta
Saltam para abocanhá-la,
A gaivota em zigue-zague;
Lá no alto a lua plana.

Ó furtiva, amada alma,
Quantas penas, quanto engano.
A água está se aproximando!
Lá no alto a lua plana.

[Wo?]

Wo wird einst des Wandermüden
Letzte Ruhestätte seyn?
Unter Palmen in dem Süden?
Unter Linden an dem Rhein?

Werd ich wo in einer Wüste
Eingescharrt von fremder Hand?
Oder ruh ich an der Küste
Eines Meeres in dem Sand.

Immerhin mich wird umgeben
Gotteshimmel, dort wie hier,
Und als Todtenlampen schweben
Nachts die Sterne über mir.

[1832-1836]

[Onde?] [4]

Onde será que o forasteiro
Cansado irá saudar a morte?
Por entre as tílias, lá no norte?
Aqui no sul, sob os coqueiros?

Vão me enterrar desconhecidos
Em cova rasa num deserto?
Ou vagarei em mar aberto
Até bater nos arrecifes?

Que seja! Aqui ou acolá,
Há de envolver-me por inteiro
A noite escura e um véu de estrelas
Azul será minha mortalha.

DAS FRÄULEIN *stand am Meere*
Und seufzte lang und bang,
Es rührte sie so sehr
Der Sonnenuntergang.

Mein Fräulein! seyn Sie munter,
Das ist ein altes Stück;
Hier vorne geht sie unter
Und kehrt von hinten zurück.

[1832-1836]

UMA GAROTA, lá na praia,
Acompanhando o pôr do sol,
Com olhos rasos d'água solta
Suspiros fundos e alguns ais.

Ora, garota, paciência!
É sempre a mesma velha história:
Agora o astro sai de cena –
De manhãzinha, está de volta.

Es LÄUFT *dahin die Barke,*
Wie eine flinke Gemse.
Bald sind wir auf der Themse,
Bald sind wir im Regentsparke.

Da wohnet meine Kitty,
Mein allerliebstes Weibchen;
Es giebt kein weißeres Leibchen
Im West-End und in der City.

Schon meiner Ankunft gewärtig,
Füllt sie den Wasserkessel
Und rückt an den Heerd den Sessel;
Den Thee den find' ich fertig.

[1834]

CÉLERE, ao desembarque [5],
Corre a nau – gazela arisca.
Logo o Tâmisa se avista,
Mais adiante, o Regent's Park.

Lá reside a minha Kitty,
Minha tão querida amada;
Não há pele mais rosada
Nem no West-End nem na City.

Já ansiosa para o encontro,
Enche rápido a chaleira,
Leva ao fogo; quando eu chego:
Mesa posta, o chá está pronto.

EHMALS *glaubt ich, alle Küsse,*
Die ein Weib uns giebt und nimmt,
Seyen uns, durch Schicksalschlüsse,
Schon urzeitlich vorbestimmt.

Küsse nahm ich und ich küßte
So mit Ernst in jener Zeit,
Als ob ich erfüllen müßte
Thaten der Nothwendigkeit.

Jetzo weiß ich, überflüssig,
Wie so manches ist der Kuß,
Und mit leichtern Sinnen küss' ich,
Glaubenlos im Ueberfluß.

[1832-1836]

ACREDITAVA antigamente
Que todo beijo que me tiram,
Ou que recebo de presente,
Fosse por obra do destino.

Deram-me beijos e beijei,
Antes com tanta seriedade,
Como se obedecesse às leis
Que regem a necessidade.

Agora sei como é supérfluo
E não me faço de rogado,
Vou dando beijos em excesso,
Incrédulo e despreocupado.

ICH HALTE *ihr die Augen zu*
Und küss' sie auf den Mund;
Nun läßt sie mich nicht mehr in Ruh,
Sie fragt mich um den Grund.

Von Abend spät bis Morgens fruh,
Sie fragt zu jeder Stund:
Was hältst du mir die Augen zu,
Wenn du mir küßt den Mund?

Ich sag' ihr nicht weßhalb ich's tu',
Weiß selber nicht den Grund –
Ich halte ihr die Augen zu
Und küss' sie auf den Mund.

[1832-1836]

CUBRO-LHE OS OLHOS com a mão
E lasco um beijo em sua boca;
Mas vejam só como está louca
Para saber qual a razão!

"Quando me queres dar um beijo,
Por que me cobres a visão?"
Eu desconverso, não tem jeito:
Ela me exige a explicação.

Confesso que não sei tampouco
Como explicar minha razão –
Cubro-lhe os olhos com a mão
E lasco um beijo em sua boca.

DIESE SCHÖNEN *Gliedermassen*
Kolossaler Weiblichkeit
Sind jetzt, ohne Widerstreit,
Meinen Wünschen überlassen.

Wär' ich, leidenschaftentzügelt,
Eigenkräftig ihr genaht,
Ich bereu'te solche That!
Ja, sie hätte mich geprügelt.

Welcher Busen, Hals und Kehle!
(Höher seh' ich nicht genau.)
Eh' ich ihr mich anvertrau,
Gott empfehl' ich meine Seele.

[1832-1836]

ESSES MEMBROS colossais,
Quintessência de mulher,
Ora não resistem mais
Ao desejos que eu tiver.

Mas se me atrevesse a um passo,
Desprovido de paixão,
Ao invés de um forte abraço,
Eu levava um safanão!

Ó que seios, colo e queixo!
(Não consigo ver acima.)
Antes que eu arrisque um beijo –
Deus, me guarda e me ilumina!

HOL' DER *Teufel deine Mutter,*
Hol' der Teufel deinen Vater,
Die so grausam mich verhindert
Dich zu schauen im Theater.

Denn sie saßen da und gaben,
Breitgeputzt, nur seltne Lücken,
Dich im Hintergrund der Loge,
Süßes Liebchen, zu erblicken.

Und sie saßen da und schauten
Zweyer Liebenden Verderben,
Und sie klatschten großen Beyfall
Als sie beide sahen sterben.

[1832-1836]

O DIABO que carregue
Os teu pais de imediato,
Pois não deixam que te enxergue
Tão bonita no teatro.

Não levantam do lugar,
E nenhum dos dois se inclina,
Mal consigo vislumbrar
Teu rostinho de menina.

Na poltrona se esparramam
Para ver os cinco atos
Da tragédia dos amantes,
Ainda aplaudem, caricatos.

WÄLDERFREYE *Nachtigallen*
Singen wild und ohne Regel,
Besser müssen dir gefallen
Flatternde Kanarienvögel.

Diese gelben zahmen Dinger
Seh' ich dich im Käfig füttern,
Und sie picken an den Finger,
Wenn sie deinen Zucker wittern.

Welch' gemüthlich zarte Scene!
Engel müssen drob sich freuen!
Und ich selbst muß eine Thräne
Meiner tiefsten Rührung weihen.

[1832-1836]

NA FLORESTA, o rouxinol
Canta sem nenhuma regra;
Acharás muito melhor
Ter canários, tipo belga.

Vejo que dás alimento,
Na gaiola, aos passarinhos;
E eles, de contentamento,
Beliscando os teus dedinhos.

Mas que cena mais tocante!
Anjos hão de se alegrar!
Mesmo eu, por um instante,
Lágrimas deixei rolar.

Die Flaschen sind leer

Die Flaschen sind leer, das Frühstück war gut,
Die Dämchen sind rosig erhitzet;
Sie lüften das Mieder mit Uebermuth,
Ich glaube sie sind bespitzet.
Die Schulter wie weiß, die Brüstchen wie nett!
Mein Herz erbebet vor Schrecken.
Nun werfen sie lachend sich aufs Bett,
Und hüllen sich ein mit den Decken.
Sie ziehen nun gar die Gardinen vor,
Und schnarchen am End' um die Wette,
Da steh' ich im Zimmer, ein einsamer Thor,
Betrachte verlegen das Bette.

[1832-1836]

As garrafas pelo chão

As garrafas pelo chão; que agradável
O café; as raparigas – quanta empáfia! –
Coradinhas, afrouxando seus corpetes,
Desconfio que ficaram de pileque.
Ombros claros, que peitinhos tão bonitos!
Estremeço, o coração me põe aflito.
De repente, correm todas para o quarto
De dormir, dando risada a três por quatro,
E se enfiam por debaixo do edredom.
Em instantes – que fiasco! – escuto o som
Dos seus roncos pondo a pique o bom programa:
Solitário, este imbecil contempla a cama.

VOR DER BRUST *die trikoloren*
Blumen, sie bedeuten: frey,
Dieses Herz ist frey geboren,
Und es haßt die Sklaverey.

Königinn Marie, die Vierte
Meines Herzens, höre jetzt:
Manche die vor dir regierte
Wurde schmählig abgesetzt.

[1832-1836]

No MEU PEITO as tricolores
Flores dizem: o coração
Nasce livre de senhores
E tem ódio à escravidão.

Minha Imperatriz Maria,
És a quarta, então te alerto:
Uma que antes me regia
Rápido perdeu o cetro.

VIER UND ZWANZIG *Stunden soll ich*
Warten auf das höchste Glück,
Das mir blinzelnd süß verkündet,
Blinzelnd süß der Seitenblick.

O! die Sprache ist so dürftig,
Und das Wort ein plumpes Ding;
Wird es ausgesprochen, flattert
Fort der schöne Schmetterling.

Doch der Blick, der ist unendlich,
Und er macht unendlich weit
Deine Brust, wie einen Himmel
Voll gestirnter Seligkeit.

[1832-1836]

VINTE E QUATRO horas eu
Espero a felicidade
Que a melíflua claridade
Dos teus olhos prometeu.

A linguagem é imperfeita,
A palavra, desastrada!
Sai da boca, ela esvoaça –
Lá se vai a borboleta.

Mas a imensidão do olhar
Faz teu seio parecer
Infinito, feito o céu
Em rejúbilo estelar.

NEUE MELODIEEN *spiel' ich
Auf der neugestimmten Zitter.
Alt ist der Text! Es sind die Worte
Salomos: das Weib ist bitter.*

*Ungetreu ist sie dem Freunde,
Wie sie treulos dem Gemahle!
Wermuth sind die letzten Tropfen
In der Liebe Goldpokale.*

*Also wahr ist jene Sage
Von dem dunklen Sündenfluche,
Den die Schlange dir bereitet,
Wie es steht im alten Buche?*

*Kriechend auf dem Bauch, die Schlange,
Lauscht sie noch in allen Büschen,
Kost mit dir noch jetzt wie weiland,
Und du hörst sie gerne zischen.*

*Ach, es wird so kalt und dunkel!
Um die Sonne flattern Raben,
Und sie krächzen. Lust und Liebe
Ist auf lange jetzt begraben.*

[1832-1836]

No AFINADO violão,
Toco a mais nova canção.
Letra velha! – a escreveu
Salomão: "Mulher é fel".

Infiel ao seu marido,
Falsa e desleal com o amigo!
Digo: o derradeiro trago
De um amor é muito amargo.

É verdade então o mito
Que na *Bíblia* está escrito?
Tu caíste na conversa
De uma víbora perversa?

Espreitando atrás do arbusto,
Ela ainda colhe o fruto
Que tu mordes como outrora:
Sempre deste ouvido à cobra.

Ó que frio e escuro céu!
Corvos voam a granel –
Grasnam alto. Amor, prazer:
Já faz tempo, eu vi morrer.

uma gaivota

WARUM ich eigentlich erschuf
Die Welt, ich will es gern bekennen:
Ich fühlte in der Seele brennen
Wie Flammenwahnsinn, den Beruf.

Krankheit ist wohl der letzte Grund
Des ganzen Schöpferdrangs gewesen;
Erschaffend konnte ich genesen,
Erschaffend wurde ich gesund.

[1832-1836]

O PORQUÊ da criação
Do universo hei de explicar:
Abrasou – feito urticária –
Na minha alma a vocação.

Da moléstia veio todo
Esse impulso de criar;
Ao criar – pude curar
O meu surto criador.

In der Frühe

Auf dem Fauxbourg Saint-Marceau
Lag der Nebel heute Morgen,
Spätherbstnebel, dicht und schwer,
Einer weißen Nacht vergleichbar.

Wandelnd durch die weiße Nacht,
Schaut' ich mir vorübergleiten
Eine weibliche Gestalt,
Die dem Mondenlicht vergleichbar.

Ja, sie war wie Mondenlicht
Leichthinschwebend, zart und zierlich;
Solchen schlanken Gliederbau
Sah ich hier in Frankreich niemals.

War es Luna selbst vielleicht,
Die sich heut bey einem schönen,
Zärtlichen Endymion
Des Quartièr Latin verspätet?

Auf dem Heimweg dacht ich nach:
Warum floh' sie meinen Anblick?
Hielt die Göttinn mich vielleicht
Für den Sonnenlenker Phöbus?

[1837]

De manhãzinha

Hoje, o *Faubourg* Saint-Marceau[6]
Numa névoa amanheceu,
Outonal, pesada e densa –
Parecia noite branca.

Caminhando pelo claro
Breu, eu vi passar por mim
Um semblante feminino,
Semelhante ao do luar.

Ela, como a luz da lua,
Flutuava muito mansa;
Corpo magro assim eu nunca
Antes avistei na França.

Era a própria deusa Luna,
Apressada ao *rendez-vous*
Com algum Endimião
Lindo do Quartier Latin?

Mas pensei: por que fugiu
A divina ao meu olhar?
Me tomou talvez por Febo –
O *chauffeur* do deus solar?

uma gaivota

WÄHREND *ich nach andrer Leute*
Andrer Leute Schätze spähe,
Und vor fremden Liebesthüren
Schmachtend auf und nieder gehe:

Treibt's vielleicht die andren Leute
Hin und her an andrem Platze,
Und vor meinen eignen Fenstern
Aeugeln sie mit meinem Schatze.

Das ist menschlich! Gott im Himmel
Schütze uns auf allen Wegen!
Gott im Himmel geb' uns Allen,
Geb' uns Allen Glück und Segen!

[1837]

ORA, enquanto em outro canto
Por tesouros eu procuro,
E, saudoso, então me canso
Dos amores que descubro:

Pode ser que um forasteiro
Longe do seu logradouro
Ande em meu próprio terreiro,
De olho gordo em meu tesouro.

Isso é humano, demasiada-
Mente humano! Senhor Deus,
Guarda a nossa caminhada!
E abençoa os filhos teus!

uma gaivota

Psyche

In der Hand die kleine Lampe
In der Brust die große Gluth,
Schleichet Psyche zu dem Lager
Wo der holde Schläfer ruht.

Sie erröthet und sie zittert
Wie sie seine Schönheit sieht –
Der enthüllte Gott der Liebe,
Er erwacht und er entflieht.

Achtzehnhundertjährge Buße!
Und die Aermste stirbt beynah!
Psyche fastet und kasteyt sich
Weil sie Amorn nackend sah.

[1839]

Psiquê

Uma lâmpada na mão,
E no peito, a chama acesa:
Psiquê vai ao divã,
Onde o amante adormecera.

Estremece com rubor,
Vendo tanta formosura –
Desvelado, o deus do amor
Foge pela noite escura.

Séculos de penitência!
Quase morre no jejum!
Ela jura abstinência –
Só porque viu Eros nu.

Unstern

Der Stern erstralte so munter,
Da fiel er vom Himmel herunter.
Du fragst mich, Kind, was Liebe ist?
Ein Stern in einem Haufen Mist.

Wie'n räudiger Hund, der verrecket,
So liegt er mit Unrath bedecket.
Es kräht der Hahn, die Sau sie grunzt,
Im Kothe wälzt sich ihre Brunst.

O, fiel ich doch in den Garten,
Wo die Blumen meiner harrten,
Wo ich mir oft gewünschet hab'
Ein reinliches Sterben, ein duftiges Grab!

[1839]

Desastrado

Brilhava a estrela com vigor:
Caiu do céu, perdeu o lume.
Perguntas o que é o amor?
Estrela no montão de estrume.

Um cão faminto e judiado,
Agonizando no cercado.
A porca grunhe, o galo clama,
Enquanto o amor engole a lama.

Ah, se eu caísse no jardim
De flores lá da minha amada,
Onde sonhava para mim
A cova limpa e perfumada!

Memorial

FOI NO ANO 1815, depois de Cristo, que o nome Ludwig Börne soou pela primeira vez em meus ouvidos. Encontrava-me junto ao meu falecido pai na Feira de Frankfurt, para onde ele havia me levado a fim de que eu conhecesse um pouco do mundo; seria instrutivo. Ali, um grande espetáculo abriu-se para mim. Vi, nas tais barracas que ficam acima do Zeil[1], figuras de cera, feras selvagens, obras de arte e da natureza extraordinárias. Meu pai também me mostrou as grandes lojas de departamento, tanto as cristãs como as judias, onde se compram as mercadorias a 10% abaixo do preço de fábrica, e onde, mesmo assim, se é sempre lesado. Também me fez visitar a prefeitura, o Römer[2], onde eram vendidos imperadores alemães a 10% abaixo do preço de fábrica. O produto acabou por se esgotar. Certa vez meu pai me conduziu ao gabinete de leitura de uma das lojas onde jantava, tomava café, jogava cartas, e exercia as demais atividades maçônicas. Enquanto estive imerso na leitura do jornal, um homem, sentado próximo de mim, sussurrou levemente em meu ouvido:

"Esse é o doutor Börne que escreve contra os comediantes!"

Ao levantar os olhos, avistei um homem que procurava um periódico, movimentando-se na sala para cima e para baixo, e que não demorou a sair de novo pela porta. Mesmo com tão curta permanência, toda a essência do homem gravou-se em minha memória, e ainda hoje eu poderia retratá-lo com fidelidade diplomática. Vestia um paletó preto que brilhava de tão novo, e roupas de baixo de um branco ofuscante; no entanto, não os vestia feito um dândi, mas com uma displiscência próspera, quando não com indiferença petulante, dando mostra suficiente de que não se ocupara muito tempo com o nó da gravata branca diante do espelho, e de que vestira o paletó assim que o alfaiate o trouxera, sem provar longamente se estava frouxo ou apertado. Não parecia nem alto ou baixo de estatura, nem magro ou gordo, a sua cara não era branca nem corada, mas de uma palidez avermelhada ou de um vermelho empalidecido, e o que ali primeiro se manifestava era uma certa polidez antipática, um certo desdém, como o que se encontra em homens que se acham superiores à posição que ocupam, mas que duvidam do reconhecimento alheio. Não era aquela majestade recôndita que podemos encontrar na face de um rei ou de um gênio, que se ocultam incógnitos entre a multidão; era decerto aquela insolência revolucionária, um tanto titânica, que se nota no rosto de qualquer pretendente. A sua atuação, os seus movimentos e o seu andar tinham um quê de segurança, de certeza, de caráter. Os homens extraordinários estarão banhados da irradiação de seu espírito? Nossas emoções pressentirão a glória que nós, com os olhos do corpo, não podemos ver? A intempérie moral, em tais homens extraordinários, atuaria talvez eletricamente nos temperamentos jovens e sensíveis que deles se aproximam, como a tempestade real influi nos gatos? Uma fagulha dos olhos do homem tocou-me, nem sei como, mas nunca me esqueci desse contato, e nunca me esqueci do doutor Börne que escrevia contra os comediantes.

Sim, naquela época, ele era crítico teatral e exercitava-se com os heróis do tablado. Do mesmo modo que meu amigo da universidade, Dieffenbach [3], quando estudávamos em Bonn, onde quer que ele pegasse um gato ou um cachorro, logo lhe cortava o rabo, por puro prazer de cortar, o que muito nos irritava, porque os bichos gemiam insuportavelmente, mas que depois perdoamos por ele ter, graças a esse prazer de talhar, se tornado o maior cirurgião da Alemanha: também Börne iniciou-se com os comediantes, e muitas das petulâncias juvenis que outrora perpetrou nos Heigel, Weidner, Urspruch[4] e outros inocentes animais, que desde então perumbulam sem o rabo, nós tivemos que relevar diante dos melhores serviços que prestaria mais tarde, enquanto cirurgião político, por meio de sua crítica afiada.

Varnhagen von Ense foi quem puxou-me novamente pela memória o nome de Börne, cerca de dez anos após o mencionado encontro, dando-me um artigo do homem para ler, no *Die Wage* e no *Die Zeitschwingen*. O tom com o qual me aconselhara a leitura era bastante incisivo, e o sorriso que pairou nos lábios de Rahel, ali presente, aquele sorriso tão conhecido, enigmaticamente melancólico, misticamente racional, deu um peso maior ao conselho. Rahel não parecia informada sobre Börne tão só pela via literária e, se bem me lembro, assegurou-me nessa ocasião de que havia cartas de Börne a uma amada que ele teria outrora revelado em seus artigos. Também sobre o seu estilo manifestou-se Rahel, e com palavras que qualquer um que não fosse habituado à sua linguagem, poderia não compreender; ela disse: "Börne não sabe escrever, como tampouco eu ou Jean Paul"[5]. Ela entendia o escrever como o calmo ordenamento, ou seja, a redação do pensamento, a concatenação lógica dos elementos da oração, em resumo, aquela arte da construção do período que ela tão entusiasticamente admirava em Goethe quanto em seu marido, e sobre a qual tínhamos então, quase que diariamente, as discussões mais frutíferas. A prosa de hoje, o que só quero observar aqui *en passant*, não é feita sem muita tentativa, conselho, contradição e esforço. Rahel gostava ainda mais de Börne, por ele ser igualmente um desses autores que, para escrever bem, precisa se encontrar numa excitação apaixonada, numa certa embriaguez do espírito: bacantes do pensamento que seguem cambaleando o deus. Apesar de toda a sua preferência por naturezas afins, ela nutria uma grande admiração por aqueles serenos escultores da palavra que sabem manipular, libertos da alma gestante, todo o seu pensar, sentir e observar como se estes fossem uma determinada substância, moldando-os plasticamente. Diversamente da grande mulher, Börne nutria a maior repugnância a respeito desse tipo de representação; em sua predileção subjetiva, não compreendia a liberdade objetiva, a divina maneira, e confundia a forma artística com a pusilanimidade: tal qual a criança que, sem ter ideia do sentido incandescente de uma estátua grega, apenas tateia as formas de mármore e reclama da frieza.

Ao falar antecipadamente da repugnância que o modo de representação goetheano provocava em Börne, deixo igualmente transparecer que a maneira de escrever do último já não despertava obrigatoriamente o meu entusiasmo. Não me cabe desvelar os seus defeitos; além disso, qualquer insinuação sobre o que mais me desagrada nesse estilo só poderia ser entendida por poucos. Quero apenas salientar que para se escrever prosa bem-acabada é necessário se ter também, entre outras coisas, o domínio das formas métricas. Sem essa maestria, falta ao prosador um certo ritmo, fogem-lhe construções de palavra, expressões, cesuras e frases que só no discurso metrificado são admissíveis, e surgem dissonâncias que ferem os poucos ouvidos mais sensíveis.

Por mais que também estivesse tentado a criticar o envólucro do estilo de Börne, e mais precisamente ali onde ele não descreve, mas argumenta, e a enxergar nas suas orações curtas uma certa imperícia infantil, tive que reconhecer o conteúdo, o núcleo de seus escritos, reverenciando a originalidade, o amor à verdade que ali se manifestavam, e, desde então, não perdi mais o seu autor de vista. Disseram-me que ainda vivia em Frankfurt, e quando, muitos anos mais tarde, em 1827, precisei passar por esta cidade, numa viagem à Munique, decidi fazer uma visita ao doutor Börne, em seu domicílio. O que logrei, mas não sem muita investigação e desencontros; em todo lugar que perguntava por ele, olhavam-me com desconcerto, dando-me a impressão de que era pouco conhecido ou não recebia muita atenção na cidade em que morava. Curioso! Se a distância ouvimos falar de uma cidade, onde habita este ou aquele homem ilustre, obrigatoriamente pensamos que ele seja o centro da cidade, que até os telhados estejam pintados com a cor de sua celebridade. Que surpresa não é então, quando chegamos a essa cidade, desejosos de encontrar o ilustre homem, e precisamos perder tanto tempo perguntando por ele, até encontrá-lo no meio da multidão! Do mesmo modo, um viajante avista de longe a grande catedral de uma cidade, mas ao se ver no perímetro urbano, esta escapa-lhe da visão, e só depois de muito vagar pelas tantas e tortuosas vielas, aparece-lhe de novo a imensa torre, na proximidade de casas e lojinhas costumeiras e escondidas.

Quando perguntei por Börne a um pequeno vendedor de óculos, este respondeu-me balançando a cabeça com astúcia: "Onde o doutor Börne mora não sei, mas madame Wohl[6] mora no Wollgraben". Uma velha criada de cabelos ruivos, a quem me dirigi também, deu-me finalmente a informação, e acrescentou sorrindo de contentamento: "Trabalho para a mãe de Madame Wohl".

Tive dificuldades em reconhecer o homem, cujas feições anteriores ainda pairavam vívidas em minha memória. Nenhum vestígio da intranquilidade elegante e da orgulhosa soturnez. Eu via agora um homenzinho satisfeito, muito delicado, mas não doente, uma cabeça pequenina com cabelinho negro e liso, as bochechas até um tanto coradas, os olhos castanhos muito vivos, comodidade em cada olhar, em cada movimento, em cada som. Ele vestia, no entanto, um casaquinho tricotado de lã cinza, que o apertava como uma carapaça anelada, emprestando-lhe a aparência ridícula de um conto de fadas. Recebeu-me com muita cordialidade e carinho; não se passaram três minutos e já conversávamos com intimidade. Sobre o que conversamos primeiro? Quando cozinheiras se encontram, falam sobre seus patrões; quando escritores alemães se encontram, falam sobre seus editores. Nossa conversa, portanto, começou com Cotta[7] e Campe[8], e quando lhe confirmei, após as queixas costumeiras, as boas qualidades do último, Börne confidenciou-me que planejava a edição de suas obras completas, e que para esse empreendimento cogitava no nome de Campe. Ora, pude lhe assegurar que Julius Campe não era nenhum livreiro convencional, daqueles que fazem negócios com o que é nobre, belo e grande, aproveitando uma boa conjuntura; mas que muito frequentemente imprimia o que é nobre, belo e grande em situações bastante adversas, rendendo-lhe péssimos negócios. Essas palavras Börne ouviu com redobrada atenção, o que o levou a viajar a Hamburgo, algum tempo depois, para acertar a publicação de suas obras completas com o editor dos *Quadros de Viagem*.

Tão logo demos conta dos editores, iniciaram-se os elogios recíprocos entre dois escritores que conversavam pela primeira vez. Vou me esquivar aqui do que Börne falou sobre minha excelência, e menciono apenas a leve gota de ressalva que até então deixou pingar no cálice espumante de louvores. Ele acabara de ler a segunda parte dos *Quadros de Viagem*, e achou que eu havia falado com muito pouca consideração de Deus, que criou o céu e a terra e regia o mundo com tanta sabedoria, enquanto que de Napoleão, que fora tão somente um déspota mortal, eu falara com reverência exagerada. Börne parecia ter pouco amor por Napoleão, embora trouxesse inconsciente na alma o maior respeito por este. Irritou-se com o fato de os reis terem arrancado, com tamanha mesquinhez, sua imagem da coluna de Vendôme. "Ah!", gritou, suspirando amargamente: "Podem deixar tranquilamente a sua estátua; bastaria pendurar um cartaz com os dizeres '18 de Brumário', para que a coluna de Vendôme se tivesse tornado a sua merecida coluna da vergonha! Como amei esse homem até o 18 de Brumário, e ainda lhe fui devotado até a Paz de Campo Formio, mas quando subiu os degraus do trono foi descendo cada vez mais fundo em valor; e poder-se-ia dizer que ele despencou da escada vermelha!"

"Ainda nesta amanhã", continuou Börne, "eu o admirava, quando lia neste livro aqui na minha mesa (apontou a *História da Revolução*, de Thiers)[9] uma ótima anedota, de como Napoleão em Udine, num encontro com Cobenzl [10], no fervor da conversa, espatifou uma porcelana que este ganhara da Imperatriz Catarina e por qual decerto tinha grande apreço. A porcelana quebrada levou possivelmente à Paz de Campo Formio. Coblenzl deve ter pensado: "Meu imperador tem tantas porcelanas; será um infortúnio se esse rapaz chegar a Viena e se exaltar demais; melhor fazermos as pazes com ele". Provavelmente, no momento em que o aparelho de porcelana de Coblenzl tombava em Udine, partindo-se em pedaços, tremiam em Viena todas as porcelanas, e não somente os bules e xícaras, os pagodes chineses também devem ter balançado a cabeça mais abruptamente do que nunca, e a paz foi ratificada. Em lojas de suvenires, normalmente se vê Napoleão em cima de um corcel empinado, subindo o Simplon [11], avançando sobre a ponte de Lodi, com a bandeira em riste etc. Foi uma ação bem-sucedida. Mas veja só o meu caso, que outrora fui tão selvagem, quando eu tinha pouca bagagem e nenhuma porcelana. Com propriedades, e mais precisamente com as frágeis

memorial

propriedades, vem o temor e a servidão. Infelizmente, eu adquiri há pouco um belo aparelho de chá – o bule, tão sedutor em seus esplêndidos dourados – no açucareiro estava pintada a felicidade conjugal, na figura de dois amantes que se acariciavam – numa das xícaras, a Torre de Catarina [12] numa outra a Konstablerwache [13] – várias outras localidades da pátria nas demais xícaras – Agora eu tenho a maior preocupação que, na minha estupidez, eu venha escrever além da conta, e tenha que fugir repentinamente – como haverei de empacotar, na correria, todas essas xícaras e o bule? Na pressa, eles poderiam se quebrar e, de modo algum, quero deixá-los para trás. Sim, nós homens somos bichos estranhos! O mesmo homem que coloca em jogo a calma e alegria de viver, ou até mesmo a própria vida, para afirmar sua liberdade de expressão, não quer perder algumas xícaras, e se torna um escravo silencioso para preservar um bule de chá. Sinto deveras como a maldita porcelana inibe a minha escrita, e como me torno tão suave, tão cauteloso, e tão temeroso... Chego até a acreditar que o vendedor de porcelanas era um agente austríaco, e que Metternich teria me entulhado de louças para me domesticar. Sim, sim, por isso custou tão pouco, por isso aquele homem era tão convincente. Ah! O açucareiro com a felicidade conjugal foi uma isca tão docinha! Sim, quanto mais contemplo a porcelana, mais provável me parece o pensamento de que ela provenha mesmo de Metternich. Mas não guardo o menor rancor por ele ter procurado me tirar do caminho desse modo. Quando se usam meios inteligentes contra mim, eu nunca me enraiveço; só a estupidez e a burrice me são insuportáveis. Mas para isso há o nosso Senado de Frankfurt..."

Tenho meus motivos para não deixar o homem continuar falando, e só acrescento que ele, no final de seu discurso, bradou com risada divertida: "Mas ainda sou um homem forte o bastante para romper os meus grilhões de porcelana, e se me esquentarem a cabeça, hão de voar pela janela o bule de chá com todos os seus belos dourados, junto com o açucareiro e a felicidade conjugal e a Torre de Catarina e o Konstablerwache e os locais da pátria, e serei de novo um homem tão livre como antes!"

O humor de Börne, do qual dei acima um expressivo exemplo, distinguia-se do humor de Jean Paul pelo fato deste último gostar de misturar as coisas mais distantes, enquanto aquele, como um garoto engraçado, só pegava o que lhe estava ao alcance, e enquanto a fantasia do confuso poli-historiador de Bayreuth [14] vagava pelas regiões do mundo, Börne só lançava um olho sobre o dia presente, e os objetos que lhe interessavam ficavam todos em seu campo de visão. Ele falava sobre o livro que acabara de ler; um acontecimento que acabara de ocorrer; a pedra na qual acabara de tropeçar; Rothschild [15], por cuja casa ele passava diariamente; o Parlamento que ficava no Zeil, e que ele igualmente podia odiar *in loco*; e, finalmente, todas as vias do pensamento levavam-no a Metternich. Seu rancor contra Goethe talvez também tenha tido um começo local; eu disse começo e não causa; pois ainda que a circunstância de ambos terem nascido em Frankfurt tenha inicialmente atraído a atenção de Börne a Goethe, o ódio que se inflamou dentro dele contra esse homem, e ardeu cada vez mais impetuosamente, foi só a consequência necessária de uma diferença arraizada profundamente na natureza de ambos. Aqui não age uma maledicência mesquinha, mas uma repugnância desinteressada que obedece às pulsões inatas, uma disputa que é tão antiga quanto o mundo, que se manifesta em toda a história da humanidade, e que irrompeu com maior nitidez no duelo que o espiritualismo judaico travou contra o prazer de viver helênico, um duelo que ainda não foi decidido, e que talvez nunca termine: o pequeno nazareno odiava o grande grego, que ainda por cima era um deus heleno.

A obra de Wolfgang Menzel havia sido publicada há pouco tempo, e Börne alegrava-se, feito uma criança, de que alguém aparecera com coragem suficiente para atacar Goethe, com tanta desconsideração. "O respeito", acrescentou ingenuamente, "sempre me impediu de dizer em público algo semelhante. O Menzel tem peito, é um homem honrado, um erudito; você precisa conhecê-lo; ainda haveremos de vivenciar nele muitas alegrias; ele tem coragem, é um homem íntegro, um grande erudito! Em Goethe não há nada, é um frouxo, um adulador servil, um diletante".

Voltou ao tema frequentemente; eu precisei prometer-lhe que faria uma visita a Menzel, em Stuttgart, e para tal fim escreveu--me logo uma carta de recomendação, e ainda escuto como frisou enfático: "Ele tem peito, uma coragem extraordinária, um homem valoroso, íntegro, um grande erudito!"

Tal como em suas declarações sobre Goethe, também no julgamento de outros escritores, Börne deixava sempre transparecer sua estreiteza nazarena. Eu digo nazarena, para não utilizar o termo "judeu" ou "cristão", conquanto ambas as expressões sejam sinônimas para mim, e não sejam usadas para definir uma crença mas um temperamento. "Judeus" e "cristãos" são para mim palavras com significados coincidentes, em oposição a "helenos", nome que tampouco uso para denominar um determinado povo, mas um direcionamento do espírito e um modo de ver, inato e igualmente ensinado. Nesse sentido, gostaria de dizer: todos os homens são judeus ou helenos; homens com impulsos ascéticos, iconoclastas e espiritualizantes, ou homens com alegria de viver, orgulho de desabrochar e senso de realidade. Desse modo, havia helenos em famílias de pregadores alemães, e judeus que nasceram em Atenas e que talvez descendessem de Teseu. A barba não faz o judeu, ou a trança não faz o cristão, poder-se-ia dizer aqui com razão. Börne era completamente nazareno, sua antipatia para com Goethe provinha diretamente de seu temperamento nazareno; sua posterior exaltação política fundava-se naquele ascetismo abrupto, naquela ânsia pelo martírio que se encontra principalmente nos republicanos, no que eles chamam de virtude republicana, tão indistinta da mania de Paixão dos primeiros cristãos. Em seus últimos tempos, Börne inclinou-se ao cristianismo histórico, quase afundou-se no catolicismo, fraternizou com o padre Lamennais [16], e descambou no mais repugnante tom capuchinho, ao falar publicamente de um seguidor de Goethe, panteísta da alegre observância.

É psicologicamente estranho como o cristianismo inato cresceu na alma de Börne, depois de ter sido contido tanto tempo por seu entendimento afiado e seu bom humor. Eu digo bom humor, *gaité*, e não alegria, *joie*; os nazarenos têm, algumas vezes, um certo bom humor saltitante, uma certa vivacidade cômica de esquilo, até amavelmente obstinada, e doce, e também brilhante, mas a qual logo sucede um turvamento do ânimo: falta-lhes a majestade da satisfação que só encontramos nos deuses conscientes.

Mas se não há, em nosso entender, nenhuma grande diferença entre judeus e cristãos, esta existe ainda mais drástica na visão de mundo dos filistinos francofurtenses; do estorvo que advém disso, Börne falou bastante e amiúde nos três dias que permaneci, em consideração sua, na cidade livre de Frankfurt no Meno.

Sim, com cômica benevolência, arrancou-me a promessa de lhe ceder três dias de minha vida; não permitiu que me afastasse, e eu tive que passear pela cidade em sua companhia, visitando todos os seus amigos, e também amigas, como, por exemplo, madame Wohl do Wollgraben. Essa madame Wohl do Wollgraben é aquela famosa deusa da liberdade, à qual foram endereçadas, mais tarde, as *Cartas de Paris*. Enxerguei uma pessoa magra, cuja face pálida amarelada e bexiguenta assemelhava-se a um velho bolo de farinha de *matzá* [17]. Apesar de sua aparência, e não obstante a voz estridente como uma porta com dobradiças enferrujadas, agradou-me tudo o que esta pessoa me disse; até falou com entusiasmo de minhas obras. Recordo-me de que deixou seu amigo em grande constrangimento, quando quis revelar o que ele havia sussurrado em seu ouvido, no momento de nossa chegada; ele ficou vermelho feito uma menininha, quando ela, ignorando suas súplicas, contou o que ele lhe dissera: que a minha visita era-lhe uma honra tão grande como se o próprio Goethe o visitasse. Quando agora me dou conta de quão mal ele já pensava de Goethe naquele tempo, creio que não devo considerar aquela declaração um elogio assim tão grande. [...]

Degeneração
Poemas, 1840 – 1844

MEINE SCHWIEGERMUTTER *Ceres!*
Laß' die Klagen, laß' die Bitten!
Dein Verlangen, ich gewähr' es –
Habe selbst so viel gelitten!

Tröste dich, wir wollen ehrlich
Den Besitz der Tochter theilen,
Und sechs Monden soll sie jährlich
Auf der Oberwelt verweilen.

Hilft dir dort an Sommertagen
Bey den Ackerbaugeschäften;
Einen Strohhut wird sie tragen,
Wird auch Blumen daran heften.

Schwärmen wird sie wenn den Himmel
Ueberzieht die Abendröthe,
Und am Bach ein Bauerlümmel
Zärtlich bläst die Hirtenflöte.

Wird sich freu'n mit Greth und Hänschen
Bey des Erndtefestes Reigen;
Unter Schöpsen, unter Gänschen,
Wird sie sich als Löwinn zeigen.

Süße Ruh! Ich kann verschnaufen
Hier im Orkus unterdessen!
Punsch mit Lethe will ich saufen,
Um die Gattinn zu vergessen.

[1840]

Dona Ceres, minha sogra,
Chega de choro e de grito!
Vou te dar o que me rogas –
Eu também já estou aflito!

Pois façamos a partilha
Com numérico rigor:
Por seis luas tua filha
Jaz no mundo superior.

No verão ela trabalha,
Te ajudando na colheita;
Põe até chapéu de palha,
Que de flores ela enfeita.

De tardinha ela suspira
Vendo o céu se arroxear,
Quando a viola do caipira
Choraminga pelo ar.

Vai dançar feliz com João
E Maria uma quadrilha;
Entre gansos e rebanhos,
De leoa ela desfila.

Ah, que alívio! Enfim eu levo
No Hades uma vida boa!
Vou me embebedar do Letes
Pra esquecer minha patroa.

Die Unbekannte

Meiner goldgelockten Schönen
Weiß ich täglich zu begegnen,
In dem Tuileriengarten,
Unter den Kastanienbäumen.

Täglich geht sie dort spatzieren
Mit zwey häßlich alten Damen –
Sind es Tanten? Sind's Dragoner,
Die vermummt in Weiberröcken?

Niemand konnt mir Auskunft geben,
Wer sie sey? Bey allen Freunden
Frug ich nach, und stets vergebens!
Ich erkrankte fast vor Sehnsucht.

Eingeschüchtert von dem Schnurrbart
Ihrer zwey Begleiterinnen,
Und von meinem eignen Herzen
Noch viel strenger eingeschüchtert,

Wagt' ich nie ein seufzend Wörtchen
Im Vorübergeh'n zu flüstern,
Und ich wagte kaum mit Blicken
Meine Flamme zu bekunden.

Heute erst hab' ich erfahren
Ihren Namen. Laura heißt sie,
Wie die schöne Provenzalinn,
Die der große Dichter liebte.

Laura heißt sie! Nun da bin ich
Just so weit wie einst Petrarcha,
Der das schöne Weib gefeyert
In Canzonen und Sonetten.

A desconhecida

Bela de cabelos louros,
Que eu encontro todo dia
Sob as lindas castanheiras,
No Jardim das Tulherias.

Diariamente ela passeia
Junto com duas velhotas –
Suas tias? Ou dragões
Disfarçados, de saiotes?

Alguém sabe me informar
Quem é ela? Eu pergunto
Aos amigos, ninguém sabe!
De desejo eu quase afundo.

Assustado com o bigode
Das damas de companhia,
Constrangido pelo próprio
Coração que me angustia,

Não me atrevo ao balbucio
De uma mísera palavra,
Ou sequer uma faísca
Com meus olhos lhe enviar.

Descobri hoje, afinal,
Como é que ela se chama:
Laura – feito a provençal
Que a Petrarca deve a fama.

Laura! Então cheguei aonde
Foi o genial Francesco,
Que cantou *la prima donna*
Em baladas e sonetos.

degeneração

Laura heißt sie! Wie Petrarcha
Kann ich jetzt platonisch schwelgen
In dem Wohllaut dieses Namens –
Weiter hat er's nie gebracht.

[1842]

Laura é o nome! E tal Petrarca
Vou fruir, tão só no espírito,
O prazer de sua graça –
Que o poeta ficou nisto.

"ZUWEILEN *dünkt es mich, als trübe*
Geheime Sehnsucht deinen Blick –
Ich kenn' es wohl, dein Mißgeschick:
Verfehltes Leben, verfehlte Liebe!

Du nickst so traurig! Wiedergeben
Kann ich dir nicht die Jugendzeit –
Unheilbar ist dein Herzeleid:
Verfehlte Liebe, verfehltes Leben!"

[1842]

"Às VEZES acho que te nubla
A vista uma saudade oculta –
Já sei de cor tua desdita:
Um falso amor, vida perdida!

Tão triste acenas! Eu não pude
Te devolver a juventude –
Não há quem cure a tua dor:
Vida perdida, um falso amor!"

Alte Rose

Eine Rosenknospe war
Sie für die mein Herze glühte;
Doch sie wuchs, und wunderbar
Schoß sie auf in voller Blüthe.

Ward die schönste Ros' im Land,
Und ich wollt' die Rose brechen,
Doch sie wußte mich pikant
Mit den Dornen fortzustechen.

Jetzt, wo sie verwelkt, zerfetzt
Und verklatscht von Wind und Regen –
Liebster Heinrich bin ich jetzt,
Liebend kommt sie mir entgegen.

Heinrich hinten, Heinrich vorn,
Klingt es jetzt mit süßen Tönen;
Sticht mich jetzt etwa ein Dorn,
Ist es an dem Kinn der Schönen.

Allzu hart die Borsten sind,
Die des Kinnes Wärzchen zieren –
Geh' in's Kloster, liebes Kind,
Oder lasse dich rasiren.

[1843]

Rosa velha

Era só um botão de rosa,
Mas queimou meu coração;
Floresceu e foi-se embora,
Virou musa da estação.

Rosa tão maravilhosa,
Eu a quis em meu buquê;
Mas a flor era espinhosa,
E logrou se defender.

Hoje, murcha e destruída
Pela chuva e pelo vento,
Vem a mim – Henri, *chéri*! –
Cheia de contentamento.

Heinrich, Heinrich, queridinho –
Diz na doce intimidade;
Só me queixo é de um espinho,
Bem no queixo da beldade.

Um pelinho piniquento
Na verruga me atrapalha –
Filha, vá para um convento,
Ou te apruma com navalha.

DIE EULE *studierte Pandekten*
Kanonisches Recht und die Glossa
Und als sie kam nach Welschland
Sie frug: wo liegt Canossa?

Die alten matten Raben
Sie ließen die Flügel hängen
Sie sprachen das alte Canossa
Ist längstens untergegangen.

Wir möchten ein neues bauen
Doch fehlt dazu das Beste
Die Marmorblöcke, die Quadern,
Und die gekrönten Gäste.

[1843]

A CORUJA leu as ditas
Leis canônicas e glosas;
Ao chegar na Romandia[1],
Perguntou: onde é Canossa[2]?

As asinhas lhe cortaram
Logo os corvos tão ranzinzas,
Informando que só há
Em Canossa entulho e cinzas.

Nós queremos reerguê-la,
Mas o mármore nos falta;
E onde achar a clientela
Realmente aristocrata?

degeneração

Entartung

Hat die Natur sich auch verschlechtert,
Und nimmt sie Menschenfehler an?
Mich dünkt die Pflanzen und die Thiere,
Sie lügen jetzt wie jedermann.

Ich glaub' nicht an der Lilje Keuschheit,
Es buhlt mit ihr der bunte Geck,
Der Schmetterling; der küßt und flattert
Am End' mit ihrer Unschuld weg.

Von der Bescheidenheit der Veilchen
Halt ich nicht viel. Die kleine Blum',
Mit den koketten Düften lockt sie,
Und heimlich dürstet sie nach Ruhm.

Ich zweifle auch, ob sie empfindet,
Die Nachtigall, das was sie singt;
Sie übertreibt und schluchzt und trillert
Nur aus Routine, wie mich dünkt.

Die Wahrheit schwindet von der Erde,
Auch mit der Treu' ist es vorbey.
Die Hunde wedeln noch und stinken
Wie sonst, doch sind sie nicht mehr treu.

[1843]

Degeneração

Também no vício, ó Natureza?
Será que um dia nos suplantas?
Eu vejo os animais e plantas
Mentindo que só uma beleza.

A mão no fogo eu não vou pôr
Pela camélia, pura e sábia;
Aposto que ela cai na lábia
De um salafrário beija-flor!

Aquele rosto tão modesto
Da violeta não me engana;
O odor seduz, mas tem é gana
De ser celebridade, atesto.

Duvido que seja sincera
A *mis-en-scène* do rouxinol;
Trila e soluça em si bemol,
Só por rotina, e não se esmera.

Foi pras cucuias a razão,
Da lealdade deram cabo.
O cão ainda abana o rabo,
Mas morde quem lhe estende a mão.

Das neue Israelitische Hospital zu Hamburg

Ein Hospital für arme, kranke Juden,
Für Menschenkinder, welche dreyfach elend,
Behaftet mit den bösen drey Gebresten,
Mit Armuth, Körperschmerz und Judenthume!

Das schlimmste von den dreyen ist das letzte,
Das tausendjährige Familienübel,
Die aus dem Nylthal mitgeschleppte Plage,
Der altegyptisch ungesunde Glauben.

Unheilbar tiefes Leid! Dagegen helfen
Nicht Dampfbad, Dusche, nicht die Apparate
Der Chirurgie, noch all die Arzeneyen,
Die dieses Haus den siechen Gästen bietet.

Wird einst die Zeit, die ew'ge Göttinn, tilgen
Das dunkle Weh, das sich vererbt vom Vater
Herunter auf den Sohn, – wird einst der Enkel
Genesen und vernünftig seyn und glücklich?

Ich weiß es nicht! Doch mittlerweile wollen
Wir preisen jenes Herz, das klug und liebreich
Zu lindern suchte, was der Lindrung fähig,
Zeitlichen Balsam träufelnd in die Wunden.

Der theure Mann! Er baute hier ein Obdach
Für Leiden, welche heilbar durch die Künste
Des Arztes, (oder auch des Todes!) sorgte
Für Polster, Labetrank, Wartung und Pflege —

Ein Mann der That, that er was eben thunlich;
Für gute Werke gab er hin den Taglohn
Am Abend seines Lebens, menschenfreundlich,
Durch Wohlthun sich erholend von der Arbeit.

Novo Hospital Israelita de Hamburgo[3]

Um prédio pro judeu doente e pobre,
Aos homens triplamente miseráveis,
Pr'aqueles que padecem de três pragas:
Pobreza, enfermidade e judaísmo!

Das três, a mais terrível – a terceira:
Doença hereditária e milenar
Trazida para cá, em contrabando,
Do Egito antigo, a crença-epidemia.

A peste tão cruel quanto incurável!
Não tem compressa, banho ou cirurgia,
Nem há qualquer remédio na farmácia
Que trate e nem vacina que previna.

Será que o Tempo, deus eterno, um dia
Há de livrar-nos da moléstia escura
Que os pais vão transmitindo para os filhos?
E os netos – hão de ter saúde e tino?

Não sei! Mas no ínterim vamos louvar
Aquele coração compadecido
E sábio que procura o que é possível:
Pôr bálsamo ligeiro nas feridas.

Um homem valoroso! Construiu
Um teto pra desgraça que a perícia
Do médico (ou da morte!) se dedica
A dirimir com trato e terapia.

Um feito de quem fez o que é factível;
A féria, que o suor de só um dia
Conquista, e no crepúsculo da vida,
Doou pra refazer-se da fadiga.

degeneração

Er gab mit reicher Hand – doch reich're Spende
Entrollte manchmal seinem Aug', die Thräne,
Die kostbar schöne Thräne, die er weinte
Ob der unheilbar großen Brüderkrankheit.

[1843]

Com copiosa mão fez doação;
A dádiva dos olhos, todavia,
Foi bem maior: as lágrimas rolaram
Em face à dor sem cura dos irmãos.

Doktrin

Schlage die Trommel und fürchte dich nicht,
Und küsse die Marketenderinn!
Das ist die ganze Wissenschaft,
Das ist der Bücher tiefster Sinn.

Trommle die Leute aus dem Schlaf,
Trommle Reveilje mit Jugendkraft,
Marschire trommelnd immer voran,
Das ist die ganze Wissenschaft.

Das ist die Hegelsche Philosophie,
Das ist der Bücher tiefster Sinn!
Ich hab' sie begriffen, weil ich gescheidt,
Und weil ich ein guter Tambour bin.

[1844]

Doutrina

Bate teu tambor sem medo,
Depois beija a vivandeira!
Eis a Ciência; e a dos livros,
Súmula mais verdadeira.

Tira o povo do torpor,
Toca o hino com veemência,
Marcha e bate teu tambor,
Eis aí toda a Ciência.

É de Hegel a doutrina;
Suprassumo verdadeiro!
Entendi pois sou ladino,
E também bom tamboreiro.

Wartet nur

Weil ich so ganz vorzüglich blitze,
Glaubt Ihr, daß ich nicht donnert könnt'!
Ihr irrt Euch sehr, denn ich besitze
Gleichfalls für's Donnern ein Talent.

Es wird sich grausenhaft bewähren,
Wenn einst erscheint der rechte Tag;
Dann sollt Ihr meine Stimme hören,
Das Donnerwort, den Wetterschlag.

Gar manche Eiche wird zersplittern
An jenem Tag der wilde Sturm,
Gar mancher Palast wird erzittern
Und stürzen mancher Kirchenthurm!

[1844]

Esperem só

Só porque arraso quando arrojo
Raios, acham que não sei troar.
Ora, meus senhores, ao contrário:
Na arte do trovão não sou pior!

No devido dia, eu ponho à prova,
Quem duvida agora é só esperar;
O meu peito então vai trovejar,
E trincar os céus, a minha voz!

No fragor daquele furacão,
Os carvalhos secos vão rachar,
Os castelos vão desmoronar,
Velhas catedrais, ruir ao chão!

Der Ex-Lebendige

Brutus, wo ist dein Cassius,
Der Wächter, der nächtliche Rufer,
Der einst mit dir, im Seelenerguß
Gewandelt am Seine-Ufer?

Ihr schautet manchmal in die Höh',
Wo die dunklen Wolken jagen –
Viel dunklere Wolke war die Idee,
Die Ihr im Herzen getragen.

Brutus, wo ist dein Cassius?
Er denkt nicht mehr an's Morden!
Es heißt er sey am Neckarfluß
Tyrannenvorleser geworden.

Doch Brutus erwiedert: du bist ein Thor,
Kurzsichtig wie alle Poeten –
Mein Cassius liest dem Tyrannen vor,
Jedoch um ihn zu tödten.

Er liest ihm Gedichte von Matzerath –
Ein Dolch ist jede Zeile!
Der arme Tyrann, früh oder spat,
Stirbt er vor Langeweile.

1844

O ex-vivente[4]

Onde está, ó Bruto, agora,
Cássio, arauto e teu vigia,
Que no cais do Sena, outrora,
Fez-te alegre companhia?

Vezes vedes lá na altura
Nuvens turvas que se vão –
Mas ideia mais escura
Nubla o vosso coração.

O teu Cássio onde é que anda?
Já não pensa em homicídio!
Lê poemas ao tirano,
Frente ao Neckar[5], tenho ouvido.

Bruto diz: ó tolo, míope
Como todos os poetas,
Eis que Cássio ora recita,
Para assassinar o déspota.

E declama Matzerath[6] –
Cada estrofe é uma tortura!
O tirano, cedo ou tarde,
Vai morrer é de gastura.

degeneração

Fortuna

Frau Fortuna, ganz umsunst
Thust du spröde! deine Gunst
Weiß ich mir durch Kampf und Ringen,
Zu erbeuten, zu erzwingen.

Ueberwältigt wirst du doch,
Und ich spanne dich in's Joch,
Und du streckst am End die Waffen –
Aber meine Wunden klaffen.

Es verströmt mein rothes Blut,
Und der schöne Lebensmuth
Will erlöschen; ich erliege
Und ich sterbe nach dem Siege.

[1844]

Fortuna

É em vão, Dona Fortuna,
Me tratares com desprezo!
Sei com força inoportuna
Conquistar o teu apreço.

Vou te derrubar ao chão,
Dominar-te, assim me pagas
Com a tua escravidão –
Mas se abriram minhas chagas.

O meu sangue jorra a cântaros,
Vai-se embora a minha glória,
Cambaleio pelos cantos,
Morro após cantar vitória.

Die Beschwörung

Der junge Franziskaner sitzt
Einsam in der Klosterzelle,
Er liest im alten Zauberbuch,
Genannt der Zwang der Hölle.

Und als die Mitternachtstunde schlug,
Da konnt er nicht länger sich halten,
Mit bleichen Lippen ruft er an
Die Unterweltsgewalten.

Ihr Geister! holt mir aus dem Grab
Die Leiche der schönsten Frauen,
Belebt sie mir für diese Nacht,
Ich will mich dran erbauen.

Er spricht das grause Beschwörungswort,
Da wird sein Wunsch erfüllet,
Die arme verstorbene Schönheit kommt,
In weißen Laken gehüllet.

Ihr Blick ist traurig. Aus kalter Brust
Die schmerzlichen Seufzer steigen.
Die Todte setzt sich zu dem Mönch,
Sie schauen sich an und schweigen.

[1844]

A invocação

Eis que o jovem franciscano,
Solitário em seu convento,
Lê um calhamaço estranho:
Do infernal constrangimento.

Quando a meia-noite toca,
Não se aguenta de aflição –
Lábios lívidos – e invoca
O poder da escuridão.

Ó espíritos! trazei-me
Vivo o mais belo cadáver
De mulher que virdes: hei de
Hoje à noite edificar-me.

Mal termina a invocação,
Vê na cela aparecer,
Num sudário de algodão,
Morta linda de morrer.

Triste olhar. Seus seios ardem
Entre espasmos de asfixia.
Juntos, a defunta e o frade,
Um ao outro silencia.

DER STOFF, *das Material des Gedichts,*
Das saugt sich nicht aus dem Finger;
Kein Gott erschafft die Welt aus Nichts,
So wenig wie irdische Singer.

Aus vorgefundenem Urweltsdreck
Erschuf ich die Männerleiber,
Und aus dem Männerrippenspeck
Erschuf ich die schönen Weiber.

Den Himmel erschuf ich aus der Erd'
Und Engel aus Weiberentfaltung;
Der Stoff gewinnt erst seinen Werth
Durch künstlerische Gestaltung.

[1844]

O CONTEÚDO que um poema encarna
Jamais surgiu num estalar de dedos;
Se demiurgos não criam do nada,
Ah, muito menos os mortais aedos.

Do preexistente lixo primordial
Foi que eu formei o corpo masculino;
Dele eu tirei o osso com o qual
Moldei o da mulher ainda mais lindo.

O céu saiu do entulho aqui da Terra,
Os anjos desdobrei da mulherada;
Somente pelo esforço do "poeta" –
É que a matéria é valorizada.

Ela dança

PARIS, 7 DE FEVEREIRO DE 1842

"Dançamos sobre um vulcão" [1] – mas dançamos. Aquilo que fermenta, cozinha e fervilha no vulcão, não queremos hoje investigar, e tão somente como se dança será o objeto de nossa observação. Precisamos primeiro falar da Academie Royale de Musique onde ainda existe aquele venerável Corps de Ballet que fielmente preserva as tradições coreográficas, e que deve ser visto como a *pairie* [2] da dança. Como aquela outra *pairie* que reside no Luxembourg [3], essa também conta, no seu efetivo, com muitas perucas e múmias que eu não quero nem mencionar por um temor compreensível. O infortúnio do sr. Perrée[4], diretor-gerente do *Siècle*, condenado recentemente a seis meses de cárcere e 10.000 francos de multa, me preveniu. Só quero falar de Carlotta Grisi [5], que brilhou maravilhosamente na respeitável assembleia da rue Lepelletier, destacando-se como uma maçã no meio das batatas. Junto à matéria feliz, extraída dos escritos de um autor alemão,[6] foi principalmente Carlotta Grisi que proporcionou ao balé *Les Willis* uma vogue extraordinária. Como ela dança deliciosamente!

Quando a vemos, esquecemos que Taglioni[7] está na Rússia e Elssler [8], na América, esquecemos até a própria Rússia e América, e mesmo o mundo inteiro, e com ela flutuamos para cima, aos jardins suspensos daquele reino de espírito onde ela é a rainha. Sim, ela tem todo o caráter daqueles espíritos elementares que imaginamos sempre dançando, e sobre cujas danças tremendas

ela dança

o povo fabula tantas maravilhas. Na lenda das Willis, essa misteriosa e arrebatada – não rara, mortífera aos humanos – volúpia da dança que é própria dos espíritos elementares foi também transposta para as noivas que morreram; à antiga e impetuosa lascívia pagã das ninfas e elfos ajuntaram-se o voluptuoso e melancólico horror, o docescuro terror da crença medieval nos fantasmas.

Será que a música corresponde à ousada matéria daquele balé? Teria sido capaz o sr. Adam[9], que forneceu a música, de criar danças que, como se diz nas fábulas populares, impelem ao requebro as árvores da floresta e paralisam as cachoeiras? O sr. Adam, pelo que sei, esteve na Noruega, mas duvido que lá algum feiticeiro conhecedor das runas lhe tenha ensinado aquela cristalina melodia, da qual só se ousa tocar dez variações, existindo uma décima-primeira que pode provocar um grande malefício: caso tocada, a natureza inteira entra em comoção, os rochedos e montanhas começam a dançar, e as casas dançam e, dentro, as mesas e cadeiras dançam; o avô puxa a avó para dançar; o cachorro, a gata; e até o bebê pula do berço e dança. Não, essas tremendas melodias o sr. Adam não as trouxe de sua viagem nórdica para casa; mas o que ele forneceu é de todo modo louvável, e ele mantém uma excelente posição entre os compositores da escola francesa.

Não posso deixar de mencionar que a igreja cristã, que acolheu em seu regaço todas as artes e tirou proveito delas, não conseguiu, todavia, fazer nada com a dança, descartando e condenando-a. A dança talvez lembrasse por demais os ofícios religiosos dos pagãos, tanto dos pagãos romanos quanto dos germanos e celtas, cujos deuses migraram para aqueles seres élficos aos quais a crença popular, como insinuei acima, atribui uma miraculosa mania de dançar. De qualquer forma, o inimigo maligno foi considerado ao final o verdadeiro patrono da dança, e em sua sacrílega companhia dançam, bruxas e feiticeiros, o seu rondó noturno. A dança é maldita, como diz uma piedosa canção popular da Bretanha, desde que a filha de Herodias dançou para o iníquo rei que mandou matar João para lhe agradar. "Quando se vê uma dança, acrescenta o cantor, deves pensar na cabeça sanguinolenta do Batista na baixela, e o desejo demoníaco não poderá seduzir a tua alma!" Quando se reflete com maior profundidade sobre a dança na Academie Royale de Musique, ela aparece como uma tentativa de cristianizar essa arte notoriamente pagã, e o balé francês cheira quase à igreja galicana, quando não ao jansenismo, como todas as manifestações artísticas da grande época de Luís XIV. O balé francês é, nesse aspecto, uma peça assessória aparentada à tragédia de Racine e os jardins de Le Nôtre[10]. Ali impera o mesmo corte regrado, a mesma medida de etiqueta, a mesma frieza cerimonial, a mesma fragilidade afetada, a mesma castidade. De fato, a forma e a essência do balé francês são castas, mas os olhos das dançarinas fazem ao passo mais pudico um comentário assaz pecaminoso, e seus sorrisos dissolutos estão em permanente contradição com seus pés. Vemos o contrário com as chamadas danças nacionais, que prefiro mil vezes ao balé da grande ópera. As danças nacionais são frequentemente sensuais em demasia, quase grosseiras em suas formas, como por exemplo a indiana, mas a sagrada seriedade na face dos dançarinos moraliza essas danças e até as eleva a um culto. O grande Vestris[11] disse outrora uma frase sobre a qual já se riu muito. Em sua patética maneira declarou a seus discípulos: "um grande dançarino não precisa ser virtuoso". Curioso!

Já faz quarenta anos que o grande Vestris jaz no túmulo (não conseguiu sobreviver ao infortúnio da Casa dos Bourbons, com os quais sua família sempre teve muita amizade), e eis que somente em dezembro passado, quando assistia à sessão de abertura das Câmaras e entregava-me oniricamente aos meus pensamentos, veio-me à mente o bem-aventurado Vestris, e – como que por inspiração – compreendi subitamente o significado de suas profundas palavras: "um grande dançarino não precisa ser virtuoso".

Dos bailes de sociedade deste ano posso contar pouco, pois, até agora, só dei a honra de minha presença a poucas *soirées*. Essa monotonia infindável está começando a me entendiar, e não entendo como um homem pode suportá-la por muito tempo. As mulheres, entendo muito bem. Para elas, desfilar a aparência é o essencial. Os preparativos para o baile, a escolha do vestido, o ato de se vestir, de ser penteada, o sorriso da prova frente ao espelho, em resumo, o brilho e a coqueteria lhes são o principal, e lhes proporcionam o mais deleitoso divertimento. Mas para nós, homens, que democraticamente usamos fraques e sapatos negros (os insuportáveis sapatos!), uma *soirée* é, para nós, apenas uma fonte inesgotável de tédio misturada com alguns copos de leite de amêndoa e suco de framboesa. Da nobre música, eu não quero nem falar. O que torna os bailes do grande mundo ainda mais monótonos do que deveriam ser por Deus e de bom direito é a moda reinante de se dançar apenas nas aparências, de se exe-cutar as figuras prescritas somente *en passant*, de se mexer os pés de modo indiferente, quase aborrecido. Ninguém deseja mais entreter o outro, e esse egoísmo se manifesta também na dança da sociedade atual.

As classes inferiores, por mais que gostem de macaquear o elegante mundo, não conseguiram, todavia, se entender com essas egocêntricas danças postiças; as suas ainda possuem realidade; mas uma, infelizmente, bastante lamentável. Nem sei como devo expressar a tristeza que me assola, quando, nos locais públicos de entretenimento, especialmente no período do Carnaval, observo o povo dançando. Uma música estridente, clamorosa e exagerada acompanha uma dança que em maior ou menor grau assemelha--se ao cancã. E ouço aqui a pergunta: o que é o cancã? Deus do céu, como dar ao *Allgemeine Zeitung* uma definição do cancã?! Ora: o cancã é uma dança que nunca é dançada na fina sociedade, mas tão somente em danceterias infames, onde aquele que o dança, ou aquela, é invariavelmente preso por um agente policial e conduzido até a porta. [...]

Essa frivolidade gaulesa, contudo, dá os seus saltos mais divertidos quando está dentro de uma camisa de força, e embora os olhos da polícia impeçam que se dance o cancã em sua cínica determinação, os dançarinos sabem, através de variados *entrechats* [12] irônicos e gesticulações exageradas, manifestar seus pensamentos proscritos, e assim o velamento aparece ainda mais indecoroso do que a própria nudez. Em minha opinião, não é de muita serventia à moralidade que o governo intervenha na dança do povo com tanto armamento; o proibido é o que mais docemente atrai, e o sofisticado, não raro espirituoso, subterfúgio à censura tem consequências ainda mais funestas do que a brutalidade autorizada. Essa vigilância sobre o prazer popular caracteriza, aliás, a situação das coisas por aqui e mostra o quanto avançaram os franceses na liberdade. [...]

Lutécia. Relatos sobre Política, Arte e Vida Social, 1854

ALLE LIEBESGÖTTER *jauchzen*
Mir im Herzen, und Fanfare
Blasen sie und rufen: Heil!
Heil, der Königinn Pomare!

Jene nicht von Otahaiti –
Missionärisirt ist jene –
Die ich meine, die ist wild,
Eine ungezähmte Schöne.

Zweymal in der Woche zeigt sie
Oeffentlich sich ihrem Volke
In dem Garten Mabill, tanzt
Dort den Cancan, auch die Polke.

Majestät in jedem Schritte,
Jede Beugung Huld und Gnade,
Eine Fürstinn jeder Zoll
Von der Hüfte bis zur Wade –

Also tanzt sie – und es blasen
Liebesgötter die Fanfare
Mir im Herzen, rufen: Heil!
Heil der Königin Pomare!

[1844-1845]

Eis que os deuses da paixão
Urram, fazem fuzuê
Dentro do meu coração
Pra Rainha Pomaré! [13]

Não a tal do Taiti –
Essa já catequizaram –
Digo aquela, tão bonita
E danada de selvagem.

Duas vezes por semana,
No Mabille[14] a dama empolga
Os seus súditos, dançando
O cancã, também a polca.

Todo passo é majestoso,
Seus requebros, que beleza!
Das canelas ao pescoço,
Cada palmo é uma princesa –

Ela dança – e em comoção,
Deuses fazem fuzuê,
Dentro do meu coração,
Pra Rainha Pomaré!

SIE TANZT. *Wie sie das Leibchen wiegt!*
Wie jedes Glied sich zierlich biegt!
Das ist ein Flattern und ein Schwingen,
Um wahrlich aus der Haut zu springen.

Sie tanzt. Wenn sie sich wirbelnd dreht
Auf einem Fuß, und stille steht
Am End mit ausgestreckten Armen,
Mag Gott sich meiner Vernunft erbarmen!

Sie tanzt. Derselbe Tanz ist das,
Den einst die Tochter Herodias
Getanzt vor dem Judenkönig Herodes.
Ihr Auge sprüht wie Blitze des Todes.

Sie tanzt mich rasend – ich werde toll –
Sprich, Weib, was ich dir schenken soll?
Du lächelst? Heda! Trabanten! Läufer!
Man schlage ab das Haupt dem Täufer!

[1844-1845]

ELA DANÇA. E como gira o corpo!
Cada membro se contorce solto!
Esvoaça – o que será que a impele
Desejar se desprender da pele?

Ela dança. E quando se revira
Num pé só, e para, e enfim respira,
Braços estirados para o chão –
Protegei, ó Deus, minha razão!

Ela dança. A tal coreografia
Que teria a filha de Herodias
Feito para o rei judeu Herodes,
Tanto ardeu nos olhos dela a morte.

Ela dança. Eu fico alucinado!
O que queres em sinal de agrado?
Tu sorris? Soldados, em revista!
Tragam-me a cabeça do Batista!

BESSER *hat es sich gewendet,*
Das Geschick, das dich bedroht' –
Gott sey Dank, du hast geendet,
Gott sey Dank, und du bist todt.

In der Dachstub' deiner armen,
Alten Mutter starbest du,
Und sie schloß dir mit Erbarmen
Deine schönen Augen zu.

Kaufte dir ein gutes Lailich,
Einen Sarg, ein Grab sogar.
Die Begräbnißfeyer freylich
Etwas kahl und ärmlich war.

Keinen Pfaffen hört man singen,
Keine Glocke klagte schwer;
Hinter deiner Bahre gingen
Nur dein Hund und dein Friseur.

"Ach, ich habe der Pomare,"
Seufzte dieser, "oft gekämmt
Ihre langen schwarzen Haare,
Wenn sie vor mir saß im Hemd."

Was den Hund betrifft, so rannt' er
Schon am Kirchhofsthor davon,
Und ein Unterkommen fand er
Späterhin bey Ros' Pompon.

Ros' Pompon, der Provenzalin,
Die den Namen Königin
Dir mißgönnt und als Rivalin
Dich verklatscht mit niederm Sinn.

Foi MELHOR o céu assim
Amainar a tua sorte –
Benza Deus, chegaste ao fim,
Benza Deus, te abraça a morte.

Morres no quartinho pobre,
Onde a mãe te deu guarida;
Condoída, ela é quem cobre
Os teus olhos já sem vida!

A mortalha ela te compra,
E o serviço funerário.
O velório foi sem pompa
E acabou antes do horário.

Não se ouviu uma oração,
Nem o sino costumeiro;
No cortejo, só teu cão
E o fiel cabeleireiro.

"Era mesmo um paraíso
Escovar a Pomaré –
Que cabelo negro e liso!"
Suspirava o *coiffeur*.

O cãozinho foi sagaz!
Rápido saiu do bom
Pro melhor: hoje lhe faz
Cafuné Rose Pompon[15].

Rose, aquela provençal
Que teu nome de rainha
Desdenhou e, má rival,
Difamou-te tão mesquinha[16].

ela dança

Arme Königin des Spottes,
Mit dem Diadem von Koth,
Bist gerettet jetzt durch Gottes
Ew'ge Güte, du bist todt.

Wie die Mutter, so der Vater
Hat Barmherzigkeit geübt,
Und ich glaube, dieses that er,
Weil auch du so viel geliebt.

[1846-1851]

Ó rainha dos insultos,
Vomitaram em tua coroa,
Mas o Deus dos bons e justos
Te salvou com a morte boa.

Tal a mãe, assim o Pai
Se condói da tua dor;
Creio que decerto O atrai
Quem se deu tanto no amor.

Poemas do tempo
Poemas, 1844 – 1851

MAS QUAL é essa grande tarefa de nosso tempo?

É a emancipação. Não só dos irlandeses, gregos, judeus de Frankfurt, negros das Índias Ocidentais e demais povos oprimidos, mas é a emancipação do mundo inteiro, particularmente da Europa, que ganhou maioridade, e se liberta dos grilhões de ferro dos tutores, da aristocracia. Que alguns renegados filosóficos da liberdade tenham forjado os mais finos elos de corrente para nos provar que milhões de homens foram criados como animais de carga de alguns milhares de cavaleiros privilegiados; ainda assim eles não haverão de nos convencer disso, enquanto não nos mostrarem, como diz Voltaire, que aqueles vieram ao mundo com sela nas costas e estes com esporas nos pés.

Cada tempo tem a sua tarefa, e através de sua realização avança a humanidade. A antiga desigualdade, fundada pelo sistema feudal na Europa, foi talvez necessária, ou condição necessária para o progresso da civilização; agora, porém, ela o atravanca, escandaliza os corações civilizados. Aos franceses, o povo da sociedade, houve necessariamente de exasperar ao máximo essa desigualdade que colide insuportavelmente contra o fundamento social, e eles tentaram contê-la, cortando gentilmente as cabeças daqueles que quiseram se destacar; e a Revolução tornou-se um sinal para a guerra de libertação da humanidade.

Quadros de Viagem, Parte III:
"Viagem de Munique à Gênova", 1830

UMA FILOSOFIA da História: impossível na antiguidade. Somente o tempo de hoje tem materiais para isso: Vico, Herder, Bossuet – Creio que os filósofos ainda terão de esperar 1.000 anos antes que possam comprovar o organismo da história – até lá penso que só isso é presumível: por fundamental considero: a natureza humana e as relações (solo, clima, tradições, guerra, necessidades imprevisíveis e incalculáveis), ambas em seu conflito ou aliança contra o fundo da história, encontram sempre a sua assinatura no espírito, e a ideia, pela qual se deixam representar, age novamente como terceiro sobre elas; isso é fundamentalmente o caso nos nossos dias, também na Idade Média.

* * *

OS MAIS ALTOS rebentos do espírito alemão: filosofia e canção – O tempo acabou, com ele a calma idílica, a Alemanha foi impelida ao movimento – o pensamento não é mais desinteressado, em seu mundo abstrato despenca a crua circunstância – A locomotiva das estradas de ferro estremece nosso sentimento, e assim nenhuma canção consegue alvorecer; a fumaça escorraça o pássaro canoro e o fedor dos lampiões a gás empesteia a perfumosa noite enluarada.

* * *

NÃO COMPREENDEMOS as ruínas antes de nos tornarmos ruínas nós mesmos –

Anotações, 1831–1848.

ESSA CONFISSÃO, de que o futuro pertence aos comunistas, eu a faço no tom de enorme medo e preocupação, e esse tom, ah!, não é nenhuma máscara! De fato, somente com horror e susto é que penso no tempo em que esses iconoclastas escuros irão tomar o poder: com seus punhos brutos hão de arrebentar as estátuas de mármore do meu mundo de arte tão querido, esfacelar todas aquelas fantásticas quinquilharias que os poetas tanto amam; derrubar o meu bosque de louros e plantar batatas no lugar; os lírios que não fiam nem trabalham e, no entanto, estão vestidos tão belos como o Rei Salomão, hão de ser arrancados do solo da sociedade, se não quiserem pegar na roca; os rouxinóis, cantores inúteis, hão de ser afugentados, e o meu *Livro das Canções* será usado, ah!, para embrulhar o café ou o rapé das velhotas do futuro – Ah! tudo isso eu prevejo, e uma tristeza indizível se apodera de mim quando penso no declínio com o qual os meus poemas e toda a velha ordem do mundo estão ameaçados pelos comunistas – E, no entanto, confesso de bom-grado que ele exerce sobre meus sentimentos um feitiço, contra o qual não consigo me defender [...]

Fragmentos para o prefácio de *Lutécia. Relatos sobre Política, Arte e Vida Social*, 1855

SIE KÜßTEN MICH *mit ihren falschen Lippen,*
Sie haben mir kredenzt den Saft der Reben
Und haben mich dabey mit Gift vergeben –
Das thaten mir die Magen und die Sippen.

Es schmilzt das Fleisch von meinen armen Rippen,
Ich kann mich nicht vom Siechbett mehr erheben,
Arglistig stahlen sie mein junges Leben –
Das thaten mir die Magen und die Sippen.

Ich bin ein Christ – wie es im Kirchenbuche
Bescheinigt steht – deßhalb, bevor ich sterbe,
Will ich Euch fromm und brüderlich verzeihen.

Es wird mir sauer – ach! mit meinem Fluche
Möcht ich weit lieber Euch vermaladeyen:
Daß Euch der Herr verdamme und verderbe.

[1844-1845]

Beijaram-me com lábios de serpente [1],
Verteram no meu cálice de vinho
Veneno, sem um pingo de carinho –
A cortesia eu devo a meus parentes.

Tornei-me pele e osso simplesmente,
Não posso mais me levantar sozinho,
Roubaram minha vida no caminho –
A cortesia eu devo a meus parentes.

Eu sou cristão – comprova a certidão
Da igreja – e antes de morrer, eu quero
Vos dar, irmãos, o meu perdão sincero.

Mas, arre! a bílis me subiu – então,
Prefiro encomendar-vos ao Eterno:
Que Deus vos dane e mande para o inferno!

Schloßlegende

Zu Berlin, im alten Schlosse,
Sehen wir, aus Stein gemetzt,
Wie ein Weib mit einem Rosse
Sodomitisch sich ergötzt.

Und es heißt: daß jene Dame
Die erlauchte Mutter ward
Uns'res Fürstenstamms; der Saame
Schlug fürwahr nicht aus der Art.

Ja, fürwahr, sie hatten wenig
Von der menschlichen Natur!
Und an jedem Preußenkönig
Merkte man die Pferdespur.

Das Brutale in der Rede,
Das Gelächter ein Gewiehr,
Stallgedanken, und das öde
Fressen – jeder Zoll ein Thier!

Du allein, du des Geschlechtes
Jüngster Sprößling, fühlst und denkst
Wie ein Mensch, du hast ein ächtes
Christenherz, und bist kein Hengst.

[1844-1845]

Lenda de castelo

Em Berlim, lá no dossel
De um castelo medieval,
Vê-se dama e um corcel
Em satisfação carnal.

Dizem que a dita seria
A ilustríssima senhora
Mãe da nossa dinastia;
E que a porra inda vigora.

Sim, de fato, o traço humano
Nela mal se faz notar!
Num monarca prussiano
Predomina o cavalar.

A conversação grosseira,
Os relinchos na risada,
Raciocínio de cocheira –
Asno em cada polegada!

Tu, ó mais jovem rebento[2],
És o único cristão;
Pelo bom comportamento,
Não serás um garanhão.

Die schlesischen Weber

Im düstern Auge keine Thräne,
Sie sitzen am Webstuhl und fletschen die Zähne:
Altdeutschland wir weben dein Leichentuch,
Wir weben hinein den dreyfachen Fluch –
Wir weben, wir weben!

Ein Fluch dem Gotte, zu dem wir gebeten,
In Winterkälte und Hungersnöthen;
Wir haben vergebens gehofft und geharrt,
Er hat uns geäfft und gefoppt und genarrt –
Wir weben, wir weben!

Ein Fluch dem König, dem König der Reichen,
Den unser Elend nicht konnte erweichen,
Der den letzten Groschen von uns erpreßt,
Und uns wie Hunde erschießen läßt –
Wir weben, wir weben!

Ein Fluch dem falschen Vaterlande,
Wo nur gedeihen Schmach und Schande,
Wo jede Blume früh geknickt,
Und Fäulniß und Moder den Wurm erquickt –
Wir weben, wir weben!

Das Schiffchen fliegt, der Webstuhl kracht,
Wir weben emsig Tag und Nacht –
Altdeutschland, wir weben dein Leichentuch,
Wir weben hinein den dreyfachen Fluch,
Wir weben, wir weben!

[1844-1845]

Os tecelões da Silésia[3]

Não há lágrimas em seus olhares;
Rangem dentes diante dos teares:
Alemanha, nós tecemos tua mortalha,
E tramamos nossa tripla maldição –
Nós tecemos e tramamos!

Maldição ao Deus a quem oramos,
Quando a fome e o frio nos maltratam;
Suplicamos de joelhos sua graça,
Ele tripudia e ri da nossa cara –
Nós tecemos e tramamos!

Maldição ao Rei, rei dos ricaços,
Da miséria faz tão pouco caso;
Nos roubou até o último centavo
Para nos lançar nos braços do carrasco –
Nós tecemos e tramamos!

Maldição à Pátria desamada,
Onde o escárnio e a humilhação se alastram;
Onde a flor que flore é logo estraçalhada;
Onde a podridão seus vermes amealha –
Nós tecemos e tramamos!

Voa a lançadeira no tear,
Noite e dia, trabalhamos sem parar –
Alemanha, nós tecemos tua mortalha,
E tramamos nossa tripla maldição,
Nós tecemos e tramamos!

poemas do tempo

Der Asra

Täglich ging die wunderschöne
Sultanstochter auf und nieder
Um die Abendzeit am Springbrunn,
Wo die weißen Wasser plätschern.

Täglich stand der junge Sklave
Um die Abendzeit am Springbrunn,
Wo die weißen Wasser plätschern;
Täglich ward er bleich und bleicher.

Eines Abends trat die Fürstin
Auf ihn zu mit raschen Worten:
Deinen Namen will ich wissen,
Deine Heimath, deine Sippschaft!

Und der Sklave sprach: ich heiße
Mohamet, ich bin aus Yemmen,
Und mein Stamm sind jene Asra,
Welche sterben wenn sie lieben.

[1846]

O azra [4]

Todo dia, a linda filha
Do sultão faz um passeio,
À tardinha, ao chafariz
Que fervilha de águas claras.

Todo dia, jaz o escravo,
À tarde, no chafariz
Que fervilha; e a sua face
Cada dia está mais clara.

Certo dia, eis que a princesa
O interpela bruscamente:
Diz, escravo, qual teu nome,
Tua terra e tua tribo!

Fala o jovem: eu me chamo
Mohamed, nasci no Iêmen,
Sou um Azra, a quem o amor
É mortífero veneno.

Kleines Volk

In einem Pißpott kam er geschwommen,
Hochzeitlich geputzt, hinab den Rhein.
Und als er nach Rotterdam gekommen,
Da sprach er: "Juffräuken, willst du mich freyn?

Ich führe dich, geliebte Schöne,
Nach meinem Schloß, in's Brautgemach;
Die Wände sind eitel Hobelspäne,
Aus Häkerling besteht das Dach.

Da ist es so puppenniedlich und nette,
Da lebst du wie eine Königinn!
Die Schaale der Wallnuß ist unser Bette,
Von Spinnweb sind die Laken drin.

Ameisen-Eyer gebraten in Butter
Essen wir täglich, auch Würmchengemüs,
Und später erb' ich von meiner Frau Mutter
Drey Nonnenfürzchen, die schmecken so süß.

Ich habe Speck, ich habe Schwarten,
Ich habe Fingerhüte voll Wein,
Auch wächst eine Rübe in meinem Garten,
Du wirst wahrhaftig glücklich seyn!"

Das war ein Locken und ein Werben!
Wohl seufzte die Braut: ach Gott! ach Gott!
Sie war wehmüthig wie zum Sterben –
Doch endlich stieg sie hinab in den Pott.

Sind Christenleute oder Mäuse
Die Helden des Lieds? Ich weiß es nicht mehr.
Im Beverland hört ich die schnurrige Weise,
Es sind nun dreyzig Jahre her.

[1846]

Povinho

Num urinol veio nadando,
Todo arrumado, o Reno acima.
Quando aportou em Roterdã,
Falou: "Vamos casar, menina?

Vou te levar, minha coisinha,
Para o palácio nupcial;
O teto é feito de farinha,
Paredes são raspas de pau.

Nessa casinha de boneca,
Hás de viver como rainha!
A cama eu fiz de casca seca,
Lençóis teceu uma aranhinha.

Eu frito ovinhos de formiga
Para comermos de manhã;
Depois eu vou herdar, querida,
Punzins-de-freira[5] da mamã.

Tenho toucinho e uma pelanca,
Tenho um dedal cheio de vinho,
No meu jardim o nabo avança –
Jamais vai te faltar carinho!"

"Mas que pedido, ai que proposta!
Jesus Menino, como eu fico?!"
A noiva hesita em dar resposta –
"Aceito!" – e pula no pinico.

Serão os heróis dessa epopeia
Ratinhos ou povo cristão?
Em Beveland[6], eis que anotei-a,
E trinta anos lá se vão!

poemas do tempo

Valkyren

Unten Schlacht. Doch oben schossen
Durch die Luft auf Wolkenrossen
Drey Valkyren, und es klang
Schilderklirrend ihr Gesang:

Fürsten hadern, Völker streiten,
Jeder will die Macht erbeuten;
Herrschaft ist das höchste Gut,
Höchste Tugend ist der Muth.

Heisa! vor dem Tod beschützen
Keine stolzen Eisenmützen,
Und das Heldenblut zerrinnt
Und der schlechtre Mann gewinnt.

Lorbeerkränze, Siegesbogen!
Morgen kommt er eingezogen,
Der den Bessern überwand
Und gewonnen Leut' und Land.

Bürgermeister und Senator
Holen ein den Triumphator,
Tragen ihm die Schlüssel vor,
Und der Zug geht durch das Thor.

Hei! da böllert's von den Wällen,
Zinken und Trompeten gellen,
Glockenklang erfüllt die Luft,
Und der Pöbel Vivat! ruft.

Lächelnd stehen auf Balkonen
Schöne Frau'n, und Blumenkronen
Werfen sie dem Sieger zu.
Dieser grüßt mit stolzer Ruh.

[1847]

Valquírias

Guerra embaixo. Lá no céu,
Cada qual no seu corcel,
Três valquírias – estridentes –
Cantam arreganhando os dentes:

Reis altercam, povos lutam;
O poder todos disputam.
Destemor é o grande prêmio.
Dominar é o bem supremo;

Arre! que a couraça dura –
Não demora – a morte fura;
Jorra o sangue dos heróis
Para a glória de um algoz.

Sob os arcos da vitória,
Há de desfilar agora
Quem foi vivo nessa guerra,
Usurpando o povo e a terra.

O prefeito e o vereador
Juntam-se ao conquistador;
Dão-lhe a chave da cidade,
E o cortejo faz alarde.

Urram tiros de canhão!
Vai trompete, vem pistão,
Bate o sino e o povaréu
Grita "Viva!" no escarcéu.

Rindo à toa, a mulherada
Joga flores da sacada.
O caudilho, em troca, acena,
Na soberba mais serena.

Die Engel

Freylich ein ungläub'ger Thomas
Glaub' ich an den Himmel nicht,
Den die Kirchenlehre Romas
Und Jerusalems verspricht.

Doch die Existenz der Engel,
Die bezweifelte ich nie;
Lichtgeschöpfe sonder Mängel,
Hier auf Erden wandeln sie.

Nur, genäd'ge Frau, die Flügel
Sprech' ich jenen Wesen ab;
Engel giebt es ohne Flügel,
Wie ich selbst gesehen hab'.

Lieblich mit den weißen Händen,
Lieblich mit dem schönen Blick
Schützen sie den Menschen, wenden
Von ihm ab das Mißgeschick.

Ihre Huld und ihre Gnaden
Trösten jeden, doch zumeist
Ihn, der doppelt qualbeladen,
Ihn, den man den Dichter heißt.

[1847]

Os anjos [7]

Eu, incrédulo Tomé,
Já não creio na doutrina
Que o rabi e o padre ensinam:
Nesse "céu" não levo fé!

Mas nos anjos acredito,
Dou aqui meu testemunho:
Perambulam pelo mundo,
Impolutos e bonitos.

Só refuto essa bobagem
De anjo aparecer de asinha;
Sei de muitos, Senhorinha,
Desprovidos de penagem.

Com carinho e claridade,
De olho atento nos humanos,
Nos protegem, afastando
O infortúnio e a tempestade.

Amizade tão discreta
Reconforta toda gente,
Tanto mais o duplamente
Judiado, que é o poeta.

poemas do tempo

Morphine

Groß ist die Aehnlichkeit der beiden schönen
Jünglingsgestalten, ob der Eine gleich
Viel blässer als der Andre, auch viel strenger,
Fast möcht ich sagen viel vornehmer aussieht
Als jener Andre, welcher mich vertraulich
In seine Arme schloß – Wie lieblich sanft
War dann sein Lächeln und sein Blick wie selig!
Dann mocht es wohl geschehn, daß seines Hauptes
Mohnblumenkranz auch meine Stirn berührte
Und seltsam duftend allen Schmerz verscheuchte
Aus meiner Seel' – doch solche Linderung
Sie dauert kurze Zeit, genesen gänzlich
Kann ich nur dann, wenn seine Fackel senkt
Der andre Bruder, der so ernst und bleich. –
Gut ist der Schlaf, der Tod ist besser – freylich
Das Beste wäre, nie geboren seyn.

[1851]

Morfina

É grande a semelhança dos semblantes
Das duas jovens, ambas tão bonitas,
Embora esta mais pálida que a outra,
Mais séria, e até diria com feições
Um tanto mais altivas que as daquela
Que me acolheu nos braços – Que sorriso
Mais plácido, e que olhar tão cristalino!
Mas vá de acontecer que ela me toque
A fronte com a tiara de papoulas,
E afaste com incenso tão estranho
As dores da alma – o alívio, todavia,
É breve, e por completo eu só me curo,
Baixasse um outro membro da família,
Que tem o rosto branco e mais sisudo. –
Dormir é bom – morrer, melhor –, contudo,
O que eu prefiro: nunca ter nascido.

Der Apollogott

I

Das Kloster ist hoch auf Felsen gebaut,
Der Rhein vorüberrauschet;
Wohl durch das Gitterfenster schaut
Die junge Nonne und lauschet.

Da fährt ein Schifflein, mährchenhaft
Vom Abendroth beglänzet;
Es ist bewimpelt von buntem Taft,
Von Lorbeern und Blumen bekränzet.

Ein schöner blondgelockter Fant
Steht in des Schiffes Mitte;
Sein goldgesticktes Purpurgewand
Ist von antikem Schnitte.

Zu seinen Füßen liegen da
Neun marmorschöne Weiber;
Die hochgeschürzte Tunika
Umschließt die schlanken Leiber.

Der Goldgelockte lieblich singt
Und spielt dazu die Leyer;
In's Herz der armen Nonne dringt
Das Lied und brennt wie Feuer.

Sie schlägt ein Kreuz, und noch einmal
Schlägt sie ein Kreuz, die Nonne;
Nicht scheucht das Kreuz die süße Qual,
Nicht bannt es die bittre Wonne.

O deus Apolo

I

O convento jaz na ribanceira,
No sopé murmura o rio
Reno; da janela, a jovem freira
Joga olhares no vazio.

Através da tarde, eis que navega
Um saveiro colorido;
No convés ornado ele carrega
Louro, flores e tecido.

Junto ao mastro eleva-se um rapaz
Belo, de cabelo louro;
Corte antigo, a túnica que traz:
Púrpura, bordada a ouro.

Ao redor circulam nove damas
De marmórea formosura;
Fina musselina se esparrama
Pelas suaves curvaturas.

Canta o jovem louro e toca
Lira delicadamente;
Na freirinha a música provoca
Um calor sem precedente.

O sinal da cruz a freira faz:
Um, dois, três sinais da cruz;
O sinal, contudo, é ineficaz
Ao prazer que a dor produz.

II

Ich bin der Gott der Musika,
Verehrt in allen Landen;
Mein Tempel hat in Gräzia
Auf Mont-Parnaß gestanden.

Auf Mont-Parnaß in Gräzia,
Da hab' ich oft gesessen
Am holden Quell Kastalia,
Im Schatten der Cypressen.

Vokalisirend saßen da
Um mich herum die Töchter,
Das sang und klang la-la, la-la!
Geplauder und Gelächter.

Mitunter rief tra-ra, tra-ra!
Ein Waldhorn aus dem Holze;
Dort jagte Artemisia,
Mein Schwesterlein, die Stolze.

Ich weiß es nicht, wie mir geschah:
Ich brauchte nur zu nippen
Vom Wasser der Kastalia,
Da tönten meine Lippen.

Ich sang – und wie von selbst beynah
Die Leyer klang, berauschend;
Mir war, als ob ich Daphne sah,
Aus Lorbeerbüschen lauschend.

Ich sang – und wie Ambrosia
Wohlrüche sich ergossen,
Es war von einer Gloria
Die ganze Welt umflossen.

II

Sou o deus da música, deveras,
Sim, por todos venerado;
A montanha do Parnaso, Grécia,
Era o meu lugar sagrado.

Amiúde ali eu descansava
Em tranquilidade agreste,
Ante a fonte egrégia de Castália,
Sob as sombras de um cipreste.

Minhas filhas cirandando em minha
Volta, todas a cantar
Entre gargalhadas, mexericos,
Entoando trá-lá-lá!

E de vez em quando trá-rá-rá!
Uma trompa de madeira;
Artemísia, minha irmã, caçava
Na floresta, sobranceira.

Eu não sei comigo o que se dava:
Era só provar um pouco
D'água cristalina de Castália,
E meus lábios soavam loucos.

Eu cantava – a lira dedilhava
Por si só, tocando afoita;
Era como se avistasse Dafne
Me escutando atrás da moita.

Eu cantava – e se espalhava logo,
Feito aroma de ambrosia,
Pelo mundo todo a minha glória
Que os sentidos delicia.

Wohl tausend Jahr aus Gräzia
Bin ich verbannt, vertrieben –
Doch ist mein Herz in Gräzia,
In Gräzia geblieben.

III

In der Tracht der Beguinen,
In dem Mantel mit der Kappe
Von der gröbsten schwarzen Serge,
Ist vermummt die junge Nonne.

Hastig längs des Rheines Ufern
Schreitet sie hinab die Landstraß',
Die nach Holland führt, und hastig
Fragt sie jeden, der vorbeykommt:

"Habt Ihr nicht gesehn Apollo?
Einen rothen Mantel trägt er,
Lieblich singt er, spielt die Leyer,
Und er ist mein holder Abgott."

Keiner will ihr Rede stehen,
Mancher dreht ihr stumm den Rücken,
Mancher glotzt sie an und lächelt,
Mancher seufzet: Armes Kind!

Doch des Wegs herangetrottelt
Kommt ein schlottrig alter Mensch,
Fingert in der Luft, wie rechnend,
Näselnd singt er vor sich hin.

Mas da Grécia me expulsaram, há
Um milênio eu fui banido –
Ora, o coração ficou por lá,
Lá na Hélade esquecido.

III

No hábito de uma beguina[8],
Capuz branco, capa preta
De uma sarja bem grosseira,
Emudece a jovem freira.

Ela sai baratinada,
Margeando o rio Reno,
No caminho para Holanda,
Perguntando a toda gente:

"Vistes porventura Apolo?
Numa túnica escarlata;
Canta lindo, toca a lira,
É meu ídolo dourado."

Ninguém quer falar com ela,
Uns até lhe dão as costas,
Outros fazem zombarias,
Alguns dizem: "Pobrezinha!"

Mas na estrada veio um velho
Que no ar movia os dedos
Como se fizesse contas;
E cantava anasalado.

Einen schlappen Quersack trägt er,
Auch ein klein dreyeckig Hütchen;
Und mit schmunzelnd klugen Aeuglein
Hört er an den Spruch der Nonne:

"Habt Ihr nicht gesehn Apollo?
Einen rothen Mantel trägt er,
Lieblich singt er, spielt die Leyer,
Und er ist mein holder Abgott."

Jener aber gab zur Antwort
Während er sein Köpfchen wiegte
Hin und her, und gar possirlich
Zupfte an dem spitzen Bärtchen:

Ob ich ihn gesehen habe?
Ja, ich habe ihn gesehen
Oft genug zu Amsterdam,
In der deutschen Synagoge.

Denn er war Vorsänger dorten,
Und da hieß er Rabbi Faibisch,
Was auf Hochdeutsch heißt Apollo –
Doch mein Abgott ist er nicht.

Rother Mantel? Auch den rothen
Mantel kenn' ich. Echter Scharlach,
Kostet acht Florin die Elle,
Und ist noch nicht ganz bezahlt.

Seinen Vater Moses Jitscher
Kenn' ich gut. Vorhautabschneider
Ist er bey den Portugiesen.
Er beschnitt auch Souveraine.

Com bornal a tiracolo,
Chapéu sujo de três pontas,
Dois olhinhos perspicazes,
Deu ouvidos à freirinha:

"Vistes porventura Apolo?
Numa túnica escarlata;
Canta lindo, toca a lira,
É meu ídolo dourado."

O velhote meneou
A cabeça quatro vezes,
Esticou sua barbicha,
Segurando a gargalhada:

Se avistei o dito cujo?
Sim, o via regular-
Mente lá na sinagoga
Alemã de Amsterdã,

Sei que ali era cantor;
Chama-se Rabi Faibish,
Que significa Apolo,
Mas meu ídolo não é.

A tal túnica escarlata?
Foi tingida com tintura
Cara, oito florins o grama,
Mas ainda não foi paga.

O seu pai, Moisés Jitscher,
Eu conheço muito bem:
É o *mohel* [9] dos portugueses,
Até reis circuncidou.

poemas do tempo

Seine Mutter ist Cousine
Meines Schwagers, und sie handelt
Auf der Gracht mit sauern Gurken
Und mit abgelebten Hosen.

Haben kein Pläsir am Sohne.
Dieser spielt sehr gut die Leyer,
Aber leider noch viel besser
Spielt er oft Tarok und l'Hombre.

Auch ein Freygeist ist er, aß
Schweinefleisch, verlor sein Amt,
Und er zog herum im Lande
Mit geschminkten Comödianten.

In den Buden, auf den Märkten,
Spielte er den Pickelhäring,
Holofernes, König David,
Diesen mit dem besten Beyfall.

Denn des Königs eigne Lieder
Sang er in des Königs eigner
Muttersprache, tremulirend
In des Nigens alter Weise.

Aus dem Amsterdamer Spielhuis
Zog er jüngst etwelche Dirnen,
Und mit diesen Musen zieht er
Jetzt herum als ein Apollo.

Eine dicke ist darunter,
Die vorzüglich quikt und grünzelt;
Ob dem großen Lorbeerkopfputz
Nennt man sie die grüne Sau.

[1851]

Eis que sua mãe é prima
De um cunhado meu e mexe
Com pepinos em conserva
E ceroulas remendadas.

Ambos ele desaponta:
Toca muito bem a lira,
Mas a vida vai tocando
A jogar *tarok* e *l'hombre*[10].

Livre-espírito[11], perdeu
Seu emprego por comer
Porco, e agora perambula
Por aí com saltimbancos.

Nos quiosques e mercados
Representa o Malasartes,
Holofernes, Rei Davi –
Seu papel mais aplaudido,

Já que os salmos do monarca
Em sua própria língua-mãe
Ele entoa, e com a voz
Tremulante do *nigun*[12].

No Teatro de Amsterdã
Contratou várias garotas;
Hoje faz turnê com suas
Musas, no papel de Apolo.

Uma gorda ainda lhe resta,
Que é perita no grunhido;
Por usar louros na testa,
Porca Verde é o apelido.

poemas do tempo

Zwey Ritter

Crapülinski und Waschlapski,
Polen aus der Polackey,
Fochten für die Freyheit, gegen
Moskowiter-Tyranney.

Fochten tapfer und entkamen
Endlich glücklich nach Paris –
Leben bleiben, wie das Sterben
Für das Vaterland, ist süß.

Wie Achilles und Patroklus,
David und sein Jonathan,
Liebten sich die beiden Polen,
Küßten sich: "Kochan! Kochan!"

Keiner je verrieth den Andern,
Blieben Freunde, ehrlich, treu,
Ob sie gleich zwey edle Polen,
Polen aus der Polackey.

Wohnten in derselben Stube,
Schliefen in demselben Bette;
Eine Laus und eine Seele,
Kratzten sie sich um die Wette.

Speisten in derselben Kneipe,
Und da keiner wollte leiden,
Daß der Andre für ihn zahle,
Zahlte Keiner von den Beiden.

Auch dieselbe Henriette
Wäscht für beide edle Polen;
Trällernd kommt sie jeden Monat, –
Um die Wäsche abzuholen.

Dois cavaleiros

Krapulinski e Maukaratski,
Dois polacos da Polônia,
Lutam contra a tirania
De Moscou com acrimônia.

Combateram e escapuliram
Sãos e salvos pra Paris –
Pois tão bom quanto morrer
Pela pátria é ser feliz.

Tal qual Pátroclo e Aquiles,
Alexandre e Hefestião,
Eles são grandes amigos,
Trocam beijos de montão!

Nunca um traiu o outro –
Que amizade mais idônea!
Dois fidalgos poloneses
Que nasceram na Polônia.

Vivem na mesma mansarda,
Dividindo uma coberta;
São deveras unha e carne,
Tanto mais se o frio aperta.

Comem no mesmo boteco;
E porque acham mesquinho
Discutir quem paga a conta,
Vão saindo de fininho.

Quem se ocupa de lavar-lhes
Todo mês a roupa suja
É Henriette; e como canta,
Quando esfrega a dita cuja.

Ja, sie haben wirklich Wäsche,
Jeder hat der Hemden zwey,
Ob sie gleich zwey edle Polen,
Polen aus der Polackey.

Sitzen heute am Kamine,
Wo die Flammen traulich flackern;
Draußen Nacht und Schneegestöber
Und das Rollen von Fiakern.

Eine große Bowle Punsch,
(Es versteht sich, unverzückert,
Unversäuert, unverwässert)
Haben sie bereits geschlückert.

Und von Wehmuth wird beschlichen
Ihr Gemüthe; ihr Gesicht
Wird befeuchtet schon von Zähren,
Und der Crapülinski spricht:

"Hätt' ich doch hier in Paris
Meinen Bärenpelz, den lieben
Schlafrock und die Katzfell-Nachtmütz,
Die im Vaterland geblieben!"

Ihm erwiederte Waschlapski:
"O du bist ein treuer Schlachzitz,
Denkest immer an der Heimath
Bärenpelz und Katzfell-Nachtmütz.

Polen ist noch nicht verloren,
Unsre Weiber, sie gebären,
Unsre Jungfrau'n thun dasselbe,
Werden Helden uns bescheren,

Sim, os dois têm muitos trajes,
Um pra cada cerimônia –
Duas calças e camisas
Que trouxeram da Polônia.

Sentam diante da lareira
Que tempera o frio acre;
Na noite nevada ecoam
As lamúrias de um fiacre.

Uma bacia de ponche
(Sem açúcar, *nota bene*,
Nem um pingo d'água ou suco)
Já se evaporou infrene.

Mas a angústia lhes aflige –
A saudade é uma tormenta,
Sacudindo um mar de lágrimas;
Krapulinski então comenta:

"Ah, quem dera recobrasse
Em Paris as minhas peles
De urso e o meu camisolão –
Como sinto a falta deles!"

Respondeu-lhe Maukaratski:
"Ó patriota aristocrata,
A recordação das coisas
Lá da pátria te maltrata.

Mas nem tudo está perdido,
As esposas nos dão cria
(Nossas virgens, igualmente) –
Novo herói se prenuncia,

Helden, wie der Held Sobieski,
Wie Schelmufski und Uminski,
Eskrokewitsch, Schubiakski,
Und der große Eselinski."

[1851]

Um herói tal Sobieski [13],
Jan Nepomucen Uminski [14],
Pilantrowski, Escrokewitsch
E o valente Jumentinski."

König David

Lächelnd scheidet der Despot,
Denn er weiß, nach seinem Tod
Wechselt Willkür nur die Hände,
Und die Knechtschaft hat kein Ende.

Armes Volk! wie Pferd' und Farrn
Bleibt es angeschirrt am Karrn,
Und der Nacken wird gebrochen,
Der sich nicht bequemt den Jochen.

Sterbend spricht zu Salomo
König David: A propos,
Daß ich Joab dir empfehle,
Einen meiner Generäle.

Dieser tapfre General
Ist seit Jahren mir fatal,
Doch ich wagte den Verhaßten
Niemals ernstlich anzutasten.

Du, mein Sohn, bist fromm und klug,
Gottesfürchtig, stark genug,
Und es wird dir leicht gelingen,
Jenen Joab umzubringen.

[1851]

Rei Davi

Déspota – da vida se despede
Rindo, pois bem sabe o que sucede:
O desmando vai trocar de mão,
Não acaba nunca a servidão.

Pobre povo! Sofre na cangalha,
Feito um boi de carga ele trabalha;
E ligeiro quebram-lhe a coluna
Quando ao jugo não se coaduna.

Moribundo, o Rei Davi requer
Salomão, e diz: "De boa-fé,
Vou recomendar-te um general,
Homem de coragem sem igual.

Chama-se Joab, e há muito vem
Provocando-me; jamais, porém,
Me atrevi tocar em um só fio
De sua cabeça, amado filho.

Visto que és tão sábio e piedoso,
E temente a Deus e poderoso,
Hás de achar o jeito apropriado
De dar cabo daquele enjoado".

Jetzt wohin?

Jetzt wohin? Der dumme Fuß
Will mich gern nach Deutschland tragen;
Doch es schüttelt klug das Haupt
Mein Verstand und scheint zu sagen:

Zwar beendigt ist der Krieg,
Doch die Kriegsgerichte blieben,
Und es heißt, du habest einst
Viel Erschießliches geschrieben.

Das ist wahr, unangenehm
Wär' mir das Erschossen-werden;
Bin kein Held, es fehlen mir
Die pathetischen Geberden.

Gern würd' ich nach England geh'n,
Wären dort nicht Kohlendämpfe
Und Engländer – schon ihr Duft
Giebt Erbrechen mir und Krämpfe.

Manchmal kommt mir in den Sinn
Nach Amerika zu segeln,
Nach dem großen Freyheitstall,
Der bewohnt von Gleichheits-Flegeln –

Doch es ängstet mich ein Land,
Wo die Menschen Tabak käuen,
Wo sie ohne König kegeln,
Wo sie ohne Spucknapf speyen.

Rußland, dieses schöne Reich,
Würde mir vielleicht behagen,
Doch im Winter könnte ich
Dort die Knute nicht ertragen.

Agora aonde?

Agora aonde? O pé imbecil
Quer me levar para Alemanha;
Minha razão torce o nariz,
Contrargumenta de artimanha:

De fato a guerra se acabou,
Mas não as cortes marciais,
E aquilo que escreveste outrora,
Dizem, não vão deixar-te em paz.

Isso é verdade – e não me atrai
Ser fuzilado, que ao destino
De herói não fui gabaritado:
Faltou-me o fogo no intestino.

À Grã-Bretanha de bom grado
Até que iria, se a fuligem
Escura e ingleses suportasse –
O odor me enoja e dá vertigem.

Me passa às vezes na cabeça
Migrar pra América do Norte,
O estábulo da liberdade,
E dos caubóis da boa sorte.

Mas tenho medo de uma gente
Que gosta de mascar tabaco,
Que cospe sem escarradeira
E se diverte sem monarca.

Talvez no lindo Império Russo
Encontre enfim minha morada;
Mas creio que eu não me acostumo
Com o inverno: o frio é uma chibata!

poemas do tempo

Traurig schau ich in die Höh',
Wo viel tausend Sterne nicken –
Aber meinen eignen Stern
Kann ich nirgends dort erblicken.

Hat im güldnen Labyrinth
Sich vielleicht verirrt am Himmel,
Wie ich selber mich verirrt
In dem irdischen Getümmel. –

[1851]

Entristecido olho pra cima –
Acena-me um montão de estrelas;
Contudo eu não encontro a minha,
Em canto algum consigo vê-la.

Terá no argênteo labirinto
Perdido o rumo feito eu.
Que neste mundo me ressinto
De nunca ter achado o meu? –

Der Mohrenkönig

In's Exil der Alpuxarren
Zog der junge Mohrenkönig;
Schweigsam und das Herz voll Kummer
Ritt er an des Zuges Spitze.

Hinter ihm auf hohen Zeltern
Oder auch in güldnen Sänften
Saßen seines Hauses Frauen;
Schwarze Mägde trägt das Maulthier.

Hundert treue Diener folgen
Auf arabisch edlen Rappen;
Stolze Gäule, doch die Reiter
Hängen schlottrig in den Sätteln.

Keine Zymbel, keine Pauke,
Kein Gesangeslaut ertönte;
Nur des Maulthiers Silberglöckchen
Wimmern schmerzlich in der Stille.

Auf der Höhe, wo der Blick
In's Duero-Thal hinabschweift,
Und die Zinnen von Granada
Sichtbar sind zum letzten Male:

Dorten stieg vom Pferd der König
Und betrachtete die Stadt,
Die im Abendlichte glänzte,
Wie geschmückt mit Gold und Purpur.

Aber, Allah! Welch ein Anblick!
Statt des vielgeliebten Halbmonds,
Prangen Spaniens Kreuz und Fahnen
Auf den Thürmen der Alhambra.

O rei mouro

Às montanhas de Alpujarra[15]
Vai o jovem rei mourisco,
Conduzindo, acabrunhado,
Para o exílio a caravana.

As mulheres vão atrás
No imponente palafrém
Ou num palanquim dourado;
Mulas trazem suas negras.

Cem fidalgos acompanham
Em cavalos puro-sangue;
Besta altiva, mas no dorso
Quem subiu vai cabisbaixo.

Não tem címbalo ou tambor,
Cantorias não se escutam;
Só os guizos de uma mula
Tilintando no vazio.

Lá no alto, onde se vê
Serpentear o rio Darro,
Onde os muros de Granada
Dão o derradeiro adeus:

No local o rei apeia
Do corcel pra contemplar
A cidade que cintila
Entre os roxos e dourados.

Ah, Alah, que panorama!
Ao invés da amada lua,
São as cruzes de Castela
Que tremulam em Alhambra[16].

poemas do tempo

Ach, bey diesem Anblick brachen
Aus des Königs Brust die Seufzer,
Thränen überströmten plötzlich
Wie ein Sturzbach seine Wangen.

Düster von dem hohen Zelter
Schaut herab des Königs Mutter,
Schaut auf ihres Sohnes Jammer
Und sie schalt ihn stolz und bitter.

"Boabdil el Chico," sprach sie,
"Wie ein Weib beweinst du jetzo
Jene Stadt, die du nicht wußtest
Zu vertheid'gen wie ein Mann."

Als des Königs liebste Kebsin
Solche harte Rede hörte,
Stürzte sie aus ihrer Sänfte
Und umhalste den Gebieter.

"Boabdil el Chico," sprach sie,
"Tröste dich, mein Heißgeliebter,
Aus dem Abgrund deines Elends
Blüht hervor ein schöner Lorbeer.

Nicht allein der Triumphator,
Nicht allein der sieggekrönte
Günstling jener blinden Göttin,
Auch der blut'ge Sohn des Unglücks,

Auch der heldenmüth'ge Kämpfer,
Der dem ungeheuren Schicksal
Unterlag, wird ewig leben
In der Menschen Angedenken."

Sobem rápido os soluços
À garganta do monarca;
E de súbito um riacho
Desce a face alcantilada.

A progenitora amarga
Olha o filho com desdém,
E orgulhosa vitupera,
Do imponente palafrém.

Ela diz: "Boabdil el Chico[17],
Choras feito uma mulher
Por algo que como homem
Não soubeste defender".

Ante a fala tão severa
Da anciã, a favorita
Sai do palanquim dourado
E se abraça ao jovem rei.

Ela diz: "Boabdil el Chico,
Alegra-te, amado meu,
Que no abismo da desgraça
Já verdeja o teu laurel.

Não somente o coroado
De vitórias, triunfante,
Protegido por aquela
Deusa cega, é que obtém

Glória, mas também o filho
Do infortúnio, derrubado
Pela sorte, sobrevive
Para sempre na memória".

"Berg des letzten Mohrenseufzers"
Heißt bis auf den heut'gen Tag
Jene Höhe, wo der König
Sah zum letzten Mal Granada.

Lieblich hat die Zeit erfüllet,
Seiner Liebsten Prophezeyung,
Und des Mohrenkönigs Name
Ward verherrlicht und gefeyert.

Nimmer wird sein Ruhm verhallen,
Ehe nicht die letzte Saite
Schnarrend losspringt von der letzten
Andalusischen Guitarre.

[1851]

Como "O Último Suspiro
Do Mouro" é denominada
A colina onde o guerreiro
Despediu-se de Granada.

Eis que o tempo tão amavel-
Mente cumpre a profecia
De quem muito amou, e o rei
Foi coberto de honraria.

Seu renome só irá
Se calar na Andaluzia,
Quando a corda da *guitarra*
Derradeira arrebentar.

Auto da fé
Poemas, 1851 – 1853

FALEI SOBRE O DEUS dos panteístas, mas não posso deixar de observar que ele, no fundo, não é nenhum Deus, e que os panteístas na verdade não passam de ateus envergonhados, que temem menos a coisa do que a sombra que ela projeta na parede, do que o nome. Também na Alemanha, durante o período da Restauração, a maior parte encenou com o bom Deus a comédia de quinze anos que aqui na França os monarquistas constitucionais, na maioria republicanos de coração, encenaram com a realeza. Depois da Revolução de Julho, deixaram cair, tanto deste como do outro lado do Reno, as máscaras. Desde então, especialmente depois da queda de Luís Felipe, o melhor monarca que já usou a coroa de espinhos constitucional, forma-se aqui na França a opinião: a de que só duas formas de governo, a monarquia absolutista e a república, suportam a crítica da razão ou da experiência; que se deve escolher uma delas; que toda a mixórdia que há entre as duas é falsa, insustentável e funesta. Do mesmo modo surgiu a concepção na Alemanha de que se deve escolher entre religião e filosofia, entre o dogma revelado da crença e a última consequência da razão, entre o absoluto Deus da *Bíblia* e o ateísmo.

Quanto mais decididos são os temperamentos, mais facilmente se tornam vítimas de tais dilemas. No que me toca, não posso me gabar de nenhum progresso excepcional na política; aferro-me nos mesmos princípios democráticos que desde cedo cultuei em minha juventude e pelos quais ainda me inflamo. Na teologia, contudo, devo culpar-me de retrocesso, uma vez que volvi, como já confessei acima, à velha superstição, ao Deus pessoal. Isso não dá para escamotear, como vários de meus ilustrados e bem-intencionados amigos tentaram. Mas devo refutar expressamente o boato de que meus passos para trás teriam me conduzido à soleira de alguma igreja ou até ao seu regaço. Não, minhas convicções e opiniões religiosas permanecem livres de qualquer igrejismo; nenhum repique de sino me seduziu, nenhuma vela de altar me cegou. Não brinquei com nenhum simbolismo nem abjurei a minha razão por completo. Não reneguei nada, nem sequer meus velhos deuses pagãos, dos quais me afastei decerto, mas separando-me com amor e amizade. Foi em maio de 1848, no dia em que saí pela última vez, que me despedi dos meus ídolos benévolos, aos quais orava nos tempos da minha felicidade. Só com esforço arrastei-me até o Louvre, onde quase colapsei por completo, ao entrar na sala onde a bem-aventurada Deusa da Beleza, Nossa Amável Senhora de Milo, ergue-se do seu pedestal.

Aos seus pés, fiquei estirado longamente, e chorava com tanta força que até uma pedra haveria de se apiedar. A Deusa também olhava-me compassiva e, no entanto, desolada, como se quisesse dizer: não vês que não tenho braços e por isso não posso te ajudar? [...]

Do posfácio de *Romanzero*, 1851

DAS GLÜCK *ist eine leichte Dirne*
Und weilt nicht gern am selben Ort;
Sie streicht das Haar dir von der Stirne
Und küßt dich rasch und flattert fort.

Frau Unglück hat im Gegentheile
Dich liebefest an's Herz gedrückt;
Sie sagt, sie habe keine Eile,
Setzt sich zu dir an's Bett und strickt.

[1851]

A SORTE é uma mulher vadia,
Que não se aquieta no lugar;
Te beija, abraça, acaricia,
Desaparece num piscar.

Senhora Azar é toda amor,
Te prende firme ao coração;
Diz não ter pressa e faz tricô,
Esparramada em teu colchão.

Weltlauf

Hat man viel, so wird man bald
Noch viel mehr dazu bekommen.
Wer nur wenig hat, dem wird
Auch das Wenige genommen.

Wenn du aber gar nichts hast,
Ach, so lasse dich begraben –
Denn ein Recht zum Leben, Lump,
Haben nur die etwas haben.

[1851]

Curso do mundo

Quem tem muito, logo, logo,
Muito mais vai ter ainda.
Quem tem pouco, até o pouco
Perde e fica na berlinda.

Se não tens onde cair,
Vai, proleta, te enterrar!
Nesta vida, só quem tem –
Tem direito de ficar.

Lumpenthum

Die reichen Leute, die gewinnt
Man nur durch platte Schmeicheleyn –
Das Geld ist platt, mein liebes Kind,
Und will auch platt geschmeichelt seyn.

Das Weihrauchfaß, das schwinge keck
Vor jedem göttlich goldnen Kalb;
Bet' an im Staub, bet' an im Dreck,
Vor allem aber lob' nicht halb.

Das Brod ist theuer dieses Jahr,
Jedoch die schönsten Worte hat
Man noch umsonst – Besinge gar
Mäcenas Hund, und friß dich satt!

[1851]

Miserê

Gente rica a gente só agrada
Com lisonja rala e bem barata –
Mora nas alturas o dinheiro,
Mas adora adulador rasteiro.

Queima o teu incenso com ardor
Ao bezerro que reluz no andor;
Reza na poeira ou na sujeira,
Faz as tuas loas de alma inteira.

O preço do pão subiu e muito,
Mas abrir a boca inda é gratuito –
Canta, pois, o cão de algum mecenas
Para te entupir de guloseimas!

Auto-da-fé

Welke Veilchen, stäub'ge Locken,
Ein verblichen blaues Band,
Halb zerrissene Billette,
Längst vergessner Herzenstand –

In die Flammen des Kamines
Werf' ich sie verdross'nen Blicks;
Aengstlich knistern diese Trümmer
Meines Glücks und Mißgeschicks.

Liebesschwüre, flatterhafte
Falsche Eide, in den Schlot
Fliegen sie hinauf – es kichert
Unsichtbar der kleine Gott.

Bey den Flammen des Kamines
Sitz' ich träumend, und ich seh'
Wie die Fünkchen in der Asche
Still verglühn – Gut' Nacht – Ade!

[1851]

Auto da fé

Flores secas, uma mecha
De cabelo empoeirado,
A carta rasgada ao meio,
Laço azul e desbotado,

Meus olhares ressentidos –
Lanço na lareira acesa;
E crepitam as ruínas
De alegrias e tristezas.

Juras falsas e promessas
Não cumpridas vão subindo
Pela coifa – ri o deus
Invisível e franzino.

Ante as chamas da lareira,
Envolvido em sonhos, eu
Vejo o que na cinza ainda
Brilha – boa noite – adeus!

Wiedersehen

Die Geisblattlaube – Ein Sommerabend –
Wir saßen wieder wie ehmals am Fenster –
Der Mond ging auf, belebend und labend –
Wir aber waren wie zwey Gespenster.

Zwölf Jahre schwanden, seitdem wir beysammen
Zum letztenmale hier gesessen;
Die zärtlichen Gluthen, die großen Flammen,
Sie waren erloschen unterdessen.

Einsilbig saß ich. Die Plaudertasche,
Das Weib hingegen schürte beständig
Herum in der alten Liebesasche.
Jedoch kein Fünkchen ward wieder lebendig.

Und sie erzählte: wie sie die bösen
Gedanken bekämpft, eine lange Geschichte,
Wie wackelig schon ihre Tugend gewesen –
Ich machte dazu ein dummes Gesichte.

Als ich nach Hause ritt, da liefen
Die Bäume vorbey in der Mondenhelle,
Wie Geister. Wehmüthige Stimmen riefen –
Doch ich und die Todten, wir ritten schnelle.

[1851]

Rever

A madressilva – Noite de verão –
Sentados à janela como antes –
A lua vívida, revigorante –
A gente parecia assombração.

São doze anos desde aquele encontro
Nosso, neste mesmíssimo local;
Da brasa calma e labaredas altas,
Nem sombra de fumaça: é fogo morto.

Eu lá, monossilábico. A madama,
Tagarelando pelos cotovelos,
Moía e revolvia assuntos velhos –
Porém faísca alguma virou chama.

Contou-me como havia conseguido
Vencer as tentações da juventude,
O quanto balançou sua virtude –
Ouvi com cara de desentendido.

Na volta, cavalgando pelo breu,
Vi árvores velozes ao luar,
Feito fantasmas. Vozes a chamar –
Chispamos a galope – os mortos e eu.

Der Abgekühlte

Und ist man todt, so muß man lang
Im Grabe liegen; ich bin bang,
Ja, ich bin bang, das Auferstehen
Wird nicht so schnell von statten gehen.

Noch einmal, eh' mein Lebenslicht
Erlöschet, eh' mein Herze bricht –
Noch einmal möcht' ich vor dem Sterben
Um Frauenhuld beseligt werben.

Und eine Blonde müßt' es seyn,
Mit Augen sanft wie Mondenschein –
Denn schlecht bekommen mir am Ende
Die wild brünetten Sonnenbrände.

Das junge Volk voll Lebenskraft
Will den Tumult der Leidenschaft,
Das ist ein Rasen, Schwören, Poltern
Und wechselseit'ges Seelenfoltern!

Unjung und nicht mehr ganz gesund,
Wie ich es bin zu dieser Stund,
Möcht' ich noch einmal lieben, schwärmen
Und glücklich seyn – doch ohne Lärmen.

[1851]

O apagado

A gente morre e cai no tédio
De um túmulo, no cemitério;
Aflige-me a preocupação –
Demora a tal ressurreição?

Mais uma vez, antes que o breu
Engula o que a vida me deu –
Mais uma vez, o que mais quer
Este meu corpo é uma mulher.

Deve ser loira, de olho azul,
Linda e suave como a luz
Da lua – só a duras penas
Aguento o sol dessas morenas.

Jovens que fazem a iniciação
Aspiram ao fogo da paixão –
Clamor, promessas e feridas
De uma tortura consentida!

Hoje, carente de saúde,
Dizendo adeus à juventude,
No amor um último mergulho
Desejo dar – mas sem barulho.

Gedächtnißfeyer

Keine Messe wird man singen,
Keinen Kadosch wird man sagen,
Nichts gesagt und nichts gesungen
Wird an meinen Sterbetagen.

Doch vielleicht an solchem Tage,
Wenn das Wetter schön und milde,
Geht spazieren auf Montmartre
Mit Paulinen Frau Mathilde.

Mit dem Kranz von Immortellen
Kommt sie mir das Grab zu schmücken,
Und sie seufzet: Pauvre homme!
Feuchte Wehmuth in den Blicken.

Leider wohn' ich viel zu hoch,
Und ich habe meiner Süßen
Keinen Stuhl hier anzubieten;
Ach! sie schwankt mit müden Füßen.

Süßes, dickes Kind, du darfst
Nicht zu Fuß nach Hause gehen;
An dem Barrière-Gitter
Siehst du die Fiaker stehen.

[1851]

Efeméride

Missa alguma irão cantar,
Nem *Kadisch*[2] irão dizer,
Nada dito e nem cantado
Para mim, quando eu morrer.

Mas quem sabe não se anime
A Mathilde a um passeio
a Montmartre com Pauline[3],
Não fazendo tempo feio.

Com a coroa de flores
Ela enfeita a minha lápide,
E suspira: *pauvre homme!*[4]
Segurando suas lágrimas.

Como eu moro muito alto
E não tenho nem cadeira,
Seu pezinho está inchado
E lhe dá uma canseira!

Meu chuchu, creio que não
Deves regressar a pé;
Lá pertinho do portão,
Pegas um cabriolé.

Verlorene Wünsche

Von der Gleichheit der Gemüthsart
Wechselseitig angezogen
Waren wir einander immer
Mehr als uns bewußt gewogen.

Beide ehrlich und bescheiden,
Konnten wir uns leicht verstehen;
Worte waren überflüssig,
Brauchten uns nur anzusehen.

O wie sehnlich wünscht' ich immer,
Daß ich bey dir bleiben könnte
Als der tapfre Waffenbruder
Eines dolce far niènte.

Ja, mein liebster Wunsch war immer,
Daß ich immer bey dir bliebe!
Alles war dir wohlgefiele,
Alles thät ich dir zu Liebe.

Würde essen was dir schmeckte
Und die Schüssel gleich entfernen,
Die dir nicht behagt. Ich würde
Auch Cigarren rauchen lernen.

Manche polnische Geschichte,
Die dein Lachen immer weckte,
Wollt' ich wieder dir erzählen
In Judäas Dialekte.

Ja, ich wollte zu dir kommen,
Nicht mehr in der Fremde schwärmen –
An dem Herde deines Glückes
Wollt' ich meine Kniee wärmen. – –

Desejos perdidos

Pelos traços inequívocos
De um igual temperamento,
Nossos corpos se atraíam,
Mesmo sem consentimento.

Nosso tão modesto amor
De palavras prescindia;
Era um olhar pro outro,
Logo a gente se entendia.

Que saudades que me dá!
Viveria assim pra sempre,
Minha brava irmã de armas,
No mais *dolce far niente*!

É verdade, eu sempre quis
O aconchego do teu leito!
Para te fazer feliz,
O que eu não teria feito!

Comeria o que te apraz,
E do que não te apetece
Me livrava. Até cigarro
Fumaria, se quisesses.

Historinhas de polaco
Que escancaram o riso teu,
Toda noite eu te contava
No dialeto dos judeus.

Estou farto do estrangeiro –
Dá-me asilo imediato!
Vê se aquece meus joelhos
Na lareira do teu quarto. – –

Goldne Wünsche! Seifenblasen!
Sie zerrinnen wie mein Leben –
Ach, ich liege jetzt am Boden,
Kann mich nimmermehr erheben.

Und Ade! sie sind zerronnen,
Goldne Wünsche, süßes Hoffen!
Ach, zu tödtlich war der Faustschlag,
Der mich just in's Herz getroffen.

[1851]

Meus desejos brilham ouro!
Mas são bolhas de sabão –
Feito a vida se me foram,
E eu caído aqui no chão!

Digo adeus! Eles se foram,
Meus desejos: tudo em vão!
Foi mortal o duro golpe
Que atingiu meu coração.

Frau Sorge

In meines Glückes Sonnenglanz,
Da gaukelte fröhlich der Mückentanz.
Die lieben Freunde liebten mich
Und theilten mit mir brüderlich
Wohl meinen besten Braten
Und meinen letzten Dukaten.

Das Glück ist fort, der Beutel leer,
Und hab' auch keine Freunde mehr;
Erloschen ist der Sonnenglanz,
Zerstoben ist der Mückentanz,
Die Freunde, so wie die Mücke,
Verschwinden mit dem Glücke.

An meinem Bett in der Winternacht
Als Wärterin die Sorge wacht.
Sie trägt eine weiße Unterjack',
Ein schwarzes Mützchen, und schnupft Tabak.
Die Dose knarrt so gräßlich,
Die Alte nickt so häßlich.

Mir träumt manchmal, gekommen sey
Zurück das Glück und der junge May
Und die Freundschaft und der Mückenschwarm –
Da knarrt die Dose – daß Gott erbarm,
Es platzt die Seifenblase –
Die Alte schneuzt die Nase.

[1851]

Dona Preocupação

Brilhando o Sol-Felicidade,
As moscas dançam à vontade.
Os meus amigos me elogiam,
Com eles sempre compartilho
A carne boa do churrasco
E até meu último centavo.

Sumiu a sorte e o meu dinheiro
Vai com o amigo derradeiro;
Na escuridão, a moscaria
Não dança mais com alegria;
Foram-se as moscas e amizades
De braços com a felicidade.

Nas noites sem calefação,
Visita-me a Preocupação.
Vestindo branco e de boné
Preto, ela aspira seu rapé.
A lata se abre esganiçante,
A velha funga a cada instante.

Às vezes sonho que eles voltam:
Minha felicidade e o sol,
A moscaria e as amizades –
A lata range – Deus me guarde!
A bolha de sabão rebenta –
A velha rosna a sua venta.

An die Engel

Das ist der böse Thanatos,
Er kommt auf einem fahlen Roß;
Ich hör' den Hufschlag, hör' den Trab,
Der dunkle Reiter holt mich ab –
Er reißt mich fort, Mathilden soll ich lassen,
O, den Gedanken kann mein Herz nicht fassen!

Sie war mir Weib und Kind zugleich,
Und geh' ich in das Schattenreich,
Wird Wittwe sie und Waise seyn!
Ich lass' in dieser Welt allein
Das Weib, das Kind das, trauend meinem Muthe,
Sorglos und treu an meinem Herzen ruhte.

Ihr Engel in den Himmelshöhn,
Vernehmt mein Schluchzen und mein Flehn;
Beschützt, wenn ich im öden Grab,
Das Weib, das ich geliebet hab';
Seyd Schild und Vögte Eurem Ebenbilde,
Beschützt, beschirmt mein armes Kind, Mathilde.

Bey allen Thränen, die Ihr je
Geweint um unser Menschenweh,
Beim Wort, das nur der Priester kennt
Und niemals ohne Schauder nennt,
Bey Eurer eignen Schönheit, Huld und Milde,
Beschwör' ich Euch, Ihr Engel, schützt Mathilde.

[1851]

Aos anjos

É Tânatos que vem cruel,
Montado em pálido corcel;
Ouço o tropel da ferradura –
Eis que o ginete me segura
E quer tirar-me de Mathilde;
Meu coração não acredita!

Era uma filha, uma mulher,
E quando a morte me vier,
Órfã e viúva irá ficar!
Ai, neste mundo eu vou deixar
Mulher e filha que de mim
Cuidou fiel até o fim.

Ouvi, anjos do firmamento,
A minha súplica e lamento;
Olhai, quando estiver sepulto,
A quem amei mais do que tudo;
E sede o escudo da criança,
Criada à vossa semelhança.

Por cada lágrima que nós
Já merecemos de um de vós;
Pelas palavras que profere
O cônego no *miserere*;
Por vosso amor, beleza e graça:
Livrai Mathilde da desgraça!

Sie erlischt

Der Vorhang fällt, das Stück ist aus,
Und Herrn und Damen gehn nach Haus.
Ob ihnen auch das Stück gefallen?
Ich glaub' ich hörte Beyfall schallen.
Ein hochverehrtes Publikum
Beklatschte dankbar seinen Dichter.
Jetzt aber ist das Haus so stumm,
Und sind verschwunden Lust und Lichter.

Doch horch! ein schollernd schnöder Klang
Ertönt unfern der öden Bühne; –
Vielleicht daß eine Saite sprang
An einer alten Violine.
Verdrießlich rascheln im Parterr'
Etwelche Ratten hin und her,
Und Alles riecht nach ranz'gem Oehle.
Die letzte Lampe ächzt und zischt
Verzweiflungsvoll und sie erlischt.
Das arme Licht war meine Seele.

[1851]

Ela expira

Desce a cortina, a peça acaba
E todo mundo vai pra casa.
A encenação te satisfez?
O aplauso ouvi mais de uma vez.
Eis que a plateia mais seleta
Louva de pé o seu poeta.
Agora a sala emudeceu
E a diversão se foi no breu.

Mas ouve só! Sob o tablado
Ecoa um som esganiçado; –
Será que apodreceu o velho
Cordame de algum violoncelo?
Em cada canto corre um rato
Nos bastidores do teatro.
Óleo rançoso cheira mal.
A derradeira lamparina
Treme desperada, e finda.
A pobre luz era minh'alma.

Vermächtniß

Nun mein Leben geht zu End',
Mach' ich auch mein Testament;
Christlich will ich drin bedenken
Meine Feinde mit Geschenken.

Diese würd'gen, tugendfesten
Widersacher sollen erben
All mein Siechthum und Verderben,
Meine sämmtlichen Gebresten.

Ich vermach' Euch die Coliken,
Die den Bauch wie Zangen zwicken,
Harnbeschwerden, die perfiden
Preußischen Hämorrhoiden.

Meine Krämpfe sollt Ihr haben,
Speichelfluß und Gliederzucken,
Knochendarre in dem Rucken,
Lauter schöne Gottesgaben.

Codizill zu dem Vermächtniß:
In Vergessenheit versenken
Soll der Herr Eu'r Angedenken,
Er vertilge Eu'r Gedächtniß.

[1851]

Legado

A minha vida chega ao fim,
Escrevo pois meu testamento;
Cristão, eu lego aos inimigos
Dádivas de agradecimento.

Aos meus fiéis opositores
Eu deixo as pragas e doenças,
A minha coleção de dores,
Moléstias e deficiências.

Recebam ainda aquela cólica,
Mordendo feito uma torquês,
Pedras no rim e as hemorroidas,
Que inflamam no final do mês.

As minhas cãimbras e gastrite,
Hérnias de disco e convulsões –
Darei de herança tudo aquilo
Que usufruí em diversões.

Adendo à última vontade:
Que Deus caído em esquecimento
Lembre de vós e vos apague
Toda a memória e sentimento.

Prinzessin Sabbath

In Arabiens Mährchenbuche
Sehen wir verwünschte Prinzen,
Die zu Zeiten ihre schöne
Urgestalt zurückgewinnen:

Das behaarte Ungeheuer
Ist ein Königsohn geworden;
Schmuckreich glänzend angekleidet,
Auch verliebt die Flöte blasend.

Doch die Zauberfrist zerrinnt,
Und wir schauen plötzlich wieder
Seine königliche Hoheit
In ein Ungethüm verzottelt.

Einen Prinzen solchen Schicksals
Singt mein Lied. Er ist geheißen
Israel. Ihn hat verwandelt
Hexenspruch in einen Hund.

Hund mit hündischen Gedanken,
Kötert er die ganze Woche
Durch des Lebens Koth und Kehricht,
Gassenbuben zum Gespötte.

Aber jeden Freytag Abend,
In der Dämmrungstunde, plötzlich
Weicht der Zauber, und der Hund
Wird aufs Neu' ein menschlich Wesen.

Mensch mit menschlichen Gefühlen,
Mit erhobnem Haupt und Herzen,
Festlich, reinlich schier gekleidet,
Tritt er in des Vaters Halle.

Princesa Schabat [5]

Vê-se em fábulas da Arábia
Certo príncipe encantado
Retomar a bela forma
Que o feitiço lhe roubara:

Eis que o monstro cabeludo
Volta a ser filho do rei;
Bem-vestido, deslumbrante,
Toca flauta, apaixonado.

Mas a mágica tem prazo,
E assistimos, de repente,
Sua alteza reassumir
A monstruosidade antiga.

Príncipe de sina igual
É o herói desta canção:
Israel, que a bruxa má
Metamorfoseou em cão.

Cão de ideias vira-latas,
Perambula na sarjeta
Das ruelas, para ser
Molestado por moleques.

Mas na sexta-feira à tarde,
Nos minutos do crepúsculo,
Cai o encanto, e aquele cão
Recupera a humanidade.

Homem de emoções humanas,
Coração, cabeça erguidos,
Em traje festivo adentra
A morada de seu pai.

"Sey gegrüßt, geliebte Halle
Meines königlichen Vaters!
Zelte Jakobs, Eure heil'gen
Eingangspfosten küßt mein Mund!"

Durch das Haus geheimnißvoll
Zieht ein Wispern und ein Weben,
Und der unsichtbare Hausherr
Athmet schaurig in der Stille.

Stille! Nur der Seneschall,
(Vulgo Synagogendiener)
Springt geschäftig auf und nieder,
Um die Lampen anzuzünden.

Trostverheißend goldne Lichter,
Wie sie glänzen, wie sie glimmern!
Stolz aufflackern auch die Kerzen
Auf der Brüstung des Almemors.

Vor dem Schreine, der die Thora
Aufbewahret und verhängt ist
Mit der kostbar seidnen Decke,
Die von Edelsteinen funkelt –

Dort an seinem Betpultständer
Steht schon der Gemeindesänger;
Schmuckes Männchen, das sein schwarzes
Mäntelchen kokett geachselt.

Um die weiße Hand zu zeigen,
Haspelt er am Halse, seltsam
An die Schläf' den Zeigefinger,
An die Kehl' den Daumen drückend.

"Saudações, casa paterna,
Majestosa e tão querida!
Tenda de Jacó, pilares
Santos, beijai minha boca!"

Pelo corredor ecoa
Um murmúrio, um tear;
Invisível, o anfitrião
Ofegando na calada.

Quieto! Só um senescal
(Zelador da sinagoga)
Anda pra cima e pra baixo,
Acendendo as lamparinas.

Chamas de ouro que consolam,
Como brilham e tremulam!
Candelabros também fulgem
Orgulhosos no *almemor*[6].

Ante a arca, em que a *Torá*[7]
É guardada e protegida
Por belíssima cortina,
Toda ornada de pedrinhas –

Lá no púlpito, o cantor
Da congregação se eleva:
Um baixinho que se exibe
Com sua capinha preta.

Pra mostrar a mão tão branca,
Faz afagos na garganta,
Põe o indicador na têmpora,
Na goela, o polegar.

Trällert vor sich hin ganz leise,
Bis er endlich lautaufjubelnd
Seine Stimm' erhebt und singt:
Lecho Daudi Likras Kalle!

Lecho Daudi Likras Kalle –
Komm', Geliebter, deiner harret
Schon die Braut, die dir entschleyert
Ihr verschämtes Angesicht!

Dieses hübsche Hochzeitcarmen
Ist gedichtet von dem großen,
Hochberühmten Minnesinger
Don Jehuda ben Halevy.

In dem Liede wird gefeyert
Die Vermählung Israels
Mit der Frau Prinzessin Sabbath,
Die man nennt die stille Fürstin.

Perl' und Blume aller Schönheit
Ist die Fürstin. Schöner war
Nicht die Königin von Saba,
Salomonis Busenfreundin,

Die, ein Blaustrumpf Aethiopiens,
Durch Esprit brilliren wollte,
Und mit ihren klugen Räthseln
Auf die Länge fatigant ward.

Die Prinzessin Sabbath, welche
Ja die personifizirte
Ruhe ist, verabscheut alle
Geisteskämpfe und Debatten.

Gargareja de mansinho,
Pra aquecer a voz e enfim
Brada altissonante: *Le-
Khá Dodi, Likrat Kalá!*[8]

Lekhá Dodi – Vem, amado,
Que tua noiva já te espera:
Ela removeu o véu
Do semblante envergonhado!

Este lindo epitalâmio
Foi composto pelo grande
E famoso trovador
Dom Iehudá ha-Levi[9].

Na canção é festejado
O conúbio de Israel
Com a Princesa Schabat,
Por alcunha "A Silenciosa".

A princesa é flor e pérola
De beleza; nem sequer
A Rainha de Sabá
A igualou em formosura.

Esta, aquela aristocrata
Da Etiópia que almejou
Destacar-se pelo espírito,
E acabou dando nos nervos.

Ora, a Princesa Schabat
É de fato a encarnação
Da quietude, tem horror
A disputas e debates.

auto da fé

Gleich fatal ist ihr die trampelnd
Deklamirende Passion,
Jenes Pathos, das mit flatternd
Aufgelöstem Haar einherstürmt.

Sittsam birgt die stille Fürstin
In der Haube ihre Zöpfe;
Blickt so sanft wie die Gazelle,
Blüht so schlank wie eine Addas.

Sie erlaubt dem Liebsten alles,
Ausgenommen Tabakrauchen –
"Liebster! rauchen ist verboten,
Weil es heute Sabbath ist."

"Dafür aber heute Mittag
Soll dir dampfen, zum Ersatz,
Ein Gericht, das wahrhaft göttlich –
Heute sollst du Schalet essen!"

Schalet, schöner Götterfunken,
Tochter aus Elysium!
Also klänge Schillers Hochlied,
Hätt' er Schalet je gekostet.

Schalet ist die Himmelspeise,
Die der liebe Herrgott selber
Einst den Moses kochen lehrte
Auf dem Berge Sinai,

Wo der Allerhöchste gleichfalls
All die guten Glaubenslehren
Und die heil'gen zehn Gebote
Wetterleuchtend offenbarte.

E tampouco ela aprecia
A paixão declamatória,
Esse *pathos* que se inflama
Com cabelos desgrenhados.

Quieta e recatada, guarda
Suas tranças no turbante;
Olhos mansos de gazela,
Tão esguia quanto a murta.

Ao amado ela permite
Tudo, menos o tabaco –
"Meu amado, hoje ninguém
Vai fumar, porque é Schabat.

Em compensação eu vou
Preparar-te para o almoço
Acepipe que é divino –
Hoje comerás um *cholent*[10]!"

Cholent, divinal centelha,
Filha que nasceu no Elísio!
Assim cantaria Schiller,
Se provasse esse petisco.

Cholent é o manjar dos Céus,
Foi o próprio Deus Senhor
Que passou para Moisés
A receita no Sinai,

Naquela mesma montanha
Onde também revelou
A doutrina e os mandamentos,
Numa nuvem de esplendor.

Schalet ist des wahren Gottes
Koscheres Ambrosia,
Wonnebrod des Paradieses,
Und mit solcher Kost verglichen

Ist nur eitel Teufelsdreck
Das Ambrosia der falschen
Heidengötter Griechenlands,
Die verkappte Teufel waren.

Speist der Prinz von solcher Speise,
Glänzt sein Auge wie verkläret,
Und er knöpfet auf die Weste,
Und er spricht mit sel'gem Lächeln:

"Hör' ich nicht den Jordan rauschen?
Sind das nicht die Brüßelbrunnen
In dem Palmenthal von Beth-El,
Wo gelagert die Kamehle?

Hör' ich nicht die Heerdenglöckchen?
Sind das nicht die fetten Hämmel,
Die vom Gileath-Gebirge
Abendlich der Hirt herabtreibt?"

Doch der schöne Tag verflittert;
Wie mit langen Schattenbeinen
Kommt geschritten der Verwünschung
Böse Stund' – Es seufzt der Prinz.

Ist ihm doch als griffen eiskalt
Hexenfinger in sein Herze.
Schon durchrieseln ihn die Schauer
Hündischer Metamorphose.

Cholent, ambrosia *koscher*[11]
Do Deus uno e verdadeiro,
É o maná do paraíso,
E, com ele compararado,

É tão só uma porcaria
Dos diabos a ambrosia
Que na Grécia os simulacros
Do Capeta compartilham.

Quando come da iguaria,
Nosso príncipe se acende –
Alegre, desabotoa
A camisa e vai dizendo:

"Porventura ouço o Jordão?
Ouço as fontes murmurando
Pelo oásis de Beth-El,
Refrigério dos camelos?

Ouço os sinos do rebanho?
Ouço ovelhas bem gordinhas
Que o pastor tange do monte
Gilead, ao pôr do sol?"

Mas o lindo dia esvai-se;
Já sombreia com as pernas
Da negrura a hora vil
Do feitiço – Nosso príncipe

Sente o coração gelar
Sob as garras da magia;
Dissemina-se na entranha
A transmutação canina.

auto da fé

Die Prinzessin reicht dem Prinzen
Ihre güldne Nardenbüchse.
Langsam riecht er – Will sich laben
Noch einmal an Wohlgerüchen.

Es kredenzet die Prinzessin
Auch den Abschiedstrunk dem Prinzen –
Hastig trinkt er, und im Becher
Bleiben wen'ge Tropfen nur.

Er besprengt damit den Tisch,
Nimmt alsdann ein kleines Wachslicht,
Und er tunkt es in die Nässe,
Daß es knistert und erlischt.

[1851]

A princesa lhe oferece,
Num estojo de ouro, a mirra.
Ele a inala devagar –
Pra alegrar o seu nariz.

Ela lhe serve na taça
Um licor de despedida –
Sôfrego, numa tragada
Ele o sorve. E algumas gotas

Sobre a mesa então derrama;
No molhado, ele mergulha
Uma vela acesa: a chama
Chia, aí – vira fumaça.

Mimi

Bin kein sittsam Bürgerkätzchen,
Nicht im frommen Stübchen spinn' ich.
Auf dem Dach, in freyer Luft,
Eine freye Katze bin ich.

Wenn ich sommernächtlich schwärme,
Auf dem Dache, in der Kühle,
Schnurrt und knurrt in mir Musik,
Und ich singe was ich fühle.

Also spricht sie. Aus dem Busen
Wilde Brautgesänge quellen,
Und der Wohllaut lockt herbey
Alle Katerjunggesellen.

Alle Katerjunggesellen,
Schnurrend, knurrend, alle kommen,
Mit Mimi zu musiziren,
Liebelechzend, lustentglommen.

Das sind keine Virtuosen,
Die entweiht jemals für Lohngunst
Die Musik, sie blieben stets
Die Apostel heilger Tonkunst.

Brauchen keine Instrumente,
Sie sind selber Bratsch und Flöte;
Eine Pauke ist ihr Bauch,
Ihre Nasen sind Trompeten.

Sie erheben ihre Stimmen
Zum Conzert gemeinsam jetzo;
Das sind Fugen, wie von Bach
Oder Guido von Arezzo.

Mimi

Não sou gata de burguês,
Nunca durmo em almofada.
Perambulo no sereno,
Sou felina e liberada.

No verão eu devaneio
Noite adentro, no telhado;
Canto o que me vem na telha:
Do rom-rom vou pro miado.

Assim fala. E da garganta
Jorram as canções do cio;
Os bichanos do arrabalde
Sentem logo um arrepio.

Correm todos ao encontro
De Mimi, num relampejo;
Todos querem musicar,
Eriçados de desejo.

Mas nenhum é virtuose
Que trafica seu talento;
Com afinco se dedicam
À arte por devotamento.

De instrumentos não carecem,
São sua própria viola e flauta,
As narinas são trompetes,
Os bigodes, sua pauta.

Quando soltam alto as vozes
Em polissonante *scherzo*[12],
Assemelham-se a uma fuga
De Bach ou Guido d'Arezzo[13].

Das sind tolle Symphonien,
Wie Caprizen von Beethoven
Oder Berlioz, der wird
Schnurrend, knurrend übertroffen.

Wunderbare Macht der Töne!
Zauberklänge sonder Gleichen!
Sie erschüttern selbst den Himmel
Und die Sterne dort erbleichen.

Wenn sie hört die Zauberklänge,
Wenn sie hört die Wundertöne,
So verhüllt ihr Angesicht
Mit dem Wolkenflor Selene.

Nur das Lästermaul, die alte
Prima-Donna Philomele
Rümpft die Nase, schnupft und schmäht
Mimis Singen – kalte Seele!

Doch gleichviel! Das musiziret,
Trotz dem Neide der Signora,
Bis am Horizont erscheint
Rosig lächelnd Fee Aurora.

[1851]

Desvairadas sinfonias!
Nem Beethoven nem Berlioz[14]
Superaram num *capriccio*[15]
Tão sonoros quiproquós.

Manifestações sublimes
Da magia de uma orquestra
Que sacode o céu acima
E as estrelas defenestra!

Quando escuta a milionária
Melodia, a gata mia –
Toda envolta por Selene,
Nuvem prata – *mamma mia*!

Mas o canto da gatinha
Não convence a *prima donna*[16]
Filomela; ela desdenha
A novata – que vergonha!

Tanto faz! Não obstante
O desprezo da *Signora*,
Quando finda a cantoria,
Vem sorrindo a fada Aurora.

Enfant perdu

Verlor'ner Posten in dem Freyheitskriege,
Hielt ich seit dreyzig Jahren treulich aus.
Ich kämpfte ohne Hoffnung, daß ich siege,
Ich wußte, nie komm' ich gesund nach Haus.

Ich wachte Tag und Nacht – Ich konnt' nicht schlafen,
Wie in dem Lagerzelt der Freunde Schaar –
(Auch hielt das laute Schnarchen dieser Braven
Mich wach, wenn ich ein bischen schlummrig war).

In jenen Nächten hat Langweil' ergriffen
Mich oft, auch Furcht – (nur Narren fürchten nichts) –
Sie zu verscheuchen, hab' ich dann gepfiffen
Die frechen Reime eines Spottgedichts.

Ja, wachsam stand ich, das Gewehr im Arme,
Und nahte irgend ein verdächt'ger Gauch,
So schoß ich gut und jagt' ihm eine warme,
Brühwarme Kugel in den schnöden Bauch.

Mitunter freylich mocht' es sich ereignen,
Daß solch ein schlechter Gauch gleichfalls sehr gut
Zu schießen wußte – ach, ich kann's nicht läugnen –
Die Wunden klaffen – es verströmt mein Blut.

Ein Posten ist vakant! – Die Wunden klaffen –
Der Eine fällt, die Andern rücken nach –
Doch fall' ich unbesiegt, und meine Waffen
Sind nicht gebrochen – Nur mein Herze brach.

[1851]

Enfant perdu[17]

Guerra da liberdade – há trinta anos
Em posições perdidas eu me meço.
O corpo já sabendo quais os danos;
Lutei, sem esperança de sucesso.

Fiz guarda, de olho aceso, noite e dia,
Tal meus amigos lá no alojamento –
(O ronco dos valentes me valia
Quando eu periclitava sonolento).

O tédio atormentava-me no escuro,
E o medo – (só os tolos não têm medo) –,
E para escapulir de tanto apuro,
Cantarolava trovas de arremedo.

Atento, eu segurava uma espingarda;
Se via algum patife no pedaço,
Mirava na barriga felizarda –
Servia, fumegante, um bom balaço.

Confesso que também aparecia
Algum ou outro exímio atirador
Que punha à prova a boa pontaria –
Uma ferida – hemorragia e dor.

Um posto vago! – sangue no lugar –
Todos em fuga, e um caindo ao chão –
Mas caio invicto, sem jamais quebrar
As armas – Só quebrou meu coração.

WER EIN HERZ *hat und im Herzen*
Liebe trägt ist überwunden
Schon zur Hälfte, und so lieg' ich
Jetzt geknebelt und gebunden.

Wenn ich sterbe wird die Zunge
Ausgeschnitten meiner Leiche;
Denn sie fürchten, redend käm' ich
Wieder aus dem Schattenreiche.

Stumm verfaulen wird der Todte
In der Gruft, und nie verrathen
Werd' ich die an mir verübten
Lächerlichen Frevelthaten.

[1852-1854]

QUEM TEM um coração e guarda
Lá dentro o amor, então perdeu
Metade da batalha, e eu
Já estou de algemas e mordaça.

Quando eu morrer, me arrancam fora
A língua inútil de defunto,
Com medo que eu retorne ao mundo,
Pra destampar no falatório.

Os mortos apodrecem mudos
No túmulo; não vou jamais
Denunciar, correr atrás
De quem me soterrou de insultos.

Navio negreiro

1853

13 DE MAIO

Enfim, lei. Nunca fui, nem o cargo me consentia ser propagandista da abolição, mas confesso que senti grande prazer quando soube da votação final do Senado e da sanção da Regente. Estava na rua do Ouvidor, onde a agitação era grande e a alegria geral.

Um conhecido meu, homem de imprensa, achando-me ali, ofereceu-me lugar no seu carro, que estava na rua Nova, e ia enfileirar no cortejo organizado para rodear o paço da cidade, e fazer ovação à Regente. Estive quase, quase a aceitar, tal era o meu atordoamento, mas os meus hábitos quietos, os costumes diplomáticos, a própria índole e a idade me retiveram melhor que as rédeas do cocheiro aos cavalos do carro, e recusei. Recusei com pena. Deixei-os ir, a ele e aos outros, que se juntaram e partiram da rua Primeiro de Março. Disseram-me depois que os manifestantes erguiam-se nos carros, que iam abertos, e faziam grandes aclamações, em frente ao paço, onde estavam também todos os ministros. Se eu lá fosse, provavelmente faria o mesmo e ainda agora não me teria entendido... Não, não faria nada; meteria a cara entre os joelhos.

Ainda bem que acabamos com isto. Era tempo. Embora queimemos todas as leis, decretos e avisos, não poderemos acabar com os atos particulares, escrituras e inventários, nem apagar a instituição da história, ou até da poesia. A poesia falará dela, particularmente naqueles versos de Heine, em que o nosso nome está perpétuo. Neles conta o capitão do navio negreiro haver deixado trezentos negros no Rio de Janeiro, onde "a casa Gonçalves Pereira" lhe pagou cem ducados por peça. Não importa que o poeta corrompa o nome do comprador e lhe chame Gonzales Perreiro; foi a rima ou a sua má pronúncia que o levou a isso. Também não temos ducados, mas aí foi o vendedor que trocou na sua língua o dinheiro do comprador.

Machado de Assis: *Memorial de Aires*, 1908

Das Sklavenschiff

I

Der Superkargo Mynheer van Koek
Sitzt rechnend in seiner Kajüte;
Er kalkuliert der Ladung Betrag
Und die probabeln Profite.

"Der Gummi ist gut, der Pfeffer ist gut,
Dreihundert Säcke und Fässer;
Ich habe Goldstaub und Elfenbein –
Die schwarze Ware ist besser.

Sechshundert Neger tauschte ich ein
Spottwohlfeil am Senegalflusse.
Das Fleisch ist hart, die Sehnen sind stramm,
Wie Eisen vom besten Gusse.

Ich hab zum Tausche Branntewein,
Glasperlen und Stahlzeug gegeben;
Gewinne daran achthundert Prozent,
Bleibt mir die Hälfte am Leben.

Bleiben mir Neger dreihundert nur
Im Hafen von Rio-Janeiro,
Zahlt dort mir hundert Dukaten per Stück
Das Haus Gonzales Perreiro."

Da plötzlich wird Mynheer van Koek
Aus seinen Gedanken gerissen;
Der Schiffschirurgius tritt herein,
Der Doktor van der Smissen.

Das ist eine klapperdürre Figur,
Die Nase voll roter Warzen –

Navio negreiro [1]

I

Sr. Van Koek, o sobrecarga,
Mergulha em contas na cabine,
Calcula os gastos da empreitada,
Depois o lucro ele define.

"Pimenta e pelas de borracha,
Marfim do bom e ouro em pó –
Tonéis e caixas – mas eu acho
A carga escura bem melhor.

Seiscentos negros lá do Níger
Que barganhei no Senegal;
Tendões de aço e pele rija,
Tal qual estátuas de metal.

Troquei por caixas de birita,
Contas de vidro e armamento;
Caso a metade sobreviva,
Hei de lucrar uns mil por cento.

Se ao cais do Rio, em bom estado,
Levar trezentos, venderei
Cada cabeça a cem ducados
À Casa Gonçalves Pereira."

De súbito, a meditação
Do sobrecarga é interrompida;
O médico da embarcação,
Van der Smissen, o requisita.

Um narigudo macilento
De cara toda enverrugada –

"Nun, Wasserfeldscherer", ruft van Koek,
"Wie geht's meinen lieben Schwarzen?"

Der Doktor dankt der Nachfrage und spricht:
"Ich bin zu melden gekommen,
Daß heute nacht die Sterblichkeit
Bedeutend zugenommen.

Im Durchschnitt starben täglich zwei,
Doch heute starben sieben,
Vier Männer, drei Frauen - Ich hab den Verlust
Sogleich in die Kladde geschrieben.

Ich inspizierte die Leichen genau;
Denn diese Schelme stellen
Sich manchmal tot, damit man sie
Hinabwirft in die Wellen.

Ich nahm den Toten die Eisen ab;
Und wie ich gewöhnlich tue,
Ich ließ die Leichen werfen ins Meer
Des Morgens in der Fruhe.

Es schossen alsbald hervor aus der Flut
Haifische, ganze Heere,
Sie lieben so sehr das Negerfleisch;
Das sind meine Pensionäre.

Sie folgten unseres Schiffes Spur,
Seit wir verlassen die Küste;
Die Bestien wittern den Leichengeruch
Mit schnupperndem Fraßgelüste.

Es ist possierlich anzusehn,
Wie sie nach den Toten schnappen!

Van Koek pergunta: "Aí, barbeiro,
A quantas anda essa negrada?"

"Estou aqui nesse tocante",
Diz o doutor com gravidade,
"Cresceu a nível preocupante
A taxa de mortalidade.

Em média perco dois por dia,
Mas hoje sete já morreram,
No livro-caixa eu fiz a lista:
São quatro machos e três fêmeas.

Examinei bastante os corpos,
Pois amiúde é negro esperto
Apenas fingindo de morto,
Pra se soltar no mar aberto.

As gargalheiras e grilhões
Eu removi; mandei jogar,
Assim que o dia clareou,
Os tais cadáveres ao mar.

Mal afundaram no oceano,
Já os abocanham os tubarões –
Ah, como gosta de africano
A clientela de glutões!

As feras seguem o navio
Desde que entrou em mar profundo,
E com que gozo doentio
Farejam o cheiro de um defunto.

É até engraçado observá-los
Estraçalhando a carne humana –

Die faßt den Kopf, die faßt das Bein,
Die andern schlucken die Lappen.

Ist alles verschlungen, dann tummeln sie sich
Vergnügt um des Schiffes Planken
Und glotzen mich an, als wollten sie
Sich für das Frühstück bedanken."

Doch seufzend fällt ihm in die Red'
Van Koek: "Wie kann ich lindern
Das Übel? wie kann ich die Progression
Der Sterblichkeit verhindern?"

Der Doktor erwidert: "Durch eigne Schuld
Sind viele Schwarze gestorben;
Ihr schlechter Odem hat die Luft
Im Schiffsraum so sehr verdorben.

Auch starben viele durch Melancholie,
Dieweil sie sich tödlich langweilen;
Durch etwas Luft, Musik und Tanz
Läßt sich die Krankheit heilen."

Da ruft van Koek: "Ein guter Rat!
Mein teurer Wasserfeldscherer
Ist klug wie Aristoteles,
Des Alexanders Lehrer.

Der Präsident der Sozietät
Der Tulpenveredlung im Delfte
Ist sehr gescheit, doch hat er nicht
Von Eurem Verstande die Hälfte.

Musik! Musik! Die Schwarzen soll'n
Hier auf dem Verdecke tanzen.

Uns mordem os braços, outros rasgam
Pernas e tronco, e com que gana!

E quando acabam de comer,
Todo o cardume olha pra mim,
Como se fosse agradecer
Por mais um matinal festim."

Findo o relato, o tal Van Koek
Suspira fundo: "Ora, eu preciso
Saber depressa o que fazer
Para estancar o prejuízo!"

Diz o doutor: "Morrem os negros
Por culpa própria nos porões,
Empesteando-o com doença
Que trazem dentro dos pulmões.

De tédio eles também se afundam,
Pois não se ocupam de trabalhos;
Talvez ar fresco, dança e música
Seja o remédio pra curá-los".

Van Koek se agita: "Boa dica!
Este barbeiro é mesmo grande,
Tão sábio quanto o Estagirita
Que deu lições para Alexandre.

O diretor da Sociedade
De Criadores de Tulipa
É esperto mas nem a metade –
A tua inteligência é ímpar.

Vamos à música! A negrada
Há de dançar lá no convés.

navio negreiro

Und wer sich beim Hopsen nicht amüsiert,
Den soll die Peitsche kuranzen."

II

Hoch aus dem blauen Himmelszelt
Viel tausend Sterne schauen,
Sehnsüchtig glänzend, groß und klug,
Wie Augen von schönen Frauen.

Sie blicken hinunter in das Meer,
Das weithin überzogen
Mit phosphorstrahlendem Purpurduft;
Wollüstig girren die Wogen.

Kein Segel flattert am Sklavenschiff,
Es liegt wie abgetakelt;
Doch schimmern Laternen auf dem Verdeck,
Wo Tanzmusik spektakelt.

Die Fiedel streicht der Steuermann,
Der Koch, der spielt die Flöte,
Ein Schiffsjung' schlägt die Trommel dazu,
Der Doktor bläst die Trompete.

Wohl hundert Neger, Männer und Fraun,
Sie jauchzen und hopsen und kreisen
Wie toll herum; bei jedem Sprung
Taktmäßig klirren die Eisen.

Sie stampfen den Boden mit tobender Lust,
Und manche schwarze Schöne
Umschlinge wollüstig den nackten Genoß –
Dazwischen ächzende Töne.

Der Büttel ist Maître des plaisirs,
Und hat mit Peitschenhieben

Quem não gostar de rebolar
Mando chicotear os pés".

II

No azul da abóboda infinita,
De olho sagaz e arregalado,
Feito os de uma mulher bonita,
Milhões de estrelas num bordado –

Olhando atentas o oceano
Se agasalhar em névoa púrpura,
Fosforecente-irradiante;
As ondas lânguidas sussurram.

Nada se move no velame
Da nau negreira; a calmaria
Envolve tudo; e só as chamas
Tremulam sob a algaravia.

Toca a rabeca o contramestre,
O cozinheiro no flautim,
A percussão faz um grumete,
O médico sopra o clarim.

Uma centena de africanos
Saracoteia, urrando alto;
A cada passo os ferros rangem
Num ritmo cadenciado.

Batem no chão em gozo e fúria;
E escravas lindas, sensuais,
Esfregam-se nos homens nus –
No ar espalham-se os ais.

O beleguim se faz de mestre
De cerimônia, e com o chicote

Die lässigen Tänzer stimuliert,
Zum Frohsinn angetrieben.

Und Dideldumdei und Schnedderedeng!
Der Lärm lockt aus den Tiefen
Die Ungetüme der Wasserwelt,
Die dort blödsinnig schliefen.

Schlaftrunken kommen geschwommen heran
Haifische, viele hundert;
Sie glotzen nach dem Schiff hinauf,
Sie sind verdutzt, verwundert.

Sie merken, daß die Frühstückstund'
Noch nicht gekommen, und gähnen,
Aufsperrend den Rachen; die Kiefer sind
Bepflanzt mit Sägezähnen.

Und Dideldumdei und Schnedderedeng -
Es nehmen kein Ende die Tänze.
Die Haifische beißen vor Ungeduld
Sich selber in die Schwänze.

Ich glaube, sie lieben nicht die Musik,
Wie viele von ihrem Gelichter.
"Trau keiner Bestie, die nicht liebt
Musik!" sagt Albions großer Dichter.

Und Schnedderedeng und Dideldumdei -
Die Tänze nehmen kein Ende.
Am Fockmast steht Mynheer van Koek
Und faltet betend die Hände:

"Um Christi willen verschone, o Herr,
Das Leben der schwarzen Sünder!

Anima aqueles que se negam
A requebrar e dar pinote.

Praticumbum prugurundum!
Todo o barulho despertou,
Na escuridão do mar profundo,
Estranhos seres do torpor.

Tontos de sono, os tubarões
Em bando vão subindo à tona,
Pra ver, esbugalhando os olhos,
O que lhes trouxe aquela insônia.

Já sabem que é de madrugada,
Cedo demais pro dejejum;
Bocejam pra conter a raiva,
Mostrando os dentes um por um.

Praticumbum prugurundum –
Se arrasta a dança noite adentro.
De impaciência, os tubarões
Cravam na própria cauda os dentes.

Eu creio que não apreciam
A música. Já disse um vate
Famoso inglês: "Jamais confie
Em feras que desprezam a arte".

Praticumbum prugurundum –
Se arrasta a dança noite afora.
Na gávea, o sobrecarga então
Faz o sinal da cruz e ora:

"Deus, pelo amor de Jesus Cristo,
Me poupa a vida da negrada!

Erzürnten sie dich, so weißt du ja,
Sie sind so dumm wie die Rinder.

Verschone ihr Leben um Christi will'n,
Der für uns alle gestorben!
Denn bleiben mir nicht dreihundert Stück,
So ist mein Geschäft verdorben."

[1853]

Pecam por serem quase bichos –
Perdoa – não sabem de nada.

Cristo Jesus, lá do teu horto,
Salva meus pretos, eu te peço!
Se não chegar metade ao porto,
Deste negócio eu me despeço."

Larga as parábolas
Poemas, 1853 – 1855

VOM SCHÖPPENSTUHLE *der Vernunft*
Bist du vollständig freygesprochen;
Das Urthel sagt: die Kleine hat
Durch Thun und Reden nichts verbrochen.

Ja, stumm und thatlos standest du,
Als mich verzehrten tolle Flammen –
Du schürtest nicht, du sprachst kein Wort,
Und doch muß dich mein Herz verdammen.

In meinen Träumen jede Nacht
Klagt eine Stimme, die bezüchtet
Des bösen Willens dich, und sagt,
Du habest mich zu Grund gerichtet.

Sie bringt Beweis und Zeugniß bey,
Sie schleppt ein Bündel von Urkunden;
Jedoch am Morgen, mit dem Traum,
Ist auch die Klägerin verschwunden.

Sie hat in meines Herzens Grund
Mit ihren Akten sich geflüchtet –
Nur eins bleibt im Gedächtniß mir,
Das ist: ich bin zu Grund gerichtet.

[1853]

O Santo Ofício da razão
Absolveu-te por completo;
O veredito: a moça não
Fez nada errado ou incorreto.

Sim, não disseste uma palavra –
E fui por chamas engolido –
Também não atiçaste a brasa,
Ainda assim eu te maldigo.

À noite, nos meus sonhos, ouço
A voz que clama e te incrimina
De um ato vil, insidioso:
Que foste tu minha ruína.

E traz os laudos da perícia,
E testemunha habilitada;
Mas logo que amanhece o dia,
Vai-se no sonho a advogada.

Para os porões do coração
Fugiu com os autos do processo –
Nas cinzas da recordação,
Eu: revirado pelo avesso.

larga as parábolas

WIE LANGSAM *kriechet sie dahin,*
Die Zeit, die schauderhafte Schnecke!
Ich aber, ganz bewegungslos
Blieb ich hier auf demselben Flecke.

In meine dunkle Zelle dringt
Kein Sonnenstral, kein Hoffnungsschimmer;
Ich weiß, nur mit der Kirchhofsgruft
Vertausch ich dies fatale Zimmer.

Vielleicht bin ich gestorben längst;
Es sind vielleicht nur Spukgestalten
Die Phantasieen, die des Nachts
Im Hirn den bunten Umzug halten.

Es mögen wohl Gespenster seyn,
Altheidnisch göttlichen Gelichters;
Sie wählen gern zum Tummelplatz
Den Schädel eines todten Dichters. –

Die schaurig süßen Orgia,
Das nächtlich tolle Geistertreiben,
Sucht des Poeten Leichenhand
Manchmal am Morgen aufzuschreiben.

[1853-1854]

Como rasteja devagar
O tempo, caracol horrendo!
E eu, sem poder mover os membros,
Não saio mais deste lugar.

Na minha cela sempre escura
Não entra sol nem a esperança;
Daqui, em derradeira instância,
Só me liberta a sepultura.

Quem sabe já virei defunto
E esses semblantes em cortejo,
Que à noite desfilando eu vejo,
Não são visitas do outro mundo.

Fantasmas a vagar sem corpo
Ou deuses do templo pagão,
Que adoram fazer confusão
No crânio de um poeta morto. –

A doce festa dos espíritos,
Orgia saturnal e tétrica,
Busca a mão óssea do poeta
Deitar às vezes por escrito.

larga as parábolas

EINST SAH *ich viele Blumen blühen*
An meinem Weg; jedoch zu faul,
Mich pflückend nieder zu bemühen,
Ritt ich vorbey auf stolzem Gaul.

Jetzt, wo ich todessiech und elend,
Jetzt, wo geschaufelt schon die Gruft,
Oft im Gedächtniß höhnend, quälend,
Spukt der verschmähten Blumen Duft.

Besonders eine feuergelbe
Viole brennt mir stets im Hirn.
Wie reut es mich, daß ich dieselbe
Nicht einst genoß, die tolle Dirn.

Mein Trost ist: Lethes Wasser haben
Noch jetzt verloren nicht die Macht,
Das dumme Menschenherz zu laben
Mit des Vergessens süßer Nacht.

[1853-1854]

PELO CAMINHO eu via outrora
Flores em grande profusão;
Mas indolente, eu ia embora
Sem nunca me agachar ao chão.

E todo empesteado agora,
Me preparando à sepultura,
Revejo as flores na memória,
E seu perfume me tortura.

A flor que mais me dá remorso
Não ter colhido em minha mão –
A violeta mais fogosa,
Que queima na recordação.

Resta-me um único consolo:
Que o rio Letes dê alento
Ao coração de um homem tolo
Nas águas sãs do esquecimento.

ICH SAH *sie lachen, sah sie lächeln,*
Ich sah sie ganz zu Grunde gehn;
Ich hört' ihr Weinen und ihr Röcheln,
Und habe ruhig zugesehn.

Leidtragend folgt' ich ihren Särgen,
Und bis zum Kirchhof ging ich mit;
Hernach, ich will es nicht verbergen,
Speist' ich zu Mittag mit App'tit.

Doch jetzt auf einmal mit Betrübniß
Denk ich der längstverstorbnen Schaar;
Wie lodernd plötzliche Verliebniß
Stürmt's auf im Herzen wunderbar!

Besonders sind es Julchens Thränen,
Die im Gedächtniß rinnen mir;
Die Wehmuth wird zu wildem Sehnen,
Und Tag und Nacht ruf ich nach ihr! – –

Oft kommt zu mir die todte Blume
Im Fiebertraum; alsdann zu Muth
Ist mir, als böte sie posthume
Gewährung meiner Liebesgluth.

O zärtliches Phantom, umschließe
Mich fest und fester, deinen Mund
Drück ihn auf meinen Mund – versüße
Die Bitterniß der letzten Stund!

[1853-1854]

Eu vi seu riso, seu sorriso,
E vi quando ela se acabou;
Ouvi seu último suspiro,
Mas isso pouco me abalou.

Acompanhei o seu caixão,
Com certa pena, ao mausoléu;
Depois, não me arrependo não,
Comi de almoço um *cassoulet*.

Hoje, porém, de uma só vez
Me veio à mente os que se foram;
No coração de novo eis
Baterem as ondas do calor!

Eu sinto as lágrimas de Júlia
Umedecerem-me a lembrança;
Saudades vencem a amargura,
Eu choro feito uma criança! – –

Frequentemente vem a flor
Defunta me animar; talvez
Seguro póstumo de amor
Ela ofereça ao bom freguês.

Me abraça, linda assombração,
Me beija a boca sem demora –
Que a tua língua adoce então
O fel da derradeira hora!

MICH LOCKEN *nicht die Himmelsauen*
Im Paradies, im sel'gen Land;
Dort find' ich keine schönre Frauen
Als ich bereits auf Erden fand.

Kein Engel mit den feinsten Schwingen
Könnt' mir ersetzen dort mein Weib;
Auf Wolken sitzend Psalmen singen,
Wär auch nicht just mein Zeitvertreib.

O Herr! ich glaub', es wär das Beste,
Du ließest mich in dieser Welt;
Heil' nur zuvor mein Leibgebreste
Und sorge auch für etwas Geld.

Ich weiß, es ist voll Sünd und Laster
Die Welt; jedoch ich bin einmal
Gewöhnt, auf diesem Erdpechpflaster
Zu schlendern durch das Jammerthal.

Genieren wird das Weltgetreibe
Mich nie, denn selten geh' ich aus;
In Schlafrock und Pantoffeln bleibe
Ich gern bey meiner Frau zu Haus.

Laß mich bey ihr! Hör' ich sie schwätzen,
Trinkt meine Seele die Musik
Der holden Stimme mit Ergetzen.
So treu und ehrlich ist ihr Blick!

Gesundheit nur und Geldzulage
Verlang' ich, Herr! O laß mich froh
Hinleben noch viel schöne Tage
Bey meiner Frau im statu quo!

Ao PARAÍSO eu não me animo!
No campo elíseo é que não acho
Um mulherio ainda mais lindo
Do que já vi aqui embaixo.

Não tem anjinho que me faça
Abandonar minha mulher;
Nas nuvens eu não vejo graça
Nem em cantar salmos de pé.

Senhor meu Deus, melhor seria
Não me tirares do meu posto;
Mas vê se as dores me alivia
E põe dinheiro no meu bolso.

Eu sei que o mundo está repleto
De vício, ignorância, intriga;
Mas já me acostumei, confesso,
A rastejar nesta pocilga.

A máquina do mundo não
Há de pegar-me pra moer –
Só saio em rara ocasião,
E fico em casa com prazer.

Me deixa aqui! Minha mulher
Tagarelando é um licor;
Nos olhos dela, e onde quer
Que vejo, enxergo só amor.

Saúde e um pouco de dinheiro,
Senhor, é tudo que eu te rogo!
Quero com minha companheira
Viver feliz no *status quo*!

larga as parábolas

DIE GESTALT *der wahren Sphynx*
Weicht nicht ab von der des Weibes;
Faseley ist jener Zusatz
Des betatzten Löwenleibes.

Todesdunkel ist das Räthsel
Dieser wahren Sphynx. Es hatte
Kein so schweres zu errathen
Frau Jokastens Sohn und Gatte.

Doch zum Glücke kennt sein eignes
Räthsel nicht das Frauenzimmer;
Spräch' es aus das Lösungswort,
Fiele diese Welt in Trümmer.

[1853-1854]

UMA ESFINGE de verdade
Não difere da mulher;
Faz-se de frivolidade
A leoa quando quer.

Escuríssima, a charada
Dessa esfinge. Nem o tal
Filho-esposo de Jocasta
Decifrava uma igual.

Mas por sorte o *boudoir*
Ignora a própria senha;
Se algum dia a adivinhar –
Este mundo se desgrenha.

Lebewohl

Hatte wie ein Pelikan
Dich mit eignem Blut getränket,
Und du hast mir jetzt zum Dank
Gall' und Wermuth eingeschenket.

Böse war es nicht gemeint,
Und so heiter blieb die Stirne;
Leider mit Vergeßlichkeit
Angefüllt ist dein Gehirne.

Nun leb wohl – Du merkst es kaum,
Daß ich weinend von dir scheide.
Gott erhalte, Thörin, dir
Flattersinn und Lebensfreude!

[1853-1855]

Despedida

Para saciar-te a sede,
Feito um pelicano dei-te
Do meu sangue; e agora tu
Me ofereces angostura?

Sei que não foi por descaro
Pelo riso em tua cara;
No teu cérebro as lembranças
Ficam onde não alcanças.

Passar bem! – Nem acreditas
Como dói a despedida.
Deus te conserve a alegria
E a cabeça bem vazia!

WENN SICH *die Blutegel vollgesogen,*
Man streut auf ihren Rücken bloß
Ein Bischen Salz, und sie fallen ab –
Doch dich, mein Freund, wie werd ich dich los?

Mein Freund, mein Gönner, mein alter Blutsauger,
Wo find ich für dich das rechte Salz?
Du hast mir liebreich ausgesaugt
Den letzten Tropfen Rückgratschmalz.

Auch bin ich seitdem so abgemagert
Ein ausgebeutet armes Skelett –
Du aber schwollest stattlich empor
Die Wänglein sind roth, das Bäuchlein ist fett.

O Gott, schick mir einen braven Banditen,
Der mich ermordet mit raschem Stoß –
Nur diesen langweilgen Blutegel nicht;
Der langsam saugt – wie werd ich ihn los?

[1854]

ESFREGO SAL na sanguessuga[1],
Assim que o seu corpinho incha,
E logo o verme se desgruda –
Te afasto como, meu cupincha?

Pra ti, onde é que eu acho o sal?
Meu parasita e protetor,
Minha coluna vertebral
Já me espremeste com vigor.

Feito em bagaços, eu me arrasto
Na rua, um mísero esqueleto –
Enquanto inflaste até os astros
Esse teu bucho satisfeito.

Meu Deus, envia-me um capanga
Que me derrube de primeira;
Mas rogo: livra-me do sangue-
Suga e da sua pasmaceira.

Es KOMMT *der Tod – jetzt will ich sagen*
Was zu verschweigen ewiglich
Mein Stolz geboth: für dich, für dich,
Es hat mein Herz für dich geschlagen.

Der Sarg ist fertig, sie versenken
Mich in die Gruft. Da hab ich Ruh
Doch du, doch du, Maria, du
Wirst weinen oft und mein gedenken.

Du ringst sogar die schönen Hände –
O tröste dich – das ist das Loos,
Das Menschenloos, was gut und groß
Und schön das nimmt ein schlechtes Ende.

[1854]

CHEGOU A MORTE – agora vou
Dizer o que o orgulho não
Me permitiu: meu coração
Tão só por ti, pulsou, pulsou.

Já estou fechado no ataúde,
Descem-me à cova. A calmaria
Me abraça enfim, mas tu, Maria,
Por mim irás, muito amiúde,

Chorar, e pra quê, afinal?
Consola-te, este é o destino
Humano: o que há de bom e fino
E grande sempre acaba mal.

LAß DIE HEIL'GEN *Parabolen,*
Laß die frommen Hypothesen –
Suche die verdammten Fragen
Ohne Umschweif uns zu lösen.

Warum schleppt sich blutend, elend,
Unter Kreuzlast der Gerechte,
Während glücklich als ein Sieger
Trabt auf hohem Roß der Schlechte?

Woran liegt die Schuld? Ist etwa
Unser Herr nicht ganz allmächtig?
Oder treibt er selbst den Unfug?
Ach, das wäre niederträchtig.

Also fragen wir beständig,
Bis man uns mit einer Handvoll
Erde endlich stopft die Mäuler –
Aber ist das eine Antwort?

[1854]

LARGA as parábolas sagradas,
Deixa as hipóteses devotas,
E põe-te em busca das respostas
Para as questões mais complicadas.

Por que se arrasta miserável
O justo carregando a cruz,
Enquanto, impune, em seu cavalo,
Desfila o ímpio de arcabuz?

De quem é a culpa? Jeová
Talvez não seja assim tão forte?
Ou será Ele o responsável
Por todo o nosso azar e sorte?

E perguntamos o porquê,
Até que súbito – afinal –
Nos calam com a pá de cal –
Isto é resposta que se dê?

Die Wanderratten

Es giebt zwey Sorten Ratten
Die hungrigen und satten
Die Satten bleiben vergnügt zu Haus,
Die Hungrigen aber wandern aus

Sie wandern viel tausend Meilen
Ganz ohne Rasten und Weilen
Gradaus in ihrem grimmigen Lauf
Nicht Wind noch Wetter hält sie auf.

Sie klimmen wohl über die Höhen
Sie schwimmen wohl durch die Seeen,
Gar mancher ersäuft oder bricht das Genik,
Die Lebenden lassen die Todten zurück

Es haben diese Käutze
Gar fürchterliche Schnäuze
Sie tragen die Köpfe geschoren egal
Ganz radikal, ganz rattenkahl

Die radikale Rotte
Weiß nichts von einem Gotte.
Sie lassen nicht taufen ihre Brut
Die Weiber sind Gemeindegut.

Der sinnliche Rattenhaufen
Er will nur fressen und saufen,
Er denkt nicht während er säuft und frist,
Daß unsre Seele unsterblich ist.

So eine wilde Ratze
Die fürchtet nicht Hölle nicht Katze,
Sie hat kein Gut, sie hat kein Geld
Und wünscht aufs neue zu theilen die Welt.

Ratos retirantes [2]

Há dois gêneros de rato:
O faminto e o saciado –
Este diz "lar, doce lar!";
O outro vai ter de emigrar.

Mil quilômetros se arrastam
Os famintos, sem repasto;
Caminhando sobre espinhos
E através dos torvelinhos.

Enfrentando as serranias,
Mar revolto e calmarias;
Uns se afogam, os demais
Nunca olham para trás.

Com focinhos sorrateiros
Fuçam esses companheiros;
A cabeça é sempre igual –
Corte zero, radical.

São vermelhos, tem horror
Dos que creem no Criador.
Não batizam filho algum,
E a mulher é um bem comum.

Rataiada epicureia –
Só pensa em pão com geleia;
E renega, quando come,
A imortalidade do homem.

Rato bárbaro e moderno,
Não há gato nem inferno
Que afugente; e sem sustento,
Quer ruir o fundamento.

Die Wanderratten, O Wehe!
Sie sind schon in der Nähe,
Sie rücken heran, ich höre schon
Ihr Pfeifen, die Zahl ist Legion.

O Wehe! wir sind verloren
Sie sind schon vor den Thoren!
Der Bürgermeister und Senat,
Sie schütteln die Köpfe und keiner weiß Rath.

Die Bürgerschaft greift zu den Waffen,
Die Glocken läuten die Pfaffen.
Gefährdet ist das Paladium
Des sittlichen Staats, das Eigenthum.

Nicht Glockengeläute, nicht Pfaffengebete
Nicht hochwohlweise Senatsdekrete
Auch nicht Kanonen, viel hundertpfünder,
Sie helfen Euch heute, Ihr lieben Kinder.

Heut helfen Euch nicht die Wortgespinste
Der abgelebten Redekünste.
Man fängt nicht Ratten mit Syllogismen
Sie springen über die feinsten Sophismen

Im hungrigen Magen Eingang finden
Nur Suppenlogik mit Knödelgründen
Nur Argumente von Rinderbraten
Begleitet mit göttinger Wurst-Citaten.

Ein schweigender Stockfisch in Butter gesotten
Behaget den radikalen Rotten
Viel besser als ein Mirabeau
Und alle Redner seit Cicero.

[1855]

Arre! Os ratos retirantes
Não estão nada distantes!
Já se escuta o burburinho
Dos roedores a caminho.

Ai de nós! Eles já estão
Se apinhando no portão!
Vereadores e prefeito
Gesticulam contrafeitos.

Soam alto os campanários;
Fazem fila os voluntários:
Vão lutar pela cidade
E a privada propriedade.

Hoje, as preces, meus diletos,
Não vos salvam, nem decretos
Ou disparos de canhão
Vos garantem proteção.

Com floreios de oratória
Não se enfeita esta história.
Silogismos não enganam
Uma esperta ratazana.

Quem tem fome filosofa
Com torresmos e farofa
E, dialético, argumenta:
Carne assada com polenta.

Caladinho, o bacalhau
Fala mais ao radical
Que os discursos do Sr.
Quintiliano ou Mirabeau[3].

larga as parábolas

GANZ ENTSETZLICH *ungesund*
Ist die Erde, und zu Grund,
Ja, zu Grund muß alles gehn,
Was hienieden groß und schön.

Sind es alten Wahns Phantasmen,
Die dem Boden als Miasmen
Stumm entsteigen und die Lüfte
Schwängern mit dem argen Gifte?

Holde Frauenblumen, welche
Kaum erschlossen ihre Kelche
Den geliebten Sonnenküssen,
Hat der Tod schon fortgerissen.

Helden, trabend hoch zu Roß,
Trifft unsichtbar das Geschoß;
Und die Kröten sich beeifern,
Ihren Lorbeer zu begeifern.

Was noch gestern stolz gelodert,
Das ist heute schon vermodert;
Seine Leyer mit Verdruß
Bricht entzwey der Genius.

O wie klug sind doch die Sterne!
Halten sich in sichrer Ferne
Von dem bösen Erdenrund,
Das so tödtlich ungesund.

Kluge Sterne wollen nicht
Leben, Ruhe, Himmelslicht
Hier einbüßen, hier auf Erden,
Und mit uns elendig werden —

TERRÍVEL MAL faz à saúde
A nossa Terra, não te iludas;
Tudo que cresce belo e forte,
Aqui, caminha para a morte.

Serão espectros da loucura,
Que vão subindo nas alturas,
Calados, para engravidar
Com sêmen venenoso o ar?

Flores-meninas que, tão logo
Se desabrocham para o sol
Apaixonado, são colhidas,
Por lâmina cruel, da vida.

Heróis, montados no alazão,
Sucumbem a tiros de canhão;
Assanham-se pela coroa
De louro os sapos na lagoa.

Do que brilhava com orgulho,
Hoje nem sombra nem barulho;
Em desespero, o gênio parte
Ao meio a lira de sua arte.

Estrelas é que são espertas!
Da Terra nunca chegam perto;
Ocultas em lugar seguro,
Brilham incólumes no escuro.

Felicidade e calmaria
Elas jamais arriscariam,
Para compartilhar conosco
Miséria e todo esse desgosto –

Wollen nicht mit uns versinken
In den Twieten, welche stinken,
In dem Mist, wo Würmer kriechen,
Welche auch nicht lieblich riechen –

Wollen immer ferne bleiben
Vom fatalen Erdentreiben,
Von dem Klüngel und Geruddel,
Von dem Erdenkuddelmuddel.

Mitleidsvoll aus ihrer Höhe
Schaun sie oft auf unser Wehe;
Eine goldne Thräne fällt
Dann herab auf diese Welt.

[1855]

Não querem colocar os pés
Na fedentina das ruelas,
Nem ver os vermes que no estrume
Exalam ainda pior perfume –

Preferem se manter distantes
Do globo e de seus habitantes;
Se pelam de afundar no imundo
Emaranhado deste mundo.

E lá de cima, em compaixão,
Não raro veem nossa aflição;
Quando uma lágrima escorrega,
Dourada, e cai aqui na Terra.

Celimene

Glaube nicht, daß ich aus Dummheit
Dulde deine Teufeleyen;
Glaub auch nicht, ich sey ein Herrgott,
Der gewohnt ist zu verzeihen.

Deine Nücken, deine Tücken,
Hab ich freylich still ertragen.
Andre Leut' an meinem Platze
Hätten längst dich todt geschlagen.

Schweres Kreuz! gleichviel, ich schlepp' es!
Wirst mich stets geduldig finden –
Wisse, Weib, daß ich dich liebe
Um zu büßen meine Sünden.

Ja, du bist mein Fegefeuer,
Doch aus deinen schlimmen Armen
Wird geläutert mich erlösen
Gottes Gnade und Erbarmen.

[1855]

Celimena[4]

Não creias que é burrice eu aturar
As tuas escabrosas diabruras;
Nem penses que meu vício é perdoar,
Como se eu fosse um deus lá das alturas.

Aguento os teus chiliques e capricho
Resignado e sem abrir a boca.
Um outro já teria dado o troco
E te jogado com desdém no lixo.

Querida, não há Cristo que suporte
A cruz que vou levando de bom grado!
Mas juro, não lamento a minha sorte:
Contigo hei de expiar todo o pecado.

Mulher, teu outro nome é Purgatório!
Mas sei que dessa fria companhia
Irá me resgatar, um santo dia,
O Deus do amor e da misericórdia.

larga as parábolas

DICH FESSELT *mein Gedankenbann*
Und was ich dachte, was ich sann
Das mußt du denken, mußt du sinnen –
Kannst meinem Geiste nicht entrinnen.

Ein gar subtiler Spiritus
Ist dieser Geist, ein Dominus
Im Geisterheer vom höchsten Range;
Ihn ehrt sogar die Muhme Schlange.

Stets weht dich an sein süßer Hauch
Und wo du bist, da ist er auch
Du bist sogar im Bett nicht sicher
Vor seinem Kusse und Gekicher.

Mein Leib liegt todt im Grab, jedoch
Mein Geist er ist lebendig noch
Und wohnt gleich einem Hauskobolde
In deinem Herzchen, meine Holde.

Vergönn das traute Nestchen ihm,
Du wirst nicht los das Ungethüm,
Du wirst nicht los den kleinen Schnaphahn,
Und flöhest du bis China, Japan!

Denn überall wohin du reist
Sitzt ja im Herzchen dir mein Geist
Hier träumt er seine tollsten Träume
Hier schlägt er seine Burzelbäume.

Hörst du? Er musiziret jetzt –
Die Flöh in deinem Hemd ergetzt
So sehr sein Saitenspiel und Singen,
Daß sie vor Wonne hochaufspringen.

[1855]

Eu te prendi no pensamento',
E o que eu atino, o que eu atento,
Pensa por ti – pois não me vais
Tirar do espírito jamais.

É um espírito muito sutil,
Senhor maior nunca se viu
No exército de almas; até
A víbora beija-lhe o pé.

Seu doce hálito te odora;
Onde estiveres, dentro ou fora,
Ele te encontra, e tudo é ensejo
Para um beijinho ou um gracejo.

Meu corpo deita no ataúde,
E o espírito vende saúde –
Habita, qual assombração,
As salas do teu coração.

Melhor lhe granjear o leito –
Livrar-se dele de que jeito?
Nem que fugisses de roldão
Pra Conchichina ou pro Japão!

Para qualquer lugar do mundo
Que fores, no âmago profundo,
Jaz meu espírito zelota,
Em sonhos, dando cambalhota.

Escutas esta melodia?
Ele é quem toca! – E, de alegria,
Uma pulguinha, em teu decote,
Rebola e dá muito pinote.

larga as parábolas

Die Lotosblume

Wahrhaftig wir beide bilden
Ein kurioses Paar
Die Liebste ist schwach auf den Beinen
Der Liebhaber lahm sogar.

Sie ist ein leidendes Kätzchen
Und Er ist krank wie ein Hund;
Ich glaube im Kopfe sind beide
Nicht sonderlich gesund.

Sie sey eine Lotosblume
Bildet die Liebste sich ein;
Doch Er, der blasse Geselle,
Vermeint der Mond zu seyn.

Vertraut sind ihre Seelen,
Doch jedem von beiden bleibt fremd
Was bey dem andern befindlich
Wohl zwischen Seel und Hemd!

Die Lotosblume erschließet
Ihr Kelchlein im Mondenlicht;
Doch statt des befruchtenden Lebens
Empfängt sie nur ein Gedicht!

[1855]

A flor de lótus

Sim, nós dois somos deveras
Um casal muito esquisito;
A mulher é ruim das pernas,
Seu amante é paralítico.

Uma gata que lamenta,
Um doente pra cachorro;
Assim pelo que aparenta
Ambos têm juízo torto.

Ela pôs em sua cabeça
Que é uma flor nenúfar-branca;
Pálido, seu homem pensa
Ser lunífera carranca.

Nas ideias se contentam,
Mas em tudo o que se apraz
Entre a alma e a vestimenta
Vão ficando para trás!

No luar, a flor de lótus
Desabrocha – mas que pena –
Ao invés de um jorro forte
E vital, dão-lhe um poema!

WORTE! *Worte! keine Thaten!*
Nimals Fleisch, geliebte Puppe,
Immer Geist und keinen Braten,
Keine Knödel in der Suppe!

Doch vielleicht ist dir zuträglich
Nimmermehr die Lendenkraft
Welche gallopiret täglich
Auf dem Roß der Leidenschaft

Ja, ich fürchte fast, es riebe
Zartes Kind, dich endlich auf
Jene wilde Jagd der Liebe
Amors Steeple race Wettlauf

Viel gesunder glaub ich schier
Ist für dich ein kranker Mann
Als Liebhaber, der gleich mir
Kaum ein Glied bewegen kann

Deßhalb unsrem Herzensbund
Liebste, widme deine Triebe
Solches ist dir sehr gesund,
Eine Art Gesundheitsliebe.

[1855]

PALAVRAS, só! Jamais ação!
Nenhuma carne, só espírito;
Ah, meu amor, faltou chouriço
Nesta panela de feijão!

Não obstante os meus senões,
Teu lombo até pode gostar
Nunca mais ter que se esfolar
No Rocinante das paixões.

Sim, temo que te prejudique,
Minha criança delicada,
Tu disputares a largada
Do Grande Prêmio de Afrodite.

Concordo que seja melhor
Tu escolheres um sujeito
Doente para amante, feito
Eu que somente inspiro dó.

Eis a razão fundamental
De dedicares tua libido
A mim – Amar é parecido
A uma estação de água termal.

larga as parábolas

Último canto
1855

UM FRANCÊS espirituoso – alguns anos atrás essas palavras teriam formado um pleonasmo – me chamou uma vez de *romantique défroqué* [1]. Tenho uma queda por tudo o que tem espírito, e por mais maldosa que tenha sido a alcunha, deleitou-me, todavia, imensamente. É certeira. Apesar de minhas incursões exterminatórias contra o romantismo, eu próprio permaneci sempre um romântico, e o fui num grau maior do que eu mesmo percebia. Depois de ter desferido os golpes mais mortais no significado da poesia romântica na Alemanha, de novo penetrou em mim uma nostalgia infinita pela flor azul na terra encantada do romantismo, e agarrei o alaúde enfeitiçado e cantei uma canção, na qual me entreguei a todos os amáveis exageros, a toda enluarada embriaguez, a toda florescente loucura de rouxinol que tanto amei outrora. Eu sei, foi "o último canto silvestre livre do romantismo", e fui seu último poeta: comigo se encerra a velha escola lírica dos alemães, enquanto, ao mesmo tempo, a nova escola, a poesia moderna alemã, era por mim inaugurada. Essa dupla relevância há de me ser reconhecida pelos historiadores literários da Alemanha.

Confissões, 1854.

último canto

Es träumte mir von einer Sommernacht
Wo bleich verwittert in dem Mondenglanze
Bauwerke lagen, Reste alter Pracht
Ruinen aus der Zeit der Renaissance.

Nur hie und da mit dorisch ernstem Knauf
Hebt aus dem Schutt sich einzeln eine Säule
Und schaut zum Firmament hinauf
Als ob sie spotte seiner Donnerkeile.

Gebrochen an dem Boden liegen rings
Portale, Giebeldächer mit Skulpturen
Wo Mensch und Thier vermischt, Centaur und Sphynx,
Satyr, Chimäre, Fabelzeitfiguren.

Auch manches Frauenbild von Stein liegt hier
Unkraut umwuchert in dem hohen Grase;
Die Zeit, die schlimmste Syphilis, hat ihr
Geraubt ein Stück der edlen Nymphennase.

Es steht ein offner Marmor-Sarkophag
Ganz unverstümmelt unter den Ruinen,
Und gleichfalls unversehrt im Sarge lag
Ein todter Mann mit leidend sanften Mienen –

Karyatiden mit gerecktem Hals
Scheinen mühsam das Monument zu halten;
An beiden Seiten sah man ebenfalls
Viel bas-relief gemeißelte Gestalten.

Hier sah man des Olympos Herrlichkeit
Mit seinen liederlichen Heidengöttern;
Adam und Eva stehn dabey, sind beid
Versehn mit keuschem Schurz von Feigenblättern.

No SONHO de uma noite de verão[2],
Onde, ao luar, em branca decadência,
Viam-se os restos – a recordação
Dos tempos de esplendor da Renascença,

Em grave e dórica protuberância,
Uma coluna, aqui ou acolá,
Lançava ao céu, como se na esperança
De contemplar relâmpagos, o olhar.

Em cacos, espalhados pela terra,
Frisos e pórticos – com esculturas
De sátiros, centauros e quimeras –
Gente, animais – esdrúxulas misturas.

Estátuas de mulheres, em redor,
Por sob os galhos secos e a raiz;
O tempo – ai! – a sífilis pior –
Roubou-lhes a elegância do nariz.

Deitado num sarcófago de mármore,
Intacto, a destacar-se entre as ruínas,
Vê-se, não menos íntegro, o cadáver
De um homem com feições alexandrinas –

Cariátides de colo prolongado
Parecem carregar com sacrifício
A arquitetura; e ornam cada lado
Figuras num relevo fictício.

Todo o fulgor do Olimpo em uma leva
De deuses, na tertúlia costumeira;
E, próximo, o casal Adão e Eva –
Pudicos, com folhinhas de figueira.

último canto

Hier sah man Troyas Untergang und Brand
Paris und Helena, auch Hektor sah man,
Moses und Aaron gleich daneben stand,
Auch Judith, Holophern und Haman.

Desgleichen war zu sehn der Gott Amour
Phöbus Apoll, Vulkanus und Frau Venus,
Pluto und Proserpine und Merkur,
Gott Bachus mit Priapus und Silenus.

Daneben stand der Esel Barlaams,
(Der Esel war zum Sprechen gut getroffen)
Dort sah man auch die Prüfung Abrahams
Und Loth, der mit den Töchtern sich besoffen.

Hier war zu schaun der Tanz Herodias
Das Haupt des Täufers trägt man auf der Schüssel;
Die Hölle sah man hier und Satanas,
Und Petrus mit dem großen Himmelsschlüssel.

Abwechselnd wieder sah man hier skulp<t>irt
Des geilen Jovis Brunst und Frevelthaten,
Wie er als Schwan die Leda hat verführt,
Die Danae als Regen von Dukaten.

Hier war zu sehn Dianas wilde Jagd,
Ihr folgen hochgeschürzte Nymphen, Doggen;
Hier sah man Herkules in Frauentracht
Die Spindel drehend, hielt im Arm den Rocken.

Daneben ist der Sinai zu sehn
Am Berg steht Israel mit seinen Ochsen;
Man schaut den Herrn als Kind im Tempel stehn,
Und disputiren mit den Orthodoxen.

Ali se via Troia incendiada,
Helena, Páris e também Heitor;
Judite e Holofernes (sem a espada),
Aarão junto a Moisés, Libertador.

Vizinho, se avistava o deus Amor,
Vulcano, Apolo Febo e a linda Vênus,
Mercúrio com Prosérpina e o tutor
Plutão; deus Baco, Príapo e Silenus.

Ao lado, vinha o burro de Balaão
(A besta que falava maravilhas),
Também se via a prova de Abraão,
E Lot embriagado pelas filhas.

Dava pra ver a dança de Herodias
E a fronte do Batista na bandeja;
O inferno, o Demo e, bem nas cercanias,
A "Pedra" que sustenta a Santa Igreja.

Viam-se ali, talhados com buril,
As artimanhas do deus Jove, o tal
Que como cisne a Leda seduziu,
E a Dânae, como chuva de metal.

Diana, junto às ninfas, no mister
Da caça, e cães dilacerando o intruso;
Hércules, travestido de mulher,
Trabalha com a roca, lãs e o fuso.

Não longe, na montanha do Sinai,
Vê-se Israel entre os rebanhos seus;
No templo, o Deus menino é que se sai
Melhor ao discutir com fariseus.

último canto

Die Gegensätze sind hier grell gepaart:
Des Griechen Lustsinn und der Gottgedanke
Judäas! Und in Arabeskenart
Um beide schlingt das Epheu seine Ranke.

Doch wunderbar! derweilen solcherley
Bildwerke träumend ich betrachtet habe
Wird plötzlich mir zu Sinn, ich selber sey
Der todte Mann im schönen Marmorgrabe.

Zu Häupten aber meiner Ruhestätt
Stand eine Blume räthselhaft gestaltet,
Die Blätter schwefelgelb und violet,
Doch wilder Liebreitz in der Blume waltet.

Das Volk nennt sie die Blume der Passion
Und sagt, sie sey dem Schädelberg entsprossen,
Als man gekreuzigt hat den Gottessohn,
Und dort sein welterlösend Blut geflossen.

Blutzeugniß, heißt es, gebe diese Blum
Und alle Marterinstrumente welche
Den Henkern dienten bey dem Martyrthum
Trage sie konterfeit in ihrem Kelche.

Ja, alle Requisiten der Passion
Sähe man hier, die ganze Folterkammer,
Zum Beyspiel, Geißel, Stricke, Dornenkron,
Das Kreuz, den Kelch, Nägel und Hammer.

Solch eine Blum an meinem Grabe stand,
Sich über meinen Leichnam niederbeugend
Wie Frauentrauer, küßt sie mir die Hand,
Küßt Stirne mir und Augen trostlos schweigend.

Contrários justapostos numa pedra:
Da Hélade, o prazer; e da Judeia,
A ideia-Deus! E os dois a hera enreda
Nos arabescos da verdosa teia.

Sublime! Enquanto olhava com espanto
O monumento, em sonho, me dei conta
Que o morto, no sarcófago, era um tanto
Familiar – sou eu que ali desponta!

E em frente ao túmulo, deu na veneta
De enraizar-se flor muito esquisita
(Pétulas cor de enxofre e violeta)
Que de um amor indômito palpita.

O povo a nomeou flor da paixão,
E crê que lá no Gólgota nasceu,
Quando morreu na cruz, pra salvação
Do mundo, o filho único de Deus.

Dizem que a planta dá um testemunho
De sangue, e aquela ferramentaria,
Que sói o algoz usar de próprio punho,
No cálice da flor se enxergaria.

Sim, todos os petrechos da Paixão
Estavam lá – a sala de tortura,
Chibata, espinhos pra coroação,
Martelo, pregos e a madeira dura.

A flor cresceu defronte ao mausoléu,
E sobre o meu cadáver se recurva –
Calada, me envolveu no escuro véu,
Me beija, e chora feito uma viúva.

último canto

Doch Zauberey des Traumes! Seltsamlich
Die Blume der Passion, die schwefelgelbe
Verwandelt in ein Frauenbildniß sich –
Und das ist Sie, die Liebste, ja dieselbe.

Du warst die Blume, du, geliebtes Kind
An deinen Küssen mußt ich dich erkennen –
So zärtlich keine Blumenlippen sind,
So feurig keine Blumenthränen brennen!

Geschlossen war mein aug, doch angeblickt
Hat meine Seel beständig dein Gesichte;
Du sahst mich an, beseligt und verzückt
Und geisterhaft beglänzt vom Mondenlichte.

Wir sprachen nicht. Jedoch mein Herz vernahm
Was du verschwiegen dachtest im Gemüthe –
Das ausgesprochne Wort ist ohne Schaam,
Das Schweigen ist der Liebe keusche Blüthe.

Und wie beredsam dieses Schweigen ist!
Man sagt sich alles ohne Metaphoren,
Ganz ohne Feigenblatt, ganz ohne List
Des Silbenfalls, des Wohllauts der Rhetoren.

Lautloses Zwiegespräch! man glaubt es kaum,
Wie bey dem stummen zärtlichen Geplauder,
So schnell die Zeit verstreicht im schönen Traum
Der Sommernacht, gewebt aus Lust und Schauder!

Was wir gesprochen? frag es niemals, ach!
Den Glühwurm frag was er den Gräsern glimmert?
Die Welle frage was sie rauscht im Bach?
Frage den Westwind was er weht und wimmert?

Ó mágica dos sonhos! De repente,
A flor de cor enxofre e aviolada
Transforma-se em mulher, na minha frente:
É – sem tirar nem pôr! – a minha amada.

Tu foste aquela planta, ó meu amor!
Teus beijos eis que eu reconheço agora –
Com lábios tão macios não há flor –
E lágrimas tão quentes ninguém chora.

Mesmo de olhos oclusos eu te via
Pelas venezianas de minha alma;
Tua face compassiva de Maria
Fulgia, à luz da lua, estranha e calma.

Não nos falamos, mas meu coração
Ouviu o que calaste – para o amor,
Silêncio é um puro e vívido botão;
Na fala, a língua fica sem pudor.

Ah, como o tal silêncio é linguarudo!
E nada de metáfora gongórica –
Sem folhas de figueira, ele diz tudo,
Sem métrica e figuras de retórica.

Diálogo insonoro! E quem diria
Que, nesse lero-lero silencioso,
As horas se entretêm na fantasia
Urdida em fios de arrepio e gozo?

O que falamos? Que pergunta estéril!
No escuro, o que discursa um pirilampo?
O riacho, o que murmura sempre sério?
O que sussurra a brisa pelo campo?

último canto

Frag was er stralet der Karfunkelstein?
Frag was sie düfteln, Nachtviol und Rosen?
Doch frage nie wovon im Mondenschein
Die Marterblume und ihr Todter kosen!

Ich weiß es nicht wie lange ich genoß
In meiner schlummerkühlen Marmortruhe
Den schönen Friedenstraum – Ach, es zerfloß
Die Wonne meiner ungestörten Ruhe!

O Tod! mit deiner Grabesstille, du,
Nur du kannst uns die beste Wollust geben –
Den Krampf der Leidenschaft, Lust ohne Ruh
Giebt uns für Glück das albern blöde Leben!

Doch wehe mir! Es schwand die Seligkeit,
Als draußen plötzlich sich ein Lärm erhoben,
Es war ein scheltend, stampfend wüster Streit –
Ach! meine Blum verscheuchte dieses Toben.

Ja draußen sich erhob mit wildem Grimm
Ein Zanken, ein Gekeife, ein Gekläffe!
Ich glaubte zu erkennen manche Stimm –
Es waren meines Grabmals Bas-Relieffe.

Spukt in dem Stein der alte Glaubenswahn?
Und disputiren diese Marmorschemen?
Der Schreckensruf des grimmen Waldgotts Pan
Wetteifert wild mit Mosis Anathemen.

O dieser Streit wird end'gen nimmermehr,
Stets wird die Wahrheit hadern mit dem Schönen,
Stets wird geschieden seyn der Menschheit Heer
In zwey Parthey'n, Barbaren und Helenen.

Pepitas, o que falam na bateia?
Acaso exala a rosa algum assunto?
Assim, não se pergunte o que proseia,
Ao plenilúnio, a flor com seu defunto!

Não sei por quanto tempo eu pude então,
Em meu marmóreo e apático descanso
Final, gozar o sonho de verão –
Da azáfama do amor eu não me canso!

Ó Morte! Só o teu silêncio traz
A graça da volúpia protegida –
As cãimbras da paixão, prazer sem paz,
Nos vende por felicidade a vida!

Mas ai de mim, sumiu o meu sossego!
Eis que lá fora irrompe com furor
Colérica contenda, um descarrego,
Que varre na algazarra a minha flor.

Que troca de impropérios mais atroz!
No bate-boca que eu aqui me atrevo
Lembrar, discriminava alguma voz
Ou outra – e vinham do baixo-relevo!

Na pedra, assombra a antiga briga hirsuta
De crenças, entre soco e pontapés? –
Agreste, o grito do deus Pã disputa
A láurea contra a *Bíblia* de Moisés.

A luta não tem fim, pois, na verdade,
O vero odeia o belo e, mais ou menos,
Sempre estará cindida a humanidade
Em dois partidos – bárbaros e helenos.

último canto

Das fluchte, schimpfte! gar kein Ende nahm's
Mit dieser Controverse, der langweil'gen!
Da war zumal der Esel Barlaams,
Der überschrie die Götter und die Heilgen.

Mit diesem I-A! I-A! dem Gewiehr
Dem rülpsend ekelhaften Mißlaut brachte
Mich zur Verzweiflung fast das <dumme> Thier –
Ich selbst zuletzt schrie auf – und ich erwachte.

[1855]

Mas como os termos de baixo calão
Se esgotam antes do que os desatinos,
Zurrou sozinho o burro de Balaão,
Sobrepujando os santos e divinos!

Ó, como dói – i, ó! – i, ó! – o ouvido!
Quase me deixa doido a horrível grei
De ornejos desse bicho empedernido –
Por fim, soltei um grito – e despertei.

Adendo

Crônicas do Sr. Um nada
Obras disponíveis em português

Piensa en las delicadas melodías
Cuyo instrumento fue, pero bien sabe
Que el trino no es del árbol ni del ave
Sino del tiempo y de sus vagos días.

Jorge Luis Borges
De "PARÍS, 1856"

Crônicas do Sr. Um nada

HARRY HEINE nasceu na cidade de Düsseldorf, capital do Ducado de Berg, então sob ocupação do exército revolucionário francês, no dia 13 de dezembro de 1797, filho mais velho do casal Samson e Betty Heine. Ele, um comerciante de tecidos oriundo de Hannover, que deu ao filho primogênito o nome de seu fornecedor britânico de veludos *velveteen*; judeu praticante e franco-maçon, diretor da Associação para Exercício de Atividades Filantrópicas e Recitação de Salmos; homem frágil, de espírito bonachão e amante do teatro; pouco talentoso para os negócios, ao falir, em 1819, passou a depender do auxílio do irmão Salomon Heine, já rumo a se tornar um dos banqueiros mais ricos da Alemanha; faleceu numa crise de epilepsia, em 1828. Ela, nascida Peira van Geldern, numa respeitada família de judeus da corte e humanistas, recebeu do pai – médico renomado e culto – uma educação acima da média para mulheres de sua época; leitora de Goethe e Rousseau, atuou com afinco para propiciar a ascensão social dos quatro filhos, vivendo o bastante para ver o seu esforço recompensado: o mais velho morrendo famoso, ainda que bastante controvertido e numa atividade malvista pela mãe, e os outros três conquistando títulos de nobreza.

Os cerca de 200 judeus de Düsseldorf gozavam o privilégio de viver numa das poucas cidades alemãs onde não eram confinados em gueto. Através da ocupação francesa, seriam ainda beneficiados com a emancipação – anulada, no entanto, quando o Ducado de Berg passou à jurisdição da Prússia, em 1815.

Em 1803, Harry ingressou na Escola Israelita de Ritelsohn. Quando crianças judias passaram a ser admitidas em escolas cristãs, foi matriculado também na escola municipal. Frequentaria em seguida o liceu preparatório para o renomado Ginásio de Düsseldorf – com muitos clérigos franceses no corpo docente –, onde veio a estudar de 1810 a 1814, aprendendo francês com o severo abade Jean Baptiste Daulnoy, cujas aulas de métrica e prosódia o deixariam para sempre traumatizado:

> Negou-me qualquer sentido para a poesia, e me chamava de bárbaro da Floresta de Teutoburgo. [...] Era um refinamento de crueldade que ultrapassava até as torturas da Paixão do Messias, e que nem mesmo ele teria tolerado impassível. Deus me perdoe – eu praguejei contra Deus, contra o mundo, contra os opressores estrangeiros que queriam nos impingir a sua métrica, e por pouco não me tornei um devorador de franceses. Eu teria morrido pela França, mas fazer versos em francês nunca mais!

Betty Heine, imaginando para o filho uma carreira de grande financista, na esteira dos Rothschild de Frankfurt, planejava seus estudos meticulosamente, fazendo-o aprender "outros idiomas, especialmente inglês, geografia, contabilidade" e até filosofia kantiana, o que lhe rendeu uma repreensão do pai:

> Tua mãe te faz estudar Filosofia com o reitor Schallmeyer. Isso é coisa dela. Eu, de minha parte, não gosto de Filosofia, pois é mera superstição, e sou um comerciante, preciso de minha cabeça para os negócios. Podes filosofar o quanto quiseres, mas peço que não fales em público aquilo que pensas, pois irias me prejudicar os negócios, caso meus clientes soubessem que tenho um filho que não crê em Deus; os judeus, principalmente, não comprariam mais

velveteens de mim, e são pessoas honestas, pagam pontualmente e também têm o direito de manter a religião. Sou teu pai e, portanto, mais velho do que tu, e mais experiente; assim deves crer em mim quando digo que o ateísmo é um grande *pecado*.

Enquanto se instruía no pensamento de Immanuel Kant, mergulhava na obra de Gotthold Ephraim Lessing – "em toda a história da literatura, é o escritor que eu mais amo" – e deixava-se maravilhar pela figura demiúrgica de Napoleão Bonaparte, que, em 1811, ele viu galopar pelas ruas de Düsseldorf.

O tropel do "Espírito do Mundo", no entanto, não seria nada benéfico para Samson Heine: o bloqueio marítimo contra a Inglaterra prejudicou seriamente os seus negócios. Antes mesmo de receber o certificado de conclusão do colégio, Harry foi enviado à Escola Comercial de Vahrenkampf e, em seguida, a Frankfurt, para ingressar na atividade mercantil. Não tendo, contudo, despertado o interesse do primeiro empregador, os pais resolveram confiá-lo ao mais bem-sucedido membro da família, o banqueiro Salomon Heine, em Hamburgo.

Quando Harry chegou, em junho de 1816, à mansão do tio milionário, em Ottensen, nas cercanias da Cidade Livre e Hanseática de Hamburgo, então com cerca de 100.000 habitantes, a Europa havia passado por uma enorme reviravolta. Após a derrota definitiva de Bonaparte em Waterloo, a Santa Aliança entre as monarquias da Rússia, Áustria e Prússia, sob a regência do príncipe von Metternich, blindava o continente contra possíveis rasgos liberais. No Congresso de Viena, em 1815, havia sido criada a Confederação Alemã, composta por 39 estados, sob a hegemonia dos impérios austríaco e prussiano.

Salomon Heine não custou a perceber a inaptidão do sobrinho para os negócios; ainda assim, e com a intenção de ajudar o irmão em dificuldades, financiou-lhe uma loja de roupas e tecidos – a Harry Heine & Comp. –, que seria liquidada oito meses depois. Harry evitava aparecer no local para escapar aos credores do pai e por já estar envolvido em atividades literárias: publicou seus primeiros versos no jornal *Hamburger Wächter,* em 1817, sob o pseudônimo de Sy Freudhold Riesenharf (anagrama de Harry Heine Düsseldorf).

Como se não bastasse a inépcia empresarial, Harry ainda inventou de se apaixonar pela prima Amália – um amor não correspondido, mas que estimulou o tio a bancar-lhe o estudo de Direito para bem longe do lugar. Em setembro de 1819, dirigiu-se a Bonn, onde deu início a um tumultuado périplo universitário, que incluiu a Universidade de Göttingen – onde envolveu-se num duelo, acabando suspenso por um semestre e expulso da cidade – e a Universidade de Berlim. Em Bonn, frequentou os seminários de August von Schlegel, de quem recebeu grande estímulo para seguir a vocação poética.

O ano de 1819 foi especialmente traumático na vida de Heine: seu pai entrou em bancarrota e a Alemanha foi varrida pela primeira onda de violência antissemita da Era Moderna – as "Arruaças Hep! Hep!" –, que, iniciadas em Würzburg por estudantes e artesãos, se espalharam rapidamente pela Confederação Germânica, atingindo a Holanda, Dinamarca e Finlândia. Alguns meses antes, o assassinato do escritor August von Kotzebue, cônsul geral da Rússia, por um estudante extremista, havia acarretado a proibição dos grêmios estudantis e o endurecimento da censura.

As guerras contra o domínio napoleônico fermentaram o patriotismo alemão, difundindo o ódio aos franceses e reavivando o velho antissemitismo. O movimento romântico, em que pesem as exceções, descambou para a nostalgia medieval e o reacionarismo místico. Friedrich von Schlegel, um dos mais arrojados e criativos do grupo de Iena, converteu-se ao catolicismo em 1808, mudando-se para Viena, onde passou a redigir memorandos para o príncipe von Metternich. O poeta e escritor Clemens Brentano largou a vida agitada de Berlim, em 1818, para acompanhar as visões e estigmas da freira Anna Katharina Emmerick. E ainda que o septuagenário Goethe surpreendesse com o erotismo de seu *Divã Ocidento-oriental*, era, todavia, alvo crescente do moralismo biedermeier e dos ataques das jovens gerações, ressentidas com seu alheamento político.

O clima repressivo da Restauração não foi capaz de conter, no entanto, o furacão de Lord Byron. Assim que caiu o bloqueio continental imposto por Napoleão, e os livros ingleses puderam circular novamente, o continente europeu – e os estados alemães com particular intensidade – foi varrido pelo primeiro fenômeno moderno de culto à personalidade artística.

Se nem mesmo o impassível Goethe ficaria imune ao fascínio do escandaloso e rebelde aristocrata inglês, defensor de gregos e luditas, muito menos o jovem poeta que começava a se tornar conhecido nos salões literários de Berlim: traduziu com maestria alguns de seus poemas, granjeando de uma das mais entusiasmadas promotoras da obra byroniana, a baronesa Elise von Hohenhausen, a alcunha de "Byron alemão".

Mas Heine já havia se posicionado de forma suficientemente clara para que passasse por um mero epígono. Em seu primeiro artigo de jornal, publicado em 18 de agosto de 1820, no *Rheinisch-westphälischen Anzeiger*, defendeu o romantismo dos ataques de um adepto da Escola Clássica (ou "plástica", em sua terminologia), desfilando argumentos que o destacam de seus contemporâneos. Após afirmar que "nossos maiores românticos, Goethe e A. W. V. Schlegel, são também nossos maiores plásticos", concluiu:

A Alemanha está livre de novo; mais nenhum pároco há de encarcerar o espírito alemão; nenhum caudilho aristocrata há de arrancar a chibatadas seu tributo de corpos alemães, e por isso a Musa alemã deverá ser de novo uma jovem alemã, livre, florescente, sem afetação e íntegra, e não uma freirinha lamuriosa, e não uma fidalguinha orgulhosa de seus ancestrais. E queiram muitos outros partilhar desta visão, que, em breve, não haverá mais discórdia entre plásticos e românticos!

Em 20 de março de 1820, Heine chegou a Berlim, uma cidade de 200.000 habitantes que se modernizava a passos largos, embora claudicantes. A Universidade Berlinense havia sido fundada em 1810, por Wilhelm von Humboldt, numa série de reformas administrativas que a humilhante derrota para os franceses, em 1806, estimulara. Na capital da Prússia, o poeta haveria de se entrosar rapidamente no meio cultural, conhecendo pessoas decisivas para o êxito de sua carreira literária, como a renomada judia Rahel Levin, amiga e correspondente de Goethe, que mantinha um dos salões literários mais disputados da Alemanha, casada com o escritor, político e diplomata Karl August Varnhagen von Ense, parente não muito distante do historiador brasileiro Francisco Adolfo de Varnhagen. O casal se ligou a Heine em amizade fiel e duradoura.

Em Berlim, conheceu o naturalista Alexander von Humboldt, o escritor-botânico Adelbert von Chamisso – autor de *A singular história de Peter Schlemihl* –, o poeta e escritor Friedrich de la Motte Fouqué – cujo romance *O anel mágico* inspirou sua tragédia "Almansor" –, e o excêntrico dramaturgo Christian Dietrich Grabbe. Frequentou o curso Filosofia da História do Mundo, de Hegel, o mais influente pensador da época, com quem teria contato pessoal; instruiu-se da Antiguidade Clássica com o renomado filólogo Friedrich August Wolf, e assistiu às aulas do jovem linguista Franz Bopp sobre a poesia indiana, tão em voga nessa época. Na metrópole berlinense, deu início à sua atividade jornalística, atuando pela primeira vez como correspondente, numa série de três artigos publicados sob a rubrica "Cartas de Berlim", no jornal *Rheinisch-Westfälischer Anzeiger*, entre fevereiro e julho de 1822, cuja linguagem desinibida causou furor e por pouco não lhe custou um duelo.

Nesse, que hoje pode ser considerado o texto inaugural da *flânerie* moderna – escrito 18 anos antes de "O homem da multidão", de Edgar Allan Poe, e inexplicavelmente ignorado por Walter Benjamin –, Heine conduz os seus leitores da província pelas ruas e avenidas movimentadas da metrópole, comentando monumentos, construções, nomes de rua, vitrines de grandes magazines, universidade, igreja, bolsa de valores, atrações da ópera e do teatro, cafés, lançamentos literários, crimes, escândalos, figuras da sociedade, artistas e celebridades, desferindo gracejos, ironias e farpas políticas *en passant*.

A fama de poeta, no entanto, só tomaria dimensão maior quando passou a publicar na renomada revista *Der Gesellschafter*, editada por Friedrich Wilhelm Gubitz, um professor da Academia de Arte, a quem Heine teria um dia se apresentando nos seguintes termos: "Eu lhe sou totalmente desconhecido, mas quero me tornar conhecido por seu intermédio". E foi justamente através da recomendação desse editor que ele conseguiu lançar, em dezembro de 1821, seu primeiro livro: *H. Heine – Poemas*.

Sua originalidade foi reconhecida de imediato – até mesmo por críticos não muito afeitos a tolerar todas as suas ousadias e provocações, como este resenhista não identificado que assinou "Schm.", no *Rheinisch-Westfälische Anzeiger*:

Em nossa literatura, jamais um poeta apresentou sua plena subjetividade, sua individualidade, sua vida interior, com tanta irreverência e com tão surpreendente despudor como o sr. Heine em seus poemas. [...] A mera burguesia, a mera humanidade é o elemento único que vive na poesia de Heine [...] – Heine é um poeta para o Terceiro Estado (tiers état).

E concluiu com palavras admoestadoras que parecem ter pairado para sempre sobre a cabeça do resenhado:

A natureza o escolheu como favorito, e o armou com todas as faculdades que o permitem tornar-se um dos maiores poetas da Alemanha; depende exclusivamente dele, se irá preferir ser funesto à sua pátria, como um fogo-fátuo desvirtuante ou gigantesca árvore venenosa.

Em 1822, um acontecimento levou Heine a refletir com mais profundidade sobre um tema que já o ocupava há pelo menos dois anos: sua condição judaica. O Edito de Emancipação – em vigor na Prússia desde 1812, um dos mais progressistas da Confederação Alemã, concedendo a cidadania aos judeus de Brandenburgo e garantindo-lhes o livre exercício de profissão, exceto em cargos da alta administração –, foi restringido para impedir o acesso de judeus às funções de professor e oficial do exército. Além disso, diversos salões literários e associações culturais passaram a exigir a "cristandade" de seus membros. O poeta extravasou a raiva, rompendo relações com um de seus melhores e mais antigos amigos, o jurista Christian Sethe:

Tudo o que seja alemão me repugna; e infelizmente és um alemão. Tudo o que seja alemão reage feito pólvora em mim. A língua alemã dilacera meus ouvidos. Meus próprios poemas me enojam, quando vejo terem sido escritos em alemão. Até o ato de escrever este bilhete me amargura, porque as letras alemãs afligem meus nervos dolorosamente.

Não levou a sério o rompimento; mas, em agosto do mesmo ano, engajou-se na Associação para a Cultura e Ciência dos Judeus, fundada por Eduard Gans – jurista e um dos mais destacados discípulos de Hegel –, Leopold Zunz – escritor, rabi e criador da moderna judaística – e Moses Moser – banqueiro poliglota e hegeliano. Nomeado vice-secretário do Instituto Científico, Heine tentaria promover a fundação de uma associação feminina, e dedicaria três horas por semana para ensinar história, língua alemã e francesa a jovens judeus que pretendiam ingressar na universidade. Também aproveitou o período e a proximidade de Zunz para se aprofundar na história e literatura judaicas, recolhendo subsídios para a novela *O Rabi de Bacherach*, que só viria a publicar, inacabada, em 1840. Embora a instituição tenha sido extinta em 1824, quando Heine já havia deixado Berlim, ele continuaria a manter contato regular com todos do grupo até o final da década, não se ocupando mais da "questão judaica", contudo, por considerá-la implícita numa preocupação maior: "a emancipação do mundo inteiro".

Em setembro de 1824, empreendeu uma viagem a pé pela cordilheira Harz, região bucólica, no centro da Alemanha, que os poemas, relatos e pesquisas de Goethe haviam tornado célebre. Aproveitando estar nas proximidades de Weimar, Heine – que nutria um sentimento bastante contraditório em relação a Goethe – lhe fez uma visita, da qual resultou, na época, apenas um breve registro no diário de Goethe – "Heine de Göttingen" – e um retrato pouco lisonjeiro do gênio por parte deste:

A aparência de Goethe me assustou até o fundo da alma: a face amarelada e com aspecto de múmia, a boca desdentada numa agitação apavorada; a figura inteira, uma imagem da decrepitude humana. Talvez consequência de sua última doença. Somente seu olho era claro e brilhante. Esse olho é a única curiosidade que Weimar possui agora.

No ano seguinte, recebeu finalmente o título de *Doctor Juris*, e tomou uma decisão da qual logo se arrependeria: tornar-se cristão, no intuito de ampliar seu leque de opções profissionais. Foi batizado por um pastor evangélico em 28 de junho de 1825, recebendo o nome de Christian Johann Heinrich Heine, nome que jamais divulgou – nem sequer parcialmente – ou permitiu que publicassem, continuando a assinar somente "H. Heine". O "bilhete de entrada na cultura europeia", como definiu a certidão de batismo, mostrou-se inútil. Em carta a Moses Moser, desabafou:

> Agora sou odiado por cristãos e judeus. Muito me arrependo de ter me batizado; não vejo no que isso me beneficiou; pelo contrário, desde então só tenho azar – Mas cala-te, és demasiadamente esclarecido para não sorrires disso.

Depois de passar férias na ilha de Norderney, no mar do Norte, onde se tratou dos primeiros sintomas da doença que o afligiria pelo resto da vida, estabeleceu-se em Hamburgo, onde pretendia atuar como advogado. Lá, conheceu o editor e livreiro Julius Campe, com quem iniciou uma das mais bem-sucedidas e duradouras parcerias da história editorial europeia, inaugurada em 1826, com o lançamento do livro que o levou ao topo da literatura alemã, e o fez merecer as primeiras resenhas estrangeiras: *Quadros de Viagem* – Primeira parte, reunindo: "Viagem ao Harz", "Mar do Norte – Parte I", as tragédias "Almansor" e "William Ratcliff", e o ciclo de poemas "Volta ao Lar", depois incluído no *Livro das Canções*.

Mas foi "Viagem ao Harz" que ficou no centro das atenções, provocando grande rebuliço entre críticos das mais variadas vertentes: alguns encantados com seu humor debochado, outros chocados pelo ordenamento caótico, pelo descaramento e blasfêmias; um resenhista inglês mais exaltado desejou que ele jamais fosse traduzido para o inglês! Em Göttingen – "cidade famosa pelas linguiças e universidade" –, alvo-mor de sua sátira, o livro foi imediatamente proibido, assim como no arquiconservador Império Austríaco.

Heine se ocupou intensamente da promoção do livro, solicitando resenhas de seus amigos e conhecidos. Julius Campe, hábil em driblar a censura, agiu com diligência para emplacar seu primeiro grande sucesso editorial. E não tardou a solicitar do autor a "Segunda parte", para que o interesse do público não arrefecesse. Até o final da década de 1830, Heine seria conhecido principalmente como o autor de *Quadros de Viagem*, que chegariam até a "Quarta parte", incluindo passagens pela Itália – "Viagem de Munique a Gênova", "Os Banhos de Lucca", "A Cidade de Lucca" –, Inglaterra – "Fragmento Inglês" – e o autobiográfico "Ideias. O Livro de Le Grand". Fora do ciclo, publicou ainda *Sobre a Polônia*, com reminiscências que aproveitaria depois em uma de suas obras mais divertidas – *Das Memórias do Senhor de Schnabelewopski*.

Empolgado pelo sucesso da prosa heineana, o editor Julius Campe não foi nada receptivo à ideia de reunir num único volume os poemas de Heine publicados desde 1817; ainda assim acabou se curvando à vontade de seu astro literário. A obra intitulada *Livro das Canções*, coligindo 237 poemas, divididos em cinco ciclos – "Sofrimento Jovem" (1817-1821), "Intermezzo Lírico" (1822-1823), "Volta ao Lar" (1823-1824), "Da Viagem ao Harz" (1824) e "Mar do Norte" (1825-1826) – foi mais um exemplo da refinada técnica compositória de Heine, de sua impressionante capacidade de amplificar sua produção literária e criar novos sentidos através de um meticuloso reordenamento das partes.

Publicado em 1827, o *Livro das Canções* levaria, no entanto, alguns anos para atingir a enorme popularidade que faria Walter Benjamin considerá-lo um dos três últimos livros de poesia a ter impacto no Ocidente, ao lado do *Ossian* (1765), de MacPherson, e das *Flores do Mal* (1857), de Baudelaire. Um êxito ainda mais abrangente devido às melodias de Schubert, Schumann, Mendelsohn, Brahms, Grieg, Hugo Wolf, Silcher e tantos outros, que fizeram de Heine um capítulo à parte da história da música: estima-se em cerca de 10.000 as composições feitas a partir de seus poemas, extraídos principalmente da sua primeira e mais famosa coletânea; somente o "Du bist wie eine Blume" ("Tu és como uma flor") viria a ser musicado 451 vezes.

Apesar do sucesso, o poeta ainda penava para prover o sustento material. Em viagem a Londres, recebeu a notícia de que fora contratado pelo Barão Johann Friedrich von Cotta, prestigioso editor de Goethe e Schiller, como redator de uma revista política em Munique. Para lá se dirigiu em outubro de 1827, passando por Kassel, onde conheceu os irmãos Grimm, e por Frankfurt, onde travou um primeiro e amistoso contato com seu futuro adversário, o jornalista, crítico e ativista político, Ludwig Börne, nascido Juda Löw Baruch, no gueto da cidade natal de Goethe.

A capital da conservadora e católica Baviera não era o local mais adequado para um judeu com a pecha de jacobino e ateu. Ainda assim, Heine alimentava a esperança de ser nomeado professor extraordinário na Universidade de Munique, por intermédio de seu conterrâneo Eduard von Schenk, então ministro da Cultura, no governo do rei Ludwig I. Em Munique, ele receberia a visita de um jovem admirador, o desconhecido Robert Schumann, então com 18 anos, que mais tarde iria musicar 46 de seus poemas, destacando-se especialmente no ciclo *Dichterliebe* Op. 48, sobre 16 poemas do "Intermezzo Lírico".

Percebendo que a revista política não teria longa duração, Heine resolveu fazer uma viagem de quatro meses pela Itália. Durante a ausência, foi alvo de um panfleto antissemita que arruinou de vez suas chances na Universidade de Munique. Mas ainda confiante em alcançar o posto acadêmico, voltou para Hamburgo, onde foi surpreendido pela morte do pai, ocorrida em 2 de dezembro de 1828, poucos dias antes de sua chegada. Em fevereiro de 1829, partiu para Berlim, onde trabalharia em seus *Quadros de Viagem* – Terceira parte. Em breve, estaria envolvido em uma das mais ruidosas polêmicas literárias já ocorridas na Alemanha.

Na peça teatral *O Édipo Romântico*, do poeta August, conde von Platen-Hallermünde, lançada no início de 1829, Heine foi ridicularizado como "Petrarca da Festa das Cabanas", "o mais desavergonhado das mortais gerações da humanidade" e outros epítetos de cunho antissemita. Platen – autor de *Gazéis*, *Espelho de Hafis* e *Novos Gazéis* – reagia a uma sátira aos epígonos do *Divã Ocidento-oriental*, que o dramaturgo Karl Leberecht Immermann havia publicado na segunda parte dos *Quadros de Viagem*, de Heine. Este, já informado de que não seria nomeado professor em Munique, e interpretando a afronta como parte da conspiração católico-conservadora que abortou sua carreira acadêmica, respondeu, em "Os Banhos de Lucca", com uma desmontagem arrasadora da poesia e caráter de seu oponente, fazendo ainda alusões – o que ultrapassava em muito as raias do tolerável na época – à homossexualidade camuflada de Platen. O escândalo foi gigantesco!

> Depois de uma batalha eu sou a placidez em pessoa, como Napoleão, que sempre se comovia quando, depois da vitória, cavalgava pelo campo de batalha. O pobre Platen! *C'est la guerre!* Não valia nenhum torneio de zombarias, mas sim a guerra de destruição em massa; e apesar de toda a ponderação ainda não posso vislumbrar as consequências do meu livro.

E estas não tardaram, desfavoráveis a ambos. O conde von Platen, coberto de vergonha, buscou refúgio na Itália, onde, em 1835, viria a falecer evenenado numa desastrada automedicação, após escapar a uma epidemia de cólera em Nápoles, onde havia se radicado, inspirando mais tarde o personagem Gustav von Aschenbach da novela *Morte em Veneza*, de Thomas Mann – escritor, aliás, que admirava os dois poetas. Heine, por sua vez, perdeu vários amigos na polêmica, vendo se fecharem as últimas portas que lhe restavam na Alemanha, o que apressaria a sua ida para a França.

O impulso decisivo para o exílio francês, no entanto, viria do primeiro grande abalo nas fortificações da Santa Aliança. Em julho de 1830, o povo de Paris derrubou o rei Bourbon Carlos X, levando ao trono Luís Filipe, o "Rei Burguês". O acontecimento faria eclodir uma onda de revoluções liberais por todo o continente. Heine, pego de surpresa na ilha de Helgoland, onde se recuperava dos meses atribulados, ficou arrebatado:

> Foi-se a minha ânsia por tranquilidade. Sei de novo o que eu quero, o que devo, o que preciso... Sou um filho da Revolução e

de novo pego as armas invulneráveis, sobre as quais a minha mãe proferiu a sua bênção mágica... [...] Eu sou todo alegria e canto, espada e chama!

O poeta chegou em Paris, no dia 19 de maio de 1831, entrosando-se rapidamente no meio cultural. Logo estaria frequentando os salões literários mais refinados da "Capital do Século XIX", publicando em jornais e revistas, organizando traduções de suas obras; conheceria os mais renomados escritores e poetas franceses, como Victor Hugo, Alfred de Musset, Lamartine, Alfred de Vigny, George Sand, Théophile Gautier, Gérard de Nerval, Alexandre Dumas e Honoré de Balzac. O "criador do romance moderno", aliás, adorava passear com Heine pelos Jardins das Tulherias, adivinhando o perfil dos anônimos que passavam, e consultando o poeta para ver se tinha acertado. Em 1840, dedicou ao amigo a novela *Um Príncipe da Boêmia*:

> Meu caro Heine, a você este Estudo, a você que representa em Paris o espírito e a poesia da Alemanha como na Alemanha representa a viva e espiritual crítica francesa; a você que sabe melhor do que ninguém o que pode haver aqui de crítica, de gracejo, de amor e de verdade.

Em Paris, frequentou a casa do poderoso barão James de Rothschild, banqueiro que estabilizou as finanças do governo de Luís Filipe, e inspirou a célebre frase de Heine: "Pois o Dinheiro é o Deus do nosso tempo e Rothschild é seu profeta". Conheceu a elite política da França – Lafayette, Odilon Barrot, François Guizot e Adolphe Thiers – e ainda os historiadores Augustin Thierry, François-Auguste Mignet, Jules Michelet e o crítico literário Charles Augustin Sainte-Beuve.

No meio musical, conviveu, entre outros, com Rossini, Franz Liszt, Giacomo Meyerbeer, Hector Berlioz e Frédéric Chopin – a quem chamou de "poeta do som". Em Paris, daria acolhida ao jovem Richard Wagner, que se inspirou em obras suas para escrever o argumento de duas de suas óperas – *O Navio Fantasma* e *Tannhäuser* –, uma dívida que fez questão de omitir, quando já era o autor declarado do libelo *O Judaísmo na Música*, publicado anonimamente em 1850, onde afirmava, entre outras, que o judeu não é capaz, "quer por sua aparência externa, quer por sua linguagem, e muito menos por sua canção, de se comunicar artisticamente conosco".

Por intermédio do poeta Théophile Gautier, uma fábula extraída de seus *Elementais* foi usada no enredo do mais famoso balé romântico: *Giselle ou Les Willis*, do compositor Adolphe Adam. O sucesso da obra o animaria a escrever dois argumentos para dança: *A Deusa Diana* e *Doutor Fausto. Um Poema-dança*; este último, acompanhado de um acurado estudo sobre a lenda fáustica. Deixaria ainda reflexões pioneiras sobre a dança popular urbana em *Noites Florentinas* e nos artigos que escreveu para o jornal *Augsburger Allgemeine*, reunidos depois sob o título *Lutécia. Relatos sobre Política, Arte e Vida Popular*, provavelmente a mais original e lúcida crônica da metrópole parisiense, nos anos que antecederam as reformas de Haussmann:

Um daguerreótipo honesto precisa reproduzir uma mosca tão fielmente quanto o cavalo mais altaneiro, e meus relatos são um livro de história daguerreotípico, onde cada dia faz seu próprio retrato, e, através do arranjo dessas imagens, o espírito ordenador do artista produziu uma obra, na qual o objeto representado documenta sua autêntica fidelidade por meio de si mesmo. Portanto, meu livro é, ao mesmo tempo, um produto da natureza e da arte, e enquanto hoje ele talvez baste às necessidades populares do público leitor, poderá, de qualquer maneira, servir aos futuros historiógrafos de fonte que contém em si própria, como já disse, a cidadania de sua verdade cotidiana.

Embora Heine tenha circulado mais por entre músicos, compositores e gente do teatro do que no meio das artes plásticas, sua primeira atuação jornalística em Paris foi justamente um artigo sobre o Salão de Pinturas, no qual Delacroix se destacou com o quadro *A Liberdade Guiando o Povo*, que se tornaria a mais famosa representação visual das revoluções liberais de 1830. Escrito para o *Morgenblatt für gebildete Stände*, seria depois publicado em livro com o título "Pintores Franceses", na Alemanha, e "Salão de 1831", na França. Nele, o poeta deixou observações que seriam mais tarde citadas pelo jovem crítico de arte Charles Baudelaire, em seu "Salão de 1846", e ecoariam no "Manifesto do Surrealismo", de André Breton, em 1924:

> Na arte eu sou supernaturalista. Creio que o artista não pode descobrir todos os seus tipos na natureza, mas que os mais notáveis lhe são revelados, por assim dizer, na alma, como simbólica inata de ideias inatas. Um esteta recente [Carl Friedrich von Rumohr], que escreveu *Investigações Italianas*, tentou fazer o velho princípio da Imitação da Natureza de novo palatável, ao afirmar: o artista plástico deveria encontrar seus tipos na natureza. Esse esteta, ao erigir uma tal premissa maior para as artes plásticas, não pensou em uma das mais primordiais, ou seja, a arquitetura, cujos tipos imaginamos retroativamente nas ramagens da floresta e nas grutas do penhasco, mas que decerto não encontramos lá primeiramente. Não achavam-se na natureza exterior, mas na alma humana.

Em dezembro de 1831, Heine foi contratado pelo barão von Cotta como correspondente do jornal *Augsburger Allgemeine*. Seus artigos, publicados durante o ano de 1832 sob a rubrica "Situações Francesas", alcançaram grande repercussão. Não era o único a escrever sobre os acontecimentos políticos e sociais da França para o público alemão. A dura repressão que se seguiu às revoluções malogradas nos territórios da Confederação Germânica, Itália e Polônia, principalmente, levou milhares de refugiados políticos a Paris, contribuindo para o incremento populacional da cidade, que logo atingiria a cifra de 900.000 habitantes. A porcentagem de alemães não era inexpressiva: calcula-se que pelo menos 60.000 vivessem na metrópole francesa, muitos dos quais conspirando por uma revolução republicana em seu país de origem.

Entre os mais ativos e influentes, Ludwig Börne, que, morando em Paris desde 1830, divulgava suas crônicas políticas e conclamações em cartas abertas endereçadas à sua musa Jeanette Wohl. Jornalista de maior reputação na Alemanha do que Heine, onze anos mais velho do que este, mas sem o mesmo entrosamento no meio intelectual de Paris, homem de temperamento austero, obcecado em seu papel de opositor do regime, e ressentido com a recusa de colaboração do ilustre companheiro de exílio – não tardou a fazer deste o alvo preferencial de seu patrulhamento ideológico.

Heine jamais revidou publicamente as agressões, o que só fez aumentar o rancor de seu adversário. Após a morte de Börne, em 1837, o poeta dedicou um livro inteiro para um balanço final, onde esmiuçou, com a irreverência costumeira, os pontos de vista, fazendo uma defesa enfática da autonomia da arte, e onde lançou a sua famosa distinção dos homens em "helenos" e "nazarenos", que seria mais tarde aproveitada por Friedrich Nietzsche.

Ludwig Börne. Um memorial, publicado em 1840, teve uma recepção desastrosa, a começar pelo erro do editor Julius Campe de imprimi-lo, contra a orientação do autor, com o título *Heine sobre Börne*, o que foi interpretado como tripudiação grosseira sobre o túmulo de um mártir da causa republicana. O escândalo seria ainda maior devido aos comentários debochados sobre a relação de Börne com Jeanette Wohl, esposa do comerciante Salomon Strauß. O marido, ofendido em sua honra, acabou se complicando, contudo, ao espalhar o boato de que teria estapeado o poeta em público, o que levou Heine a desafiá-lo a um duelo.

O acerto de contas com Strauß, ocorrido em Paris, no dia 7 de setembro de 1841, não teria, porém, sérias consequências para Heine: saiu-se com um tiro de raspão na coxa e casado na igreja católica de Saint-Sulpice com Augustine Crescence Mirat, a bela e jovem *grisette* que ele havia conhecido na Passage de Panoramas, em 1834. Vivia com ela, desde então, num relacionamento ardente e conturbado que ele resolveu oficializar, uma semana antes do duelo, para assegurá-la financeiramente, na eventualidade de sua morte.

Filha de uma camponesa mãe-solteira que a enviou adolescente à capital para trabalhar na sapataria de uma tia, Crescence era uma mulher simplória, temperamental, gastadeira e sem a menor vocação doméstica – um "Vesúvio do lar", segundo Heine. O poeta, que não suportava seu nome verdadeiro, a chamava de Mathilde, para os alemães, e Juliette, para os franceses. Ela não desconfiava da ascendência judaica do companheiro e nem tinha noção exata de sua fama literária, o que era motivo de riso por parte dos amigos de Heine, mas muito o enternecia: "Ela me ama da forma mais pessoal, e a crítica não tem nada a ver com isso!" Seu inseparável bichinho de estimação, o papagaio Cocotte, era alvo constante do ciúme e irritação de Heine, que, sofrendo de hipersensibilidade auditiva, chegou a atentar contra a vida do pássaro, para em seguida lhe comprar outro. Mathilde sobreviveria ao marido em 27 anos, vindo a falecer, sem nunca ter se casado novamente, em 1883, no dia da morte do marido, e rodeada por 60 papagaios.

Mas se durante as décadas de 1830 e 1840 a reputação de Heine ardia paradoxalmente e conflitante como sua vida conjugal, na Alemanha – onde se tornava, por um lado, cada vez mais popular graças ao êxito do *Livro das Canções* e aos inúmeros *Lieder* que seus poemas inspiravam; mas era, por outro, estigmatizado como frívolo e sem caráter por intelectuais da direita e da esquerda –, na França, ele ascendia ao posto de "poeta alemão" por excelência. E foi com um zelo todo especial que ele se lançou à tarefa de demolir o retrato que a famosa Madame de Staël havia construído da cultura alemã em seu célebre ensaio *De l'Allemagne*, de 1813:

> Esse livro sempre me causou impressão um tanto cômica quanto irritante. Aí vejo uma mulher apaixonada com toda a sua turbulência, vejo como esse furacão de saias assola nossa tranquila Alemanha, como em todo lugar exclama encantada: que silêncio refrescante me envolve aqui! Ela estava queimando na França e veio à Alemanha para se refrescar entre nós. O hálito casto de nossos poetas fez-lhe tão bem nos seios ardentes e ensolarados! Observou nossos filósofos como se fossem diferentes sabores de sorvete, e lambeu Kant como um sorvete de baunilha, Fichte como um de pistache, Schelling como um de arlequim! [...] A boa dama viu em nós apenas o que queria ver: uma enevoada terra de espíritos, onde homens incorpóreos, pura virtude, vagueiam por campos nevados, divagando sobre ética e metafísica!

Sua primeira investida foi numa série de artigos que vieram a público em 1833, no jornal *L'Europe Litteráire* e prosseguiram, com a extinção deste, na *Revue des Deux Mondes*, sob o título "Estado Atual da Literatura Alemã". No ano seguinte, publicaria na mesma revista, "Da Alemanha desde Lutero", oferecendo um panorama do pensamento alemão até Hegel, no que é, provavelmente, a mais saborosa e instigante obra de vulgarização filosófica já escrita.

As duas séries de artigos – que sairiam em alemão separadamente como *A escola romântica* e *Contribuição à História da Religião e Filosofia na Alemanha* – foram publicadas em 1835, na França, num único volume provocativamente intitulado *De l'Allemagne*.

O momento era mais do que oportuno para um balanço geral: Goethe, o Júpiter Olímpico das Letras alemãs, havia morrido em março de 1832, pedindo "mais luz!"; e "o grande Hegel, o maior filósofo que a Alemanha produziu desde Leibniz", três meses antes, numa epidemia de cólera, suspirando desconsolado – "só um homem me entendeu, e mesmo ele, não".

Heine, que havia previsto com alguns anos de antecedência o fim de um período das artes, reafirmou sua posição, partindo para um violento ataque contra a Escola Romântica de seu antigo mestre August von Schlegel. Ele, que havia se arrependido do batismo em 1825, declarava-se então – tal como o faria mais tarde o judeu-russo Ossip Mandelstam – programaticamente "protestante", frisando que a Revolução era "a grande filha da Reforma". Numa época em que o gosto por temas medievais havia tornado *chic* a conversão ao catolicismo, e até impulsionava tentativas de se reverter a secularização do Estado francês, Heine apontava as diferenças fundamentais por trás da atitude romântica em cada um dos lados do Reno:

Os escritores que na Alemanha tiraram a Idade Média da tumba tinham outras intenções, como se poderá ver nestas páginas, e a influência que exerceram sobre as grandes multidões prejudicou a liberdade e a felicidade da minha pátria. Os escritores franceses tiveram somente interesses artísticos, e o público francês buscou apenas saciar a curiosidade que de repente lhe despertaram. A maioria olhou para os túmulos do passado tão só no intuito de escolher uma fantasia interessante para o carnaval. A moda do gótico, na França, não passou justamente de uma moda, servindo apenas para aumentar o gozo do presente. Deixava-se ondular os cabelos medievalmente compridos, e na mais furtiva observação do barbeiro de que não combinavam com a roupa, mandava-se cortá-los curtos, com todas as ideias medievais que lhe estavam atreladas. Ah! na Alemanha é diferente. Talvez porque lá a Idade Média não está, como entre vós, totalmente morta e apodrecida. A Idade Média alemã não jaz assassinada na cova, mas é reavivada de vez em quando por um fantasma perverso, e adentra em nosso meio à luz do dia, e suga a vida vermelha de nosso peito... Ah! não vedes como a Alemanha é tão pálida e triste? Especialmente a juventude alemã, que até pouco tempo vibrava de entusiasmo?

Em sua bombástica cartografia literária, Heine fez uma inusitada comparação: "o povo alemão é ele próprio aquele erudito doutor Fausto, é ele próprio aquele espiritualista que através do espírito compreendeu a insuficência do espírito e clama por pra-zeres materiais e devolve à carne os seus direitos". E no destrinchamento das qualidades e defeitos de Goethe, distanciou-se tanto da barulhenta malta de detratores como da assembleia fiel de seus seguidores, traçando um retrato bem mais reverente do que a caricatura impiedosa que esboçara em 1824, por ocasião do único encontro:

De fato, quando o visitei em Weimar e me vi diante dele, desviei sem querer o olhar, para ver se também não avistava ao seu lado a águia com os raios no bico. Por pouco não me dirigi a ele em grego; mas quando percebi que ele compreendia o alemão, contei-lhe – em alemão – que as ameixas no caminho entre Iena e Weimar eram muito saborosas. Logo eu que durante tantas noites de inverno havia remoído o que dizer de sublime e profundo a Goethe quando o visse. E quando finalmente o vi, disse-lhe que as ameixas da Saxônia eram muito saborosas. E Goethe sorriu. Sorriu com os mesmos lábios com os quais beijara outrora Leda, Europa, Dânae, Semele e tantas outras princesas ou ninfas comuns – *Les dieux s'en vont*. Goethe está morto.

E para Heine, a literatura romântica alemã – "flor da paixão, brotada do sangue de Cristo" – parecia um "grande lazareto": "o brilho rosa na poesia de Novalis não é a cor da saúde mas da tísica", "a incandescência púrpura nas 'peças fantásticas' de Hoffmann não é a chama do gênio mas da febre" e o próprio crítico, que também não se julgava lá muito saudável, perguntava aos seus botões se "a poesia não seria talvez uma doença dos homens, como a pérola, que no fundo não passa da matéria mórbida da qual a pobre ostra padece?"

Salvaram-se poucos no seu diagnóstico, como Eichendorff, Chamisso e Wilhelm Müller. Foi, no entanto, a partir do elogio a um criador de quem era tributário – tão popular quanto controvertido na Alemanha de seu tempo –, o labiríntico Jean Paul, que ele descreveu e enalteceu o escritor da nova era:

Seu coração e seus escritos eram um e o mesmo. Essa qualidade, essa completude encontramos também nos atuais escritores da Jovem Alemanha, que da mesma forma não querem distinguir entre viver e escrever, que jamais separam a política da ciência, arte e religião, e que são ao mesmo tempo artistas, tribunos e apóstolos. Sim, repito a palavra apóstolos, pois não conheço outra mais representativa. Uma nova crença anima-a com uma paixão que os escritores dos períodos anteriores não conheciam. É a crença no progresso, uma crença que surge do saber. Nós medimos a terra, pesamos as forças da natureza, calculamos os meios da indústria, e eis que descobrimos que este mundo é grande o bastante; que ele oferece a todos espaço suficiente para cada um construir a cabana de sua felicidade; que este mundo pode alimentar a todos nós adequadamente, se todos trabalharmos, e uns não quiserem viver às custas dos outros; e que não precisamos encaminhar as classes mais populosas e pobres para o Céu.

O socialismo utópico também inspirou o panorama teológico-filosófico que ele dedicou a um dos "pais supremos" da doutrina de Saint-Simon, Barthélemy Prosper Enfantin. Embora simpatizasse com as ideias saint-simonistas, Heine não suportou por muito tempo as bizarrices esotéricas de seus adeptos, preferindo manter-se a distância. Quando o movimento se desmantelou, comentaria com o amigo Varnhagen:

> Que os saint-simonistas se retirem talvez seja muito útil à doutrina. Ela cairá em mãos mais sábias. Especialmente a parte política, a teoria da propriedade, que haverá de ser melhor elaborada. No que me toca, eu só me interesso mesmo pelas ideias religiosas, que só precisam ser pronunciadas para mais cedo ou mais tarde entrarem na vida.

Embora dirigido ao público francês – "pois os produtos de nossa bela literatura permanecem flores mudas para eles, e todo o pensamento alemão um enigma inóspito, enquanto não conhecerem o significado da religião e da filosofia na Alemanha" –, o texto também tinha destinatário certo em sua terra natal:

> Grandes filósofos alemães, que por acaso lancem o olhar sobre estas folhas, irão dar de ombros elegantemente acerca da forma miserável de tudo o que dou a público aqui. Mas queiram eles levar em conta que o pouco que digo é completamente claro e inteligível, enquanto as suas obras, ainda que tão fundamentadas, incomensuravelmente fundamentadas, tão profundas, estupendamente profundas, são incompreensíveis. Do que vale ao povo o celeiro para o qual não tem a chave? O povo está faminto de saber, e agradece o pedacinho de pão do espírito que partilho com ele honestamente.

A dissertação trouxe algumas das passagens mais brilhantes do humor heineano, sem ofuscar, todavia, o embasamento teórico e a pertinência de seus argumentos acerca da igreja católica, Reforma, Lutero, Descartes, Locke, Leibniz, Spinoza, Molière, Voltaire, Lessing, Kant, Goethe, Fichte, Schelling e Hegel; ideias que são ainda capazes não só de instruir e entreter o leitor contemporâneo como também de surprendê-lo através de sua agudeza e originalidade, fazendo-o lamentar que o autor não tenha vivido para discorrer sobre Nietzsche, Heidegger, Wittgenstein, Adorno e Walter Benjamin:

> Lutero não compreendeu que a ideia do cristianismo, a negação da sensualidade, era por demais contrária à natureza humana para ser totalmente realizável na vida; não compreendeu que o catolicismo era, por assim dizer, uma concordata entre Deus e o Diabo, ou

seja, entre espírito e matéria, através da qual a monarquia absoluta do espírito era proclamada em teoria, mas a matéria colocada em posição de exercer na prática todos os seus direitos anulados.

*

Mas esse Martinho Lutero não nos deu apenas a liberdade de movimento, mas também o meio de movimento; ao espírito ele deu um corpo. Deu ao pensamento também a palavra. Ele criou a língua alemã. Isso aconteceu quando traduziu a *Bíblia*. De fato, o autor divino desse livro parece ter sabido tanto como nós outros, que não é de forma alguma indiferente por quem se é traduzido, e escolheu ele mesmo o seu tradutor, e lhe concedeu o poder milagroso de traduzir de um língua morta e enterrada para outra que ainda nem existia.

*

Uma nova ordem das coisas se forma; o espírito faz invenções que incentivam o bem-estar da matéria; com a prosperidade da indústria, e através da filosofia, o espiritualismo vai sendo desacreditado na opinião pública; o Terceiro Estado se levanta; a revolução já está rosnando nos corações e mentes; e aquilo que o tempo sente e pensa e precisa e quer é anunciado, e esta é a matéria da literatura moderna.

*

Agora a poesia não é mais objetiva, épica e ingênua, mas subjetiva, lírica e reflexiva.

*

A próxima meta de todas as nossas novas instituições há de ser, num certo sentido, a reabilitação da matéria, a recuperação de sua dignidade, seu reconhecimento moral, sua santificação religiosa, sua reconciliação com o espírito. Purusha irá de novo se casar com Prakriti. Foi através de sua violenta separação, tão engenhosamente narrada no mito indiano, que surgiu o grande dilaceramento do mundo, o mal.

*

Não lutamos pelos direitos humanos do povo, mas pelos direitos divinos dos homens. Nisso, e ainda em algumas outras coisas, nos distinguimos dos homens da Revolução. Não queremos ser sans-culottes, cidadãos frugais, presidentes baratos: nós promovemos uma democracia de deuses em igualdade de magnificência, santidade e alegria. Reivindicais trajes simples, costumes abnegados e prazeres sem tempero; nós, pelo contrário, reivindicamos néctar e ambrosia, mantos púrpuras, perfumes caros, volúpia e esplendor, dança sorridente de ninfas, música e comédias.

*

No momento em que uma religião requer ajuda da filosofia, seu declínio é inevitável. Ela busca defender-se e vai tagarelando cada vez mais fundo na ruína. A religião, como todo absolutismo, não deve se justificar. Prometeu é acorrentado no rochedo por uma violência calada.

*

Ainda que Immanuel Kant, esse grande destruidor no reino dos pensamentos, tenha superado em muito a Maximilian Robespierre no terrorismo, ele compartilha algumas semelhanças com este, o que nos obriga a uma comparação dos dois homens. Primeiro, encontramos em ambos aquela honestidade inclemente, cortante, sóbria e sem poesia. Depois, o mesmo talento para a desconfiança,

crônicas do sr. um nada

apenas que um a exerceu contra pensamentos, chamando-a de Crítica, enquanto o outro aplicou-a contra homens, intitulando-a virtude republicana. No mais alto grau, porém, mostra-se em ambos o tipo pequeno-burguês – a natureza os destinara a pesar café e açúcar, mas o destino quis que pesassem outras coisas, e colocou, na balança de um, um rei, e, na do outro, um Deus... E eles deram o peso correto!

*

Devido à secura de suas abstrações, a filosofia kantiana foi muito prejudicial às belas artes e letras. Por sorte, ela não se intrometeu na gastronomia.

*

É uma circunstância característica, que a filosofia de Fichte tenha sofrido sempre com a sátira. Vi certa vez uma caricatura que representava um ganso fichteano. Ele tinha um fígado tão grande que já não sabia mais se ele era ganso ou fígado. Na barriga estava escrito: Eu = Eu.

*

Goethe foi o Spinoza da poesia.

*

[...] o Sr. Schelling é uma daquelas criaturas, às quais a natureza conferiu mais pendor para a poesia do que potência poética, e que, incapazes de se satisfazerem com as filhas do Parnaso, refugiaram-se nas florestas da filosofia e ali mantêm o mais infértil casamento com hamadríades abstratas.

*

Nossa Revolução filosófica está concluída. Hegel fechou o seu grande círculo.

*

A filosofia alemã é um assunto importante e que diz respeito à toda humanidade, e só as gerações futuras poderão decidir se haveremos de ser criticados ou louvados por termos elaborado nossa filosofia primeiro do que nossa Revolução. Parece-me que um povo metódico como o nosso precisava começar pela Reforma, e só a partir daí ocupar-se com a filosofia; e somente depois da consumação desta última, passar para a Revolução política. Acho a ordem bastante razoável. As cabeças, que a filosofia usou para raciocinar, a Revolução poderá depois decepar para o que bem entender. Mas a filosofia jamais poderia ter, se a Revolução a tivesse precedido, usado as cabeças que esta decepou.

Heine, que já havia feito sua mais conhecida profecia – "Foi só o prelúdio: onde queimam livros, / No final, também hão de queimar homens" –, na tragédia *Almansor*, finalizou o compêndio com palavras de exortação que devem ter soado bastante exageradas ao público francês da época, mas hoje impressionam pela incrível presciência:

O pensamento vai à frente da ação, como o raio do trovão. O trovão alemão é sem dúvida alemão e não muito ágil, e vem se formando devagar; mas ele virá, e quando vós o escutardes troar, como nunca antes troou na história do mundo, sabereis então que ele finalmente atingiu o seu alvo. [...] Um drama há de ser encenado na Alemanha que fará a Revolução Francesa parecer um idílio inofensivo.

Ainda que os eruditos da época tenham ignorado o texto de Heine, não enxergando nele mais do que uma coleção de frases espirituosas, mereceu a atenção de ao menos um leitor digno de nota – Clemens von Metternich, que não só o apreciou como o indicou a seus asseclas:

> Eu recomendo-lhe essa obra porque contém a quintessência das intenções e esperanças da bagagem com a qual nos ocupamos. Ao mesmo tempo, o produto heineano é uma obra-prima em relação ao estilo e descrição. Heine é a grande cabeça entre os conspiradores.

As palavras elogiosas valeram-lhe a proibição sumária em todos os estados da Confederação Germânica, num edito batizado de Lex Heine e promulgado em 1835, incluindo os demais escritores da chamada "Jovem Alemanha", alguns dos quais tiveram a prisão decretada. Julius Campe, principal editor dos autores proscritos, precisou usar de toda a sua astúcia para continuar vendendo livros. As medidas, contudo, não deixariam de afetar financeiramente o poeta, que, vivendo com uma coquete nada parcimoniosa, e com problemas de saúde cada vez mais constantes, se viu forçado a recorrer à ajuda "familionária" do tio, para usarmos aqui uma de suas palavras-valise, aquela que Freud dissecou em "O chiste e sua relação com o inconsciente". Graças à intercessão de seu irmão Maximilian e do compositor Giacomo Meyerbeer, passou a receber uma pensão de Salomon Heine em 1839.

Em 1840, o governo de Adolphe Thiers, procurando desviar as atenções da opinião pública francesa, entrou em conflito com a Confederação Germânica, ao requerer a posse dos territórios da margem oeste do rio Reno. A chamada "Crise do Reno" inflamaria os ânimos das duas nações, deflagrando uma enxurrada de versos patrióticos em ambas as línguas. Heine distanciou-se do chauvinismo reinante, distribuindo ironias a torto e a direito:

> [...] porque eu próprio não sou tão burro ou mau a ponto de desejar que meus franceses e alemães, os dois povos eleitos da humanidade, quebrem o pescoço um do outro para o bem da Inglaterra e da Rússia, e para o regojizo de todos os fidalgos e curas do planeta. Tranquilizai-vos, jamais entregarei o Reno aos franceses, pelo simples motivo de que o Reno me pertence.

Ainda assim, acompanhou atentamente a produção dos poetas engajados que despontaram nesse período de fervura cívica, alcançando tiragens extraordinárias:

> Naquele tempo florescia a chamada poesia política. A oposição, como diz Ruge, vendia seu couro e tornava-se poesia. As musas receberam a severa instrução de não mais vaguear ociosas e levianas, mas de servir à pátria, como espécie de vivandeiras da liberdade ou lavadeiras da nacionalidade germânico-cristã. Ergueu-se no bosque dos bardos alemães, em especial, aquele *pathos* vago e infrutífero, aquela névoa de entusiasmo inútil que se arroja, sem medo da morte, num oceano de generalidades [...] O talento era, então, uma qualidade bastante desfavorável, pois levantava a suspeita de falta de caráter.

Decidido a fazer um contrapeso à "poesia-tendência", Heine escreveu, em 1841, seu mais longo poema até então: o épico satírico *Atta Troll. Um Sonho de Uma Noite de Verão*, composto por 2.292 heptassílabos não rimados, e dividido em 27 cantos.

O poema, publicado primeiramente no *Zeitung für die elegante Welt*, de Heinrich Laube, permaneceu – "assim como todas as grandes obras dos alemães, como a catedral de Colônia, o Deus de Schelling, a constituição da Prússia etc." – inacabado, mas destacou-se como uma de suas obras mais populares e influentes; serviria até como uma das fontes de inspiração para *A Revolução dos Bichos*, de George Orwell.

Em maio de 1842, a cidade de Hamburgo foi devastada durante quatro dias por um terrível incêndio que destruiu um terço do centro antigo, cerca de 1.200 prédios, deixando mais de 20.000 pessoas desabrigadas. A catástrofe consumiu todos os documentos relativos à infância e adolescência de Heine, mas acabou levando o poeta a finalmente empreender a viagem que a tempos desejava – para rever sua mãe, irmã e o tio benemérito. Pretendia revigorar também a parceria com o editor Julius Campe, bastante desgastada com a turbulência dos anos. Viajou em segredo, para não chamar a atenção da polícia prussiana, chegando em Hamburgo no dia 29 de outubro de 1843.

A viagem transcorreu sem incidentes, apesar das sequelas que a doença já lhe trouxera: estava cego de um olho e com dificuldades para andar. Retornou a Paris em 7 de dezembro do mesmo ano. Três meses depois, escreveria ao editor para comunicar sua mais nova criação, uma série de "Quadros de viagem versificados":

> É um poema rimado [...] que expressa toda a fermentação de nossa atualidade alemã da forma mais pessoal e irreverente. Ele é político-romântico, e dará, espero eu, o golpe mortal na bombástico-prosaica poesia-tendência. Sabes que não me vanglorio, mas desta vez estou certo de ter produzido uma obrinha que

há de causar mais furor que as brochuras mais populares, e que, no entanto, terá o valor perene de uma poesia clássica.

O poeta não errou em seu prognóstico: o épico-satírico *Alemanha. Um Conto de Inverno* é hoje considerado o ápice da poesia política alemã da primeira metade do século XIX. Também dividido em 27 cantos, mas com 2.032 versos irregulares e rimados, foi publicado em 1844, na coletânea *Novos Poemas*. Enquanto a "poesia-tendência" caminhou incontornavelmente para o esquecimento, o poema de Heine permaneceu estimulante, vindo até a merecer uma "atualização histórica" pelas mãos do poeta dissidente Wolf Biermann, no início dos anos de 1970.

Na época de sua publicação, contudo, a obra de Heine foi vista na Alemanha como antipatriótica e execrada pela grande maioria. Pôde encontrar, no entanto, especialmente em meio ao nascente movimento socialista, alguns leitores entusiasmados, entre os quais, um jovem intelectual e jornalista de 25 anos que acabara de se refugiar em Paris, após o fechamento pela polícia do jornal que editava.

Filho de um judeu-alemão que se converteu ao protestantismo pelas mesmas razões que as de Heine, recém-casado com a bela filha do barão von Westphalen, Karl Heinrich Marx conheceu o poeta quando este voltava de sua inspiradora viagem a Hamburgo. A identificação foi imediata, e este logo estaria frequentando a residência do jovem casal, e contribuindo com poemas para as publicações de Marx e de seus colaboradores, em Paris: os *Deutsch-Französischen Jahrbücher*, primeiramente, e depois o jornal *Vorwärts!*, onde sairiam, em primeira mão, alguns de seus poemas políticos mais famosos, como "Ratos Retirantes", "Miserê", "Lenda do Castelo", "Esperem Só" e "Os Tecelões da Silésia". Este último, inspirado numa greve violentamente reprimida, foi distribuído como panfleto aos milhares, na região do incidente, e virou um dos hinos mais populares do movimento operário internacional, graças à tradução para inglês feita por Friedrich Engels. Quando o jornal *Vorwärts!* foi embargado, por exigência do governo prussiano, e seus editores expulsos da França, Marx se despediu do poeta com palavras saudosas: "De tudo, em pessoas, que aqui eu deixo, a herança heineana é a que mais me aflige. Como gostaria de colocá-lo em minha bagagem".

A década de 1840 foi especialmente atribulada para Heine: além do mencionado incidente com o livro sobre Börne, a sua segunda coletânea poética – *Novos Poemas* –, publicada em 1844, após anos de atravancadas negociações com seu editor, foi pessimamente recebida pela crítica, proibida pela censura e listada no *Index* da Igreja Católica. O que não afetou – e talvez tenha até ajudado – a vendagem de seu livro de poemas mais variado, dividido em cinco ciclos – "Nova Primavera", "Diversos", "Romances", "Para Ollea" e "Poemas do Tempo"; com o segundo ciclo dividido em 12 subciclos – "Seraphine", "Angelique", "Diana", "Hortense", "Clarisse", "Yolante e Marie", "Emma", "Cantos da Criação", "Friederike", "Katharina", "No Estrangeiro" e "Tragédia" –, contendo ainda o poema "O Tannhäuser".

Atribulações bem maiores vieram com a morte de Salomon Heine, naquele mesmo ano: o patriarca partiu sem mencionar em testamento a pensão do sobrinho. As discussões de Heine com o primo Carl Heine azedaram-se depressa, devido às condições inaceitáveis que este impôs para prosseguir no pagamento. O compositor Meyerbeer foi mais uma vez chamado a interceder, e até o jovem advogado Ferdinand Lassalle, futuro fundador da Social-Democracia alemã, atuaria nessa controvérsia familiar que durou até o início de 1847, contribuindo bastante para piorar o já debilitado estado de saúde do poeta.

Muito se tem discutido sobre a natureza da enfermidade que começou a atormentá-lo desde a juventude. O diagnóstico da época, e que o poeta transformaria num expressivo tópos poético em sua obra tardia, apontou inequivocamente para a sífilis. Especialistas posteriores aventaram, sem que nunca se descartasse a doença venérea, outras hipóteses, como tuberculose com subsequente meningoencefalite, esclerose múltipla, polioencefalite crônica, porfiria aguda intermitente, e até envenenamento por chumbo.

Quando, em fevereiro de 1848, a revolução irrompeu em Paris, levando à abdicação do rei Luís Felipe, e encerrando, logo em seguida, o longo primado de Metternich na Europa, o poeta poderia ainda testemunhar de perto os acontecimentos; três meses depois, porém, sofreria um súbito colapso no Louvre – diante da própria Vênus de Milo – que haveria de prendê-lo ao leito, sua "cripta de colchões", pelo resto da vida.

Sua morte foi dada por iminente. Mas Heine sobreviveria por intermináveis oito anos, durante os quais, na França, a sua efígie iria lentamente se transfigurar – até que no mefistofélico rosto do "Apolo germânico" brotassem as feições de um Cristo sofredor. O poeta, no entanto, prefiriu se valer de uma figura mais modesta do *Evangelho* – Lázaro. Mas foi com um personagem bem mais antigo, saído dos livros sapienciais do *Tanakh*, que ele verdadeiramente se identificou – o injustiçado Jó. E para encarnar seu novo papel, largou o panteísmo da juventude e voltou "à velha superstição, ao Deus pessoal":

Arre! o escárnio de Deus caiu pesado sobre mim. O grande Autor do universo, o Aristófanes do Céu, quis demonstrar com toda clareza ao pequeno terráqueo chamado de Aristófanes alemão, como os mais divertidos sarcasmos deste não passam de gracejos sofríveis em comparação com os seus, e o quão deploravelmente atrás devo ficar, no humor, na zombaria colossal.

*

O Deus dileto, que me tortura tão cruel, hei de denunciar à Sociedade Protetora dos Animais.

Prostrado numa pilha de colchões, forçado a levantar com o dedo a pálpebra do único olho que lhe restara, recebendo doses cada vez mais fortes de morfina para suportar as dores, continuou a trabalhar incansavelmente, com o auxílio de secretários, revisando traduções de suas obras, escrevendo cartas, recebendo visitas do mundo inteiro, e, principalmente, compondo os poemas que integrariam sua terceira e mais densa coletânea de poesia – *Romanzero* –, publicada em 1851. Dividida em três livros – "Histórias", "Lamentações" e "Melodias Hebraicas" –, a obra reunia poemas predominantemente longos, onde a temática judaica se sobressaía ao lado de uma variedade impressionante de cenários, períodos e personagens históricos – o Egito antigo, a Pérsia clássica, a Índia dos marajás, a Paris das *grisettes*, Hernan Cortez, Montezuma, a Alemanha medieval, Ricardo Coração de Leão, a Espanha da Reconquista, os poetas Firdusi e Jaufre Rudels, exilados poloneses etc. Estes foram acrescidos de sátiras contemporâneas e reclamações blasfêmicas ao recém-empossado "Deus pessoal". No posfácio do livro, Heine fez um relato minucioso de suas desventuras, justificando seu "retrocesso religioso", mas reafirmando a crença inabalável nos "princípios democráticos" que aqueceram a sua juventude.

As notícias de que o poeta estaria à beira da morte e as especulações em torno de sua "conversão" ajudaram a alavancar a vendagem do livro, que em apenas dois meses esgotou quatro edições. Por parte da crítica, contudo, haveria de merecer recepção tão contraditória quanto a imagem de seu autor, como demonstrou um resenhista: "O livro é ruim, leviano, imoral, cheio de vacuidades, repleto de maneirismos, porém – precisamos reconhecer a verdade, – isso talvez seja vergonhoso, mas é assim: ele nos divertiu". O próprio autor não foi menos rigoroso com sua obra-prima:

> Não estou cego, infelizmente, como os pais costumam estar para com seus amados pimpolhos. Conheço muito bem os seus defeitos. Meus novos poemas não têm a perfeição artística, nem a intelectualidade interior, nem a força ondulante de meus poemas antigos, mas as matérias são mais atrativas, mais coloridas, e talvez o tratamento também os faça mais acessíveis às multidões, o que poderá proporcionar-lhes sucesso e popularidade duradoura.

Chegaria a publicar ainda uma última coletânea – *Poemas. 1853 e 1854* –, enquanto trabalhava febrilmente em suas obras completas na França, e negociava com Julius Campe a edição alemã. Mas não pôde mais ver o resultado de seus esforços. Curiosamente, suas obras reunidas foram lançadas ainda em vida, no ano de 1855, por editores-piratas, em Amsterdã e Filadélfia. A edição americana atingiria, até meados dos anos de 1860, a impressionante cifra de 18.000 exemplares vendidos.

Em seu último ano de vida, Heine ainda arranjou tempo e "espírito" para uma paixão platônica por uma jovem de 20 anos, envolta numa névoa de mistificações e pseudônimos, que intrigariam os pesquisadores por muito tempo.

Camille Selden, aliás Elise Krinitz, aliás Johanna Christiana Müller, teria se apresentado com o nome de Margareth, em 19 de junho de 1855, para entregar uma encomenda do compositor vienense Johann von Pütttlingen, ou, conforme outra versão

crônicas do sr. um nada

mais prosaica, atendendo a um anúncio de jornal para leitora e secretária. Ficou imortalizada na literatura com o carinhoso apelido que Heine lhe deu – *Mouche* (mosca). Mathilde parece ter tolerado o capricho irrealizável de seu esposo moribundo, continuando a merecer todas as suas juras de amor e preocupações.

Mas foi à Mouche que Heine dedicou seu derradeiro poema: um feérico e exuberante retrospecto de sua vida, que talvez leve um leitor de Machado de Assis a suspeitar se o poema não teria inspirado a cena inicial de *Memórias Póstumas de Brás Cubas.*

Entre ruínas do tempo da Renascença, defronte a um imponente mausoléu ornado de figuras mitológicas e bíblicas, o poeta observa o próprio cadáver, sobre o qual se recurva uma "flor muito esquisita": a mesma que, vinte anos antes, ele usara como emblema depreciativo da poesia romântica; a flor "de cor enxofre e aviolada" que o artista gráfico Richard von Hauenschild havia feito ressurgir sob os pés de uma bailarina, na capa de *Doutor Fausto. Um Poema-dança.* Uma planta presumivelmente originária da floresta Amazônica, de onde teria se espalhado para todas as regiões tropicais e subtropicais do continente americano, e que, devido às imagens insólitas e piedosas que evocou no imaginário barroco, teria recebido do mais famoso médico europeu da segunda metade do século XVI, o humanista espanhol Nicolás Bautista Monardes, o nome latino de *flos passionis.* No século seguinte, o médico inglês Leonard Plukenet, real professor de botânica e jardineiro da rainha Maria II, a renomeou *passiflora,* denominação que o "pai da taxonomia moderna" Carl von Linée iria consagrar. No Brasil, a planta preservou o nome de origem indígena – maracujá –, do tupi "fruto que se serve".

Heine faleceu em sua residência, um pequeno apartamento alugado na avenue Matignon nº 3, Champs-Élysées, em 17 de fevereiro de 1856, de complicações decorrentes de uma dosagem excessiva de morfina. Foi enterrado, conforme seu pedido, no setor católico do cemitério de Montmartre – para que Mathilde pudesse depois compartilhar seu jazigo –, numa cerimônia simples, sem sacerdote, sem discursos, com a presença de cerca de 100 pessoas, entre as quais François-Auguste Mignet, Alexandre Dumas e Théophile Gautier. Na lápide simples, que mais tarde seria substituída por um mausoléu de mármore, tão somente: "Henri Heine (1797 – 1856)".

* * *

Nos Estados Unidos – somente lá –, circula a informação bem-intencionada de que o nome original do poeta seria Chaim ben Shimshon. Não há qualquer evidência histórica que a comprove nem indício qualquer de sua plausibilidade.

Já os nazistas, não podendo dispensar "A Lorelai" de um poeta judeu-alemão, propagaram falsamente que o seu verdadeiro nome seria Chaim Bückeburg.

A sucessão de erros e desacertos, por paradoxal que pareça, não deixa de apontar inadvertidamente para um fundo de verdade...

A família Heine originou-se de Jitzchak ben Chajim (ca. 1654 – 1734), também conhecido como Isaak Heine ou Itzig Bückeburg, líder da comunidade judaica de Bückeburg, capital do antigo principado de Schaumburg-Lippe, na Baixa-Saxônia, onde este atuava como banqueiro e provedor da corte. O sobrenome "Heine" não passaria, portanto, de uma transliteração para o alemão da palavra hebraica *chajim* = vida.

Harry, Heinrich e Henri, por sua vez, são variações de um mesmo nome germânico – Heimrich – que significa: Senhor do Lar.

Se tivesse nascido num país de língua portuguesa, Heine poderia muito bem ter se chamado Henrique Vidal (ou Vital).

* * *

Em suas *Memórias* inacabadas, o poeta ironizou o fato de os franceses nunca terem conseguido pronunciar seu nome corretamente. O "Heinrich" [leia-se "RÁIN-rich"] foi imediatamente substituído por "Henri" ["an-RÍ"]; mas o sobrenome "Heine" ["RÁI-nê"], continuaria um problema que nem mesmo um acento na primeira sílaba, adotado nos cartões de visita, pôde resolver: "Para a maioria meu nome é M. Enri Enn, que muitos aglutinam num Enrienne; alguns me chamavam M. Un rien".

Sr. Um nada.

Obras disponíveis no Brasil

Alemanha. Um Conto de Inverno.
Tradução, posfácio e notas: Romero Freitas e Georg Wink.
Belo Horizonte: Crisálida, 2011.

Os Deuses no Exílio.
Organização de Marta Kawano e Márcio Suzuki; tradução de
Hildegard Herbold, Marta Kawano, Márcio Suzuki, Rubens
Rodrigues Torres Filho e Samuel Titan Jr.
São Paulo: Iluminuras, 2009.

O Rabi de Bacherach e Três Textos sobre Ódio Racial.
Organização e tradução de Marcus Mazzari.
São Paulo: Hedra, 2009.

Das Memórias do Senhor de Schnabelewopski.
Tradução, organização, prefácio e notas de Marcelo Backes.
Rio de Janeiro: Boitempo, 2001.

Noites Florentinas.
Tradução de Marcelo Backes.
Porto Alegre: Mercado aberto, 1998.

Contribuição à História da Religião e Filosofia na Alemanha.
Tradução e notas de Márcio Suzuki.
São Paulo: Iluminuras, 1991.

Notas

DHA (Düsseldorfer Heine-Ausgabe) Heine, Heinrich – *Historisch-kritische Gesamtausgabe der Werke*. Manfred Windfuhr (org.), Hamburgo: Hoffmann und Campe, 1973-1997.

BL *Buch der Lieder*
NG *Neue Gedichte*
R *Romanzero*
G *Gedichte. 1853 und 1854*
E *Espólio*

DAGUERREÓTIPOS [p. 35]

Excertos dos seguintes textos:

GAUTIER, Théophile – *Portraits et Souvenirs Littéraires*. Paris: Charpentier, 1875.

AUREVILLY, Barbey d' – *Les Poètes*; citado em: BETZ, Louis Paul – *Heine in Frankreich: eine litterarhistorische Untersuchung*. Zurique: Albert Müllers Verlag, 1895.

NERVAL, Gérard de – "Les Poésies de Henri Heine". *Revue des Deux Mondes*, Tome XXIII, Paris 1848.

SAINTE-BEUVE, Charles-Augustin – *National*, 8 de agosto de 1833; citado em: BETZ – op. cit.

BÖRNE, Ludwig – *Briefe aus Paris*, "Hundertneunter Brief". Paris: Brunet, 1834.

HEINE, H. – DHA, Volume 8, "Zur Geschichte der Religion und Philosophie in Deutschland".

HEINE, H. – DHA, Volume 10, "Prosanotizen".

1. *Camera obscura*: do latim = "câmera escura"; aparelho desenvolvido na Antiguidade para experimentos científicos e auxiliar a reprodução de cenas externas que levou à invenção da câmera fotográfica; sua primeira descrição detalhada provém do físico e matemático árabe Abu Ali al-Hasan Ibn Al-Haitham, também conhecido por Alhazen (965–1040).

VERDADEIRAMENTE [p. 43]

Poemas do *Buch der Lieder*, com exceção de "Quando as trombetas...", extraído de uma carta a Franz Leo Benedikt Waldeck, de 3/02/1821.

SONETOS-AFRESCO [p. 59]

Os quatro primeiros sonetos da série de nove que Heine dedicou ao amigo e jurista Christian Sethe (1798–1857). Integram os treze que publicou no BL. Heine, que utilizou pouco essa forma poética, o fez por influência de August von Schlegel, subvertendo-a, no entanto, com temática inusitada para os padrões então vigentes.

RESENHA [p. 69]

Publicada no "Kunst und Wissenschaftsblatte" [Folha de Arte e Ciência] do *Rheinisch-Westfälischen Anzeiger* [*Gazeta Reno-Vestfaliana*] por autor desconhecido, identificado com as iniciais "Schm." Cogitou-se no teólogo protestante e filósofo Friedrich Schleiermacher (1768–1834) – pouco provável, segundo especialistas – e no escritor Adelbert von Chamisso (1781–1838), cujo nome era frequentemente grafado "Schamisso". Mas é de se perguntar se uma análise tão aprofundada não teria sido obra do próprio poeta, hábil na arte de fazer seu nome circular. O termo *camera obscura* [p. 75] reaparece – numa inacreditável coincidência – na introdução que Gérard de Nerval escreveu para suas traduções – "Les Poésies de Henri Heine" –, publicadas na *Revue des Deux Mondes*, 26 anos depois [vide p. 39].

1. Pitaval, François Gayot de (1673–1743): advogado e escritor francês, autor de histórias criminais.

2. *Acta santorum*: do lat. = atos dos santos; série de edições críticas sobre a vida dos santos da Igreja Católica, iniciada pelo jesuíta belga Jean Bolland (1596–1665).

3. Bürger, Gottfried August (1747–1794): importante poeta do movimento pré-romântico *Sturm und Drang* (tempestade e ímpeto), conhecido por suas baladas e pela valorização das canções populares.

NAS ASAS DA CANÇÃO [p. 77]

Poemas do *Buch der Lieder*, até p. 131, com exceção de: "O Ganges brame..." (NG); "A Edom!", "Os grandes deuses...", "Ramsgate" e "A morna fragilidade...", do espólio. A partir de "Por qual das duas..." [p. 132 a 145], poemas de NG.

1. "A Lorelai": lenda forjada pelo poeta romântico Clemens Brentano a partir do nome de um rochedo famoso por produzir eco, às margens do Reno, mas disseminada – a ponto de ser considerada "ancestral" – principalmente pelo poema de Heine, que transformou a feiticeira da balada de Brentano em um espírito feminino do rochedo, com características similares às sereias da *Odisseia*. Recebendo melodia de Friedrich Silcher (1789–1860), tornou-se uma das canções mais populares da Alemanha. Foi também musicado por Clara Schumann (1819–1896), entre outros compositores. A história de que os nazistas, não podendo descartar o poema, atribuíram-no a "poeta desconhecido" foi recentemente descartada por ausência de comprovação.

2. "O Ganges brame...": terceiro soneto de uma série de três, intitulada "Friederike", escrita em 1824 para Friederike Robert (1795-1832), a quem Heine admirava tanto pela beleza quanto pela inteligência, e com quem compartilhava, na época de Berlim, o gosto pela poesia indiana; era casada com o poeta Ludwig Robert (irmão de Rahel Varnhagen von Ense); os três sonetos só foram publicados vinte anos mais tarde, na coletânea NG.

3. Banian: Figueira-da-Índia.

4. *Gandharvas*: no hinduísmo, espíritos masculinos da natureza – alguns com partes animais (normalmente pássaro ou cavalo), mensageiros dos deuses e músicos exímios; são os esposos das Apsaras, espíritos femininos das nuvens e águas, exuberantes dançarinas.

5. Edom: do hebraico = "vermelho"; nome dado a Esaú e ao povo que dele descende; por extensão, aplicado às nações inimigas de Israel.

6. "Noite na Praia": quarto poema de "O Mar do Norte" (BL), composto de dois ciclos, com, respectivamente, 10 e 12 poemas em versos livres, os quais Varnhagen von Ense chamou de "epigramas colossais". Heine introduziu o mar do Norte como tema literário.

7. *Edda*: nome dado a duas compilações feitas na Islândia, no séc. XIII, de textos e poemas mais antigos, tendo como tema as sagas e mitos nórdicos.

8. Ramsgate: cidade portuária e turística inglesa, localizada no condado de Kent; um dos principais pontos de acesso ao continente europeu devido à proximidade de Oostende, Bélgica.

CARTAS DE HELGOLAND [p. 147]

Tradução integral do "Livro Segundo" de *Ludwig Börne. Um memorial*, obra dividida em cinco livros, escrita no período 1837–39 e publicada em 1840. Embora Heine tenha realmente passado as férias de verão em Helgoland, de 25 de junho a 19 de agosto de 1830, é mais provável que se trate de uma compilação de cartas e relatos de diário, feita posteriormente. Foi a última parte a ser incluída no livro, em *flashback*, formando um "corpo estranho" que interrompe a narrativa sobre Börne; daí a decisão de colocá-la antes do excerto do "Livro Primeiro" [capítulo "Memorial", p. 221], preservando, assim, a ordenação cronológica desta antologia.

1. Helgoland: grupo de duas ilhas situadas no mar do Norte, a 40 km da costa alemã; famoso balneário e ponto turístico, foi anexado pelo Império Britânico em 1807, vindo a ser devolvido à Alemanha em troca do Zanzibar, em 1890.

2. *Dudaim*: mandrágora (*mandragora officinarum L.*), planta a qual se atribuem propriedades afrodisíacas, alucinógenas e analgésicas; na *Bíblia*, citada no *Gênesis* e no *Cântico dos Cânticos*.

3. Golovnin, Wassily (1776–1831): navegador russo, vice-almirante e membro correspondente da Academia Russa de Ciências; ficou preso no Japão de 1811 a 1813 por violação da *Sakoku* ("país acorrentado"), vedando a entrada de estrangeiros ao país. O livro que escreveu sobre os anos de cativeiro no Japão tornou-se um clássico da literatura de viagens.

4. Pustkuchen, Johann Friedrich Wilhelm (1793–1834): escritor e clérigo protestante; ficou conhecido por sua continuação do romance *Os Anos de Aprendizado de Wilhelm Meister*, de Goethe, sob o pseudônimo "Glanzow". Quando teve a identidade revelada, foi impiedosamente ridicularizado pelo autor da obra.

5. Wolfgang Menzel (1798–1873): influente escritor, crítico e historiador literário alemão, ferrenho adversário de Goethe.

6. Hengstenberg, Ernst Wilhelm Theodor (1802–1869): teólogo, exegeta e publicista luterano.

7. Paulo Warnefrido: também conhecido como Paulo, o Diácono (ca. 720–799), monge beneditino lombardo, autor de *Historia Gentis Langobardorum*.

8. *Ecclesia pressa*: do latim = "Igreja perseguida".

9. *Mynheer*: do holandês = "senhor".

10. "O Sino": famoso poema de Friedrich Schiller (1759–1805); a citação, contudo, é de outro poema, "A palavra da fé", por equívoco ou, mais provavelmente, galhofa de Heine.

11. Carlos X (1757–1834): sucedeu a seu irmão Luís XVIII, que restaurou a dinastia dos Bourbon na França, após a derrota de Napoleão; governou de 1824 a 1830.

12. Lafayette: Marie-Joseph du Motier, Marquês de La Fayette (1757–1834), general e político francês, conhecido por sua participação na Guerra da Independência Americana e na Revolução Francesa.

13. Madame Varnhagen: Rahel Varnhagen von Ense, nascida Levin (1771–1833), escritora e famosa *salonière* judia-alemã; casou-se com August Varnhagen von Ense, 14 anos mais jovem que ela.

14. Medor: nome típico de cachorro na França; personagem de *Orlando Furioso* de Ariosto.

15. Philippe d'Orléans: Luís Filipe I (1773–1850), denominado "Rei Burguês", que governou a França de 1830 a 1848.

16. Davout: Louis Nicolas d'Avout (1770-1823), um dos mais brilhantes

marechais de Napoleão; ocupou Hamburgo em 1813, exigindo pesadas reparações de guerra; confiscou dinheiro dos bancos, fuzilou opositores e mandou queimar a residência de cerca de 8.000 pessoas.

17. Blücher: Gebhard Leberecht von Blücher, Príncipe de Wahlstatt (1742–1819), marechal de campo prussiano, um dos grandes heróis da guerra de libertação contra o domínio francês; era chamado de "Marechal Avante".

18. Polichinelo: versão napolitana do Arlequim, personagem da *Commedia dell'Arte*.

19. Paddy: denominação pejorativa dada aos irlandeses.

20. Bull: John Bull, personificação da Inglaterra, criada por John Arbuthnot (1667–1735).

21. Wartburgo: castelo fundado pelo Conde Ludwig von Schauenburg (Luís, o Saltador), por volta do ano 1067, nas proximidades de Eisenach, Turíngia; no século XIII, teria sido o palco da lendária "guerra dos menestréis" entre Walther von der Vogelweide, Wolfram von Eschenbach e os míticos Klingsor e Heinrich von Ofterdingen; Lutero refugiou-se ali, de 1521 a 1522, período em que traduziu a *Bíblia*.

22. Mestre Hemling: ou "Hämmerling", nome genérico para carrasco.

23. Thomas Münzer (1489–1525): teólogo da Reforma, partidário de Lutero, que, no entanto, se distanciou de Münzer por causa do engajamento dele nas Guerras Camponesas da Turíngia; após a derrota do exército camponês, que liderou na batalha de Frankenhausen, em 15 de maio de 1525, foi preso e barbaramente torturado; em 27 de maio, foi decapitado, tendo o corpo esquartejado e a cabeça fincada numa estaca.

24. Ludwig Börne, nascido Juda Löb Baruch (1786–1837): crítico literário e teatral, jornalista e ativista republicano; autor de *Cartas de Paris*.

Uma gaivota [p. 177]

Poemas de *Neue Gedichte*, com exceção de "Onde?", "Célere...", "Na floresta..." e "No meu peito...", do espólio.

1. Granville: balneário e ponto turístico, na região da Baixa-Normandia, onde o poeta costumava passar as férias.

2. *Salon*: título das coletâneas de textos de Heine que subsituíram a série "Quadros de Viagem"; foram publicados até a parte IV.

3. Karl Gutzkow (1811–1878): escritor, dramaturgo e jornalista do grupo "Jovem Alemanha"; foi um dos primeiros incentivadores do jovem Georg Büchner.

4. "Onde?": poema que foi gravado no mausoléu de Heine (cemitério de Montmartre, Paris), erigido em 1901, com um busto de mármore feito pelo escultor dinamarquês Louis Hasselriis (1844–1912).

5. "Célere...": parte de um ciclo de onze poemas, intitulado "Kitty", entregue ao compositor Ferdinand Hiller (1811-1885) para ser musicado; tarefa, no entanto, que só foi realizada em 2008, pela jovem compositora norte-americana Kaeza Fearn.

6. *Faubourg* Saint-Marceau (ou Saint-Marcel): bairro parisiense situado entre o 5º e 13º *arrondissement*; na época de Heine (antes das reformas do barão Haussmann), era uma área habitada predominantemente por trabalhadores miseráveis.

MEMORIAL [p. 217]

Excerto do "Livro Primeiro" de *Luwig Börne. Um memorial*.

1. Zeil: tradicional rua de comércio em Frankfurt, cidade onde eram eleitos e coroados os imperadores do Sacro Império Romano-Germânico até sua extinção em 1806.

2. Römer: conjunto de edifícios construídos entre os séculos XV e XVIII; o edifício central, sede da prefeitura, é chamado de "Zum Römer" (Ao romano), referência à presença romana no local (Vadum Francorum) até cerca de 260.

3. Dieffenbach, Johann Friedrich (1792–1847): médico alemão, pioneiro no transplante de pele e cirurgia plástica, vindo a desenvolver técnicas avançadas de anestesia e transfusão de sangue.

4. Karl Heigel, Julius Weidner e Philipp Jacob Urspruch: atores teatrais de Frankfurt que penaram com a crítica sarcástica de Börne.

5. Jean Paul: pseudônimo de Johann Paul Friedrich Richter (1763–1825), um dos escritores mais populares e bizarros de seu tempo; anticlássico

sem, contudo, identificar-se com os românticos, foi autor de romances labirínticos que uniam o sentimentalismo mais açucarado ao grotesco e o fantástico; tanto Heine quanto Börne apreciavam seu estilo e foram por ele influenciados. Passou os últimos vinte anos de sua vida em Bayreuth.

6. Madame Wohl: Jeanette Wohl (1783–1861), grande amiga e correspondente de Ludwig Börne; apaixonados no início da relação, não se casaram por indecisão de Börne e por resistência da família dela, de judeus ortodoxos; em 1832, ela se casou com o comerciante Salomon Strauß, sem interromper sua correspondência com Börne; as insinuações de Heine sobre um possível triângulo amoroso levaram a um duelo de pistolas com seu marido, em 1841; o poeta retratou-se publicamente num artigo de jornal, alguns anos mais tarde.

7. Cotta, Johann Friedrich (1764–1832): editor, industrial e político; transformou a pequena editora e livraria fundada por sua família, em Tübingen, no século XVII, numa das mais importantes casas editoriais da Alemanha; entre seus autores, Goethe, Schiller, Herder, Alexander von Humboldt, Jean Paul, Fichte, Hölderlin, Schelling, Hegel e Kleist; entre os diversos periódicos que editou, o *Allgemeine Zeitung*, para o qual Heine colaborou, como correspondente de Paris.

8. Campe, Julius Johann Wilhelm (1792–1867): relevante editor alemão; destacou-se principalmente com autores da "Jovem Alemanha", como Heine, Börne, Wienbarg, Gutskow, Immermann etc.; sua editora – Hoffmann und Campe – atua até hoje.

9. Thiers, Adolphe (1797–1877): advogado, jornalista, historiador e estadista francês; Heine refere-se à *Histoire de la Révolution française* em quatro volumes, publicada de 1823 a 1827.

10. Cobenzl, Johann Ludwig conde de (1753–1809): estadista e diplomata austríaco; negociou com Napoleão a Paz de Campo Formio, em 1797.

11. Simplon: descreve provavelmente o quadro *Bonaparte gravissant le mont de Saint-Bernard* (1800), de Jacques-Louis David (1748–1825).

12. Torre de Catarina: torre da maior igreja evangélica de Frankfurt, construída de 1678 a 1681.

13. Konstablerwache: praça em Frankfurt, que em 1833 foi tomada por estudantes revolucionários, planejando explodir o Parlamento alemão.

14. Poli-historiador de Bayreuth: o escritor Jean Paul [vide 5.]

15. Rothschild, Mayer Amschel (1744–1812): banqueiro judeu-alemão

que fundou, a partir do ghetto de Frankfurt, uma das mais bem-sucedidas dinastias financeiras do mundo capitalista.

16. Lamennais, Hugues-Félicité Robert de (1782–1854): escritor, filósofo e ativista social francês; sacerdote católico dissidente; é considerado um dos precursores do catolicismo social e da Teologia da Libertação.

17. *Matzá*: pão ázimo (assado sem fermento); por causa da proibição do uso da farinha de trigo durante o *Pessach* (Páscoa judaica), usa-se o pão ázimo moído como substituto.

DEGENERAÇÃO [p. 231]

Poemas de *Neue Gedichte*, com exceção de: "Rosa velha" (R), "A coruja…" (E) e "O ex-vivente" (R).

1. Romandia: a chamada Suíça francesa.

2. Canossa: vilarejo nos Apeninos Emilianos, Itália, conhecido pelo castelo homônimo, da grã-condessa Matilde de Canossa (1046–1115), onde o Sacro Imperador Romano-Germânico Henrique IV (1050–1106) penitenciou-se por três dias para obter do Papa Gregório VII a revogação de sua excomunhão.

3. "Novo Hospital Israelita de Hamburgo": em 1839, o banqueiro Salomon Heine (1767–1844) resolveu financiar a construção, no bairro de Sankt Pauli, de um hospital em homenagem a sua falecida mulher – Betty Heine (1777–1837), nascida Goldschmidt; o prédio foi inaugurado em 1843, com o nome oficial de "Hospital da Congegação Israelita--Alemã, erigido em memória da saudosa senhora Betty Heine por seu esposo", atendendo também pacientes de outras confições; destruído na Segunda Guerra, foi reconstruído pela prefeitura em outro local, preservando, contudo, seu nome tradicional: "Hospital Israelita de Hamburgo".

4. "O ex-vivente": sátira a dois autores engajados e conhecidos de Heine que circularam em Paris nos anos de 1841 e 1842; "Bruto" é Georg Herwegh (1817–1875), poeta, jornalista, tradutor e revolucionário alemão, que se notabilizou com o livro *Poemas de Um Vivente* (1841), enfurecendo, no entanto, os oposicionistas ao se prestar

a uma audiência com o imperador prussiano Frederico Guilherme IV; "Cássio" é Franz von Dingelstedt (1814–1881), poeta, jornalista e intendente de teatro, autor de *Canções de Um Guarda Noturno Cosmopolita*, que, depois da temporada parisiense, empregou-se como bibliotecário e leitor do rei de Württemberg, vindo a ser nomeado conselheiro, para escândalo de seus companheiros republicanos.

5. Neckar: afluente do rio Reno que passa pela cidade de Stuttgart, capital do então reino de Württemberg.

6. Matzerath, Christian J. (1815–1876): jurista e inexpressivo poeta alemão.

ELA DANÇA [p. 263]

Quadragésima-segunda carta da série que Heine escreveu para o *Augsburger Allgemeine Zeitung* [Gazeta Geral de Augsburgo] de 1840 a 1843; foi depois retrabalhada para publicação em livro: em 1854, na Alemanha; 1855, na França. Poemas I, II e IV da série de quatro, intitulada "Pomare" (R), acerca da dançarina Rainha Pomaré.

1. Dançamos sobre um vulcão: frase que teria sido dita pelo conde Narcisse-Achille de Salvandy ao duque d'Orléans, durante um baile no Palais-Royal em honra do rei Francisco I das Duas Sicílias, em 31 de maio de 1830.

2. *pairie* = pariato; dignidade de par do reino.

3. Luxembourg, Palácio de: sede do Senado francês.

4. Perrée, Louis Marie (1816–1851): político republicano; foi diretor do jornal *Le Siècle*, fundado em 1836 por Armand Dutacq, extinto em 1932.

5. Carlotta Grisi (1819–1899): bailarina italiana que se notabilizou no papel principal de *Giselle*, cuja estreia se deu em 28 de junho de 1841, no Théâtre de l'Académie Royale de Musique, na rue Lepelletier.

6. Autor alemão: o próprio Heine; o argumento principal do balé *Giselle, ou Les Willis* foi extraído de sua obra "Espíritos Elementares" (*De l'Allemagne*) pelo poeta Théophile Gautier, que assinou com Jules-Henri Vernoy de Saint-Georges o roteiro desse que foi considerado o mais perfeito balé romântico; Willis são creaturas do folclore eslavo, difundidas por Heine como noivas que morreram antes do casamento e que,

frustradas em seu desejo de festa, atacam jovens homens para dançarem alucinadamente durante a noite.

7. Taglioni, Marie (1804–1884): tida como a primeira grande bailarina romântica, filha do coreógrafo italiano Filippo Taglioni e da bailarina e pintora sueca Sophie Karsten; notabilizou-se com o balé *La Sylphide* (1832), criado por seu pai.

8. Elssler, Fanny (1810–1884): bailarina austríaca, grande rival de Marie Taglioni; destacou-se no papel de Florinda no balé *La Cachucha*.

9. Adam, Adolphe Charles (1803–1856): compositor e crítico musical francês; foi autor de 40 óperas, 11 balés e inúmeras operetas e *vaudevilles*.

10. Le Nôtre, André (1613–1700): jardineiro e paisagista do rei Luís XIV; ficou famoso por projetar os jardins do Palácio de Versalhes e os Jardins das Tulherias, entre outros, no estilo chamado "clássico" ou "francês", no qual a ordem e a simetria se impõe à natureza.

11. Vestris, Gaetano Appolino Baldassare (1729–1808): bailarino e mímico italiano que fez carreira na França, vindo a ser mestre de danças de Luís XVI; tão célebre em sua época que teria dito: "só existem três grandes homens na Europa – o Rei da Prússia, Voltaire e eu"; vários de seus filhos tornaram-se bailarinos famosos, entre eles, o bastardo Auguste Vestris (1760–1842), que herdou do pai o título de *"le dieu de la danse"*.

12. *Entrechats*: no balé, salto em que os pés se cruzam no ar mais de uma vez, rapidamente.

13. Rainha Pomaré: nome de guerra da dançarina e *lorette* [apelido que os franceses davam às mulheres que viviam a custa de "protetores"] Élise-Rosita Sergent (1824–1846); ficou célebre pela dança sensual que estreou no Mabille; segundo o escritor e jornalista Alfred Delvau, sua fama declinou subitamente por ter ousado apresentar a polca no teatro do Palais-Royal, ocasião em que foi "abominavelmente vaiada"; Théodore de Banville dedicou-lhe o poema "Pomaré", no qual a comparou às três bailarinas citadas acima; o jornalista Gustave Bourdin publicou em 1844, sob o pseudônimo de G. Malbert, a biografia: *Viagem ao Redor de Pomaré, Rainha do Mabille, Princesa do Ranelagh, Grã-duquesa da Chaumière, pela Graça da Polca, do Cancã e Outras Cachuchas*; morreu de tuberculose, antes de completar os 22 anos de idade. Seu nome artístico foi emprestado de uma personalidade da época, a rainha taitiana Pomare

IV (1813–1877), também conhecida por Aimata ("comedora de olhos"); convertida ao cristianismo por missionários protestantes ingleses, entrou em conflito com a França ao recusar o protetorado francês (Guerra Franco-Taitiana, de 1844 a 1846); o nome dinástico "Pomare", usado por cinco governantes taitianos, significa "noite de tosse" (po = "noite", mare = "tosse"), tendo sido adotado pelo unificador e primeiro rei do Taiti, Tarahoi Vairaatoa (1742–1803), em homenagem à filha mais velha, morta de tuberculose.

14. Mabille, Le Bal: local de entrenimento ao ar livre, criado em 1831 por um professor de dança, inicialmente apenas para seus alunos, na atual avenue Montaigne; em 1844, foi transformado no Jardin Mabille, vindo a receber iluminação noturna (3.000 lampiões a gás), palmeiras artificiais e um pagode chinês, sendo animado por uma orquestra de 50 músicos; consta que lá teria surgido o cancã.

15. Rose Pompon (Elvire-Caroline Hamelin): outra famosa dançarina dos bailes públicos de Paris; foi personagem do romance *O Judeu Errante* (1845) de Eugène Sue; em 1887, deu a lume *Les Souvenirs de Rose Pompon*, assinando com seu nome de casada, Elvire Bonzé.

16. Difamou-te tão mesquinha: provável referência a uma publicação apócrifa de 1847 – *Costumes das Lorettes. A Pesca às Lorettes, por Rainha Pomaré, obra póstuma, exumada e revista por Julia Fleurs--de-Près, com uma nota sobre os fatos e façanhas da autora, por Rose Pompon, e enriquecidas de anotações picantes por conta da pena espiritual de Frisette* (in *Les Supercheries Littéraires Dévoilées: Galerie des Auteurs Apocryphes, Supposés, Déguisés, Plagiaires, et des Éditeurs Infidèles de la Littérature Française* – Joseph Marie Quérard. Paris, L'Éditeur 1850).

POEMAS DO TEMPO [p. 279]

Poemas de *Romanzero*, com exceção de: "Beijaram-me...", "Lenda de castelo", "Os tecelões da Silésia", "Morfina", do espólio; e "Os anjos", de NG (3ª ed., 1852).

1. "Beijaram-me...": refere-se à ferrenha disputa com o primo Carl Heine pelo restabelecimento da pensão que recebia do tio, falecido em 1844.

2. Referência a Frederico Guilherme IV (1795–1861), da Casa de Hohenzollern, que reinou na Prússia de 1840 até a sua morte.

3. "Os tecelões da Silésia": motivado pela rebelião de tecelões, ocorrida de 4 a 6 de junho de 1844, na Silésia, duramente reprimida pelo exército prussiano, que terminou com onze mortos e dezenas de feridos; a primeira versão do poema – intitulada "Os pobres tecelões", com uma estrofe a menos – foi publicada quatro dias após o desfecho dos acontecimentos, na revista *Vorwärts! [Avante!]*, editada por Karl Marx e Arnold Ruge em Paris; o poema foi, em seguida, distribuído na região do conflito, em formato de panfleto, numa tiragem de 50.000; traduzido por Friedrich Engels para o inglês, tornou-se um dos mais populares hinos do movimento operário internacional. Heine pretendia publicá-lo no *Romanzero*, mas foi dissuadido pelo editor Julius Campe.

4. "O azra": possivelmente inspirado nos "Fragmentos extraídos e traduzidos de um relato árabe intitulado *O Divã do Amor*, compilado por Ebn Abi Hadglat", no final do cap. LIII do livro *Do Amor* (1822), de Stendhal; a passagem refere-se à poesia *udhri* – com ênfase no "amor casto" e no "martírio do amor" – que floresceu na região de Hijaz, oeste da península arábica, a partir do século VI (período pré-islâmico), alcançando grande ressonância durante o reinado da dinastia Omíada (651–750); alguns de seus principais poetas – Urwa ibn Hizam, Jamil ibn Ma'mar e Kuthayyir 'Azza – eram da tribo árabe al-Azd, oriunda do Iêmen (Banu Azd ou "Benou-Azra" como aparece no texto mencionado); Heine também pode ter colhido informações do orientalista judeu-alemão Salomon Munk (1805–1867), seu contemporâneo em Berlim, que se tornou, em 1838, conservador da divisão oriental de manuscritos (hebreu, caldeu, siríaco e árabe) da Bibliothèque Impériale, que tinha *O Divã do Amor* em seu acervo.

5. Punzins-de-freira: tradução literal do nome renano de um confeito similar ao nosso bolinho-de-chuva ou vira-sozinho.

6. Beveland: no original "Beverland" (localidade inexistente); mais provável que se trate das duas ilhas (hoje penínsulas), Beveland do Sul e Beveland do Norte, na província de Zeeland, Países Baixos.

7. "Os anjos": poema escrito para Betty Rothschild (1805-1886) – nascida Betty Salomon von Rothschild, mulher (e sobrinha) do barão James Mayer de Rothschild (1792-1868) – na edição do *Atta Troll* que o poeta lhe presenteou.

8. Beguina: membro feminino da comunidade religiosa fundada pelo padre belga Lambert, o Gago (*le Bégue*), no século XII; os beguinos não obedeciam a uma regra estrita nem faziam votos formais, dedicando-se normalmente a atividades caritativas nas cidades; o movimento espalhou--se pelos Países Baixos, norte da França e Alemanha, durante os séculos XIII e XIV; suspeitos da heresia do "livre-espírito", começaram a ser perseguidos pela Inquisição. Entre as beguinas mais célebres: a belga Santa Julienne de Cornillon (ca. 1192–1258), iniciadora da festa de *Corpus Christi*; Mechthild de Magdeburgo (1207–1283), mística alemã que escreveu a primeira obra de devoção em linguagem popular; e a mística francesa Marguerite Porète, autora de *O Espelho das Almas Simples e Aniquiladas*, queimada em Paris, em 1310.

9. *Mohel*: homem judeu habilitado à prática do *Brit milah* (circuncisão).

10. *Tarok* e *l'hombre*: jogos de cartas com o baralho do tarô.

11. Livre-espírito: o contexto do poema dá a entender que Heine usou a palavra não no sentido iluminista de "livre pensador", mas naquele que vem primeiro no verbete "Freigeist" do *Dicionário dos Irmãos Grimm*, relativo à heresia do "livre-espírito", denominação genérica de uma corrente de misticismo radical com tendências anômicas que se disseminou em várias regiões da Europa, entre os séculos XII e XV, englobando os amalricianos, joaquimitas, valdenses e outros, como a Irmandade do Livre-Espírito, surgida na Renânia, Suábia e Países Baixos, no século XIII, e à qual os beguinos foram associados.

12. *Nigun*: do hebraico = "música"; tema melódico para canto com poucas ou nenhuma palavra, valorizado pela corrente hassídica do judaísmo.

13. Sobieski, Jan III (1629–1696): rei da Polônia e da República das Duas Nações; homem muito culto e brilhante general, que se destacou na Batalha de Viena, contra os turcos otomanos, em 1683.

14. Jan Nepomucen Uminski (1778–1851): general polonês que serviu a Napoleão, e tomou parte da revolta contra os russos, de 1830 a 1831.

15. Alpujarra: região da Andaluzia, entre as províncias de Granada e Almería, nas encostas meridionais da Sierra Nevada.

16. Alhambra: do árabe *"al Hamra"* = "a vermelha'; citadela sobre a colina de La Sabika, em Granada, com um rico complexo de edificações (palácios, mesquitas etc.) – a maior parte construída entre 1248 e 1354, pelos reis da dinastia Nasrida, um ramo da tribo Al-Azd [vide 3].

17. Boabdil el Chico: alcunha dada pelos cristãos a Abu Abd Allah Muhammad XI (ca. 1459–1533), último rei de Granada, chamado Al-Zugabi [o Desditado]; vencido pelos reis católicos Fernando de Aragão e Isabel de Castela em 1492, partiu para o exílio na região de Alpujarra (Laujar de Andarax); com a morte de sua mulher, a rainha Morayma, em 1493, deixou a Espanha, radicando-se em Fez, Marrocos.

AUTO DA FÉ [p. 329]

Poemas do *Romanzero*, com exceção de "Mimi" (G).

1. Auto-da-fé: título original em português.
2. Kadisch: do aramaico = "santo"; oração fúnebre da liturgia judaica.
3. Pauline Rogue: dama de companhia de Mathilde Heine, de 1844 a 1883.
4. *Pauvre homme* = pobre homem.
5. Princesa Schabat: primeiro poema do ciclo "Melodias Hebreias" do *Romanzero*, composto de três longos poemas – este, "Iehudá ben Halevy" e "Disputação" –, no qual Heine não apenas demonstra seu complexo vínculo com o judaísmo como também homenageia um importante poeta de sua formação: Lord Byron (1788–1824), autor de *Hebrew Melodies* (1815).
6. *Almemor*: espécie de púlpito, na sinagoga, de onde se lê a *Torá*; também *Bimá*, *Tevá*.
7. *Torá*: do hebraico = "instrução, lei"; nome dado aos cinco primeiros livros do *Tanakh* (*Bereschit*, *Schemot*, *Vaicrá*, *Bamidbar* e *Devarim*); equivalente cristão, do *Antigo Testamento*: Pentateuco (*Gênesis*, *Êxodo*, *Levítico*, *Números* e *Deuteronômio*).
8. "*Lekhá Dodi...*": do hebraico = "Vem meu querido, ao encontro da noiva"; primeiro verso de um hino litúrgico do ritual do Schabat, escrito pelo poeta e cabalista Schlomo ha-Levi Alkabetz (ca. 1500–1580), tido como a última incorporação feita à liturgia judaica; era inicialmente cantado sobre uma melodia composta por Iehudá ha-Levi, o que, presume-se, levou Heine a atribuir erroneamente a autoria ao segundo.
9. Iehudá ha-Levi (ca. 1080–1140): médico, filósofo e poeta judeu nascido em Toledo; escrevia prosa em árabe e poesia em hebraico; em 1140, partiu

para Israel, onde, segundo uma lenda, teria sido assasinado por um árabe, ao entrar em Jerusalém; é considerado o mais prolífico poeta da Era de Ouro do judaísmo na Espanha muçulmana.

10. *Cholent*: prato da culinária judaica – espécie de cozido ou feijoada, com ingredientes variados – feito para ser comido no Schabat; seu preparo se inicia na véspera, em forno brando, para que não precise de intervenção, o que violaria a proibição de se cozinhar no "dia santo"; na cozinha sefaradi chama-se *hamin*.

11. *Koscher*: do hebraico = "próprio"; comida preparada segundo as leis alimentares do judaísmo.

12. *Scherzo*: do italiano = "brincadeira, gracejo"; peça musical ou movimento de uma composição com andamento mais rápido e "divertido".

13. Guido d'Arezzo (992–1050): monge beneditino italiano, teórico e professor de música, a quem é atribuída a criação do sistema moderno de notação.

14. Berlioz, Louis Hector (1803–1869): compositor, escritor e crítico musical francês, um dos principais expoentes do romantismo, embora se definisse como "clássico"; em seu livro *Les Soirées de l'Orchèstre*, ele relata como foi recepcionado pelo poeta amigo, já doente há seis anos, com uma voz que parecia sair do túmulo, mas ainda bem-humorada: "Eh! meu caro! Ora, é você! Entre! Então não me abandonou?... sempre original!"

15. *Capriccio*: do italiano = "movimento súbito", "capricho"; provavelmente de capro ("bode"); tipo de composição musical caracterizada por uma certa liberdade de realização.

16. *Prima donna*: do italiano = "primeira mulher"; expressão originalmente usada nas companhias de ópera para designar a cantora principal.

17. *Enfant perdu* = criança perdida.

NAVIO NEGREIRO [p. 383]

Poema de *Gedichte. 1853 und 1854.*

1. "Navio negreiro": poema, possivelmente inspirado na canção "Os negros e as marionetes" do poeta e cancionista francês Jean Pierre de Béranger (1780–1857), que, por sua vez, inspirou o poema homônimo

de Castro Alves (1847–1871); o crítico Augusto Meyer (1902–1970), que também o traduziu, escreveu um artigo instigante – "Três Navios Negreiros", incluído na coletânea *Os Pêssegos Verdes* (2002) –, comparando os três poemas. Mais recentemente, foi publicado em tradução de Luiz Repa e Priscila Figueiredo, em *Navios Negreiros* (São Paulo, 2009).

LARGA AS PARÁBOLAS [p. 397]

Poemas de *Gedichte*. 1853 und 1854, com exceção de "Despedida", "Esfrego sal...", "Chegou a morte...", "Ratos Retirantes", "Terrível mal...", "Celimena", "Eu te prendi...", "A Flor de Lótus", "Palavras, só!...", do espólio.

1. "Esfrego sal...": desabafo do poeta numa das frequentes desavenças com seu editor Julius Campe.
2. "Ratos Retirantes": um dos mais conhecidos e citados poemas políticos de Heine, que só veio o ser publicado em 1869; foi uma das fontes de inspiração do longo poema narrativo "O Catador de Ratos" (1925-1926) da poeta russa Marina Tsvetáieva (1892–1941), que herdou de sua mãe, Maria Meyn, pianista culta e de ascendência alemã e polonesa, a grande admiração que nutria por Heine.
3. Quintiliano, Mirabeau: dois grandes retóricos – o romano Marcus Fabius Quintilianus (35-95) e o francês Honoré-Gabriel Riquetti, conde de Mirabeau (1749–1791).
4. "Celimena": retrato pouco lisonjeiro de Mathilde Heine; o título foi emprestado de uma personagem – jovem bonita, vaidosa e fútil – de *O Misantropo*, comédia do dramaturgo francês Molière (1622–1673).
5. "Eu te prendi...": com os dois poemas seguintes e o do capítulo "Último Canto", pertence aos cinco que Heine escreveu para Elise Krinitz, a Mouche, sua platônica e derradeira paixão [vide p. 491].

Último canto [p. 435]

Poemas de *Gedichte. 1853 und 1854*, com exceção de "Despedida", "Esfrego sal...", "Chegou a morte...", "Ratos Retirantes", "Terrível mal...", "Celimena", "Eu te prendi...", "A Flor de Lótus", "Palavras, só!...", do espólio.

1. *Romantique defroqué*: romântico desfradado (que perdeu a batina).
2. "No sonho de uma noite de verão...": este que é considerado o último poema de Heine – escrito provavelmente entre novembro de 1855 e janeiro de 1856 – aparece em algumas publicações intitulado "Para a Mouche", título que, embora conste do manuscrito, não foi grafado pelo poeta.

Índice
analítico-remissivo, de imagens e geral

Analítico-remissivo

18 de Brumário 225
*31 poetas - 214 poemas: do Rig-Veda e
Safo a Apollinaire* 29

A

Aarão 441
ABGEKÜHLTE, DER 344
A BORBOLETA... 137
Abraão 441
Academie Royale de Musique 265,
267
ação 152, 174, 433, 481
A CARTINHA... 141
acmeísmo 20
A CORUJA LEU AS DITAS... 243
ACREDITAVA ANTIGAMENTE... 189
Adam, Adolphe 266, 468
Adão 439
Adorno, Theodor W. 17
A EDOM! 119
A Escola Romântica 473
AGORA AONDE? 319
Alah 323
alcaide 105
Alemanha 15, 16, 18, 45, 170, 174, 175,
178, 282, 289, 319, 331, 437, 456, 458, 467,
472, 474, 481
   recepção de Heine na 16
Alemanha. Um Conto de Inverno 16,
485
alemão, idioma 20
Alexandre, o Grande 311, 389

Alhambra 323
Alhazen 498
Alighieri, Dante 38
ALLE LIEBESGÖTTER JAUCHZEN... 270
alma 89
almemor 363
aloé 2
Alpujarra 323
ALTE ROSE 240
Alves, Castro 25
ambrosia 303, 369
América, Estados Unidos da 152, 168,
265, 319
Amitai 173
amor 41, 55, 67, 72, 79, 81, 83, 85, 91,
131, 133, 135, 141, 143, 145, 205, 211,
213, 215, 239, 277, 291, 345, 349, 379,
407, 433
   finalidade do 179
A MORNA FRAGILIDADE... 131
Amsterdã 307, 309
Andaluzia 174, 327
andarilho 113
Andersen, Hans Christian 15
AN DIE ENGEL 354
Andrade, Carlos Drummond de 29
AN EDOM! 118
animais 245, 439
anjo 53, 197, 261, 297, 355, 407
ANJOS, OS 297
Annenskii, Innokenti 20
Anotações 282
Antigo Testamento 156, 159, 160

antissemitismo 25, 105, 119, 456, 465
AO PARAÍSO EU NÃO... 407
AOS ANJOS 355
APAGADO, O 345
Apollinaire, Guillaume 15
APOLLOGOTT, DER 300
Apolo 37, 305, 307, 441
Aquiles 311
Arábia 361
Arendt, Hannah 15, 17
Arezzo, Guido d' 373
Ariosto, Ludovico 38
aristocracia 281
Aristóteles 389
arlequim 14, 63
arma 45, 101, 175, 377
Arnold, Mathew 15, 18
arruaças Hep! Hep! 456
arte 40, 154, 155, 160, 161, 164, 283, 468,
469, 476
   autonomia da 179
   finalidade da 179
   galerias de 151
   grega 155
   obras de 219
Artemísia 303
Ascher, Nelson 29
A SORTE É UMA MULHER... 335
ASRA, DER 290
Assis, Joaquim M. Machado de 25,
28, 383, 490
Associação para a Cultura e Ciência
dos Judeus 461
Astarte 154
ateísmo 331
Atenas 228
Atta Troll 16, 24, 25, 26, 483
AUF FLÜGELN DES GESANGES... 78
Aufklärung 32

Augsburger Allgemeine Zeitung 159,
269, 468, 470
Augsburgo 171
Augusto, Rômulo 167
Aurevilly, Barbey d' 15, 38
Aurora 375
AUTO DA FÉ 340, 341
Autodefinição 40
azar 335
Azevedo, Álvares de 24
AZRA, O 291

B

Baal 172
Babilônia 154
bacalhau 162, 421
Bach, Johann Sebastian 373
Backes, Marcelo 29
Baco 441
Balaão, burro de 441, 449
Balzac, Honoré de 13, 467
Bandeira, Manuel 28, 29
banian 117
Banville, Théodore de 507
barbárie 20
bárbaros 447, 454
barco 99, 101, 121, 301
Barrento, João 29
Barreto, Tobias 25
Bartels, Adolf 15
bashkires 174
batalha 18, 165, 167, 169, 466
batismo 285, 419, 462
Baudelaire, Charles 13, 23, 32, 469
Bauer, Alfredo 30
Bayreuth 227
Beethoven, Ludwig van 375
beguina 305

518   **heine**hein?

BEIJARAM-ME... 285
beijo 85, 93, 97, 109, 129, 189, 191, 311, 405, 429, 443
beleza 40, 72, 143, 332, 355, 365, 447
Benjamin, Walter 17, 20, 459, 464
Béranger, Jean Pierre de 512
Berlim 13, 15, 287, 458
Berlioz, Hector 13, 375, 468
BESCHWÖRUNG, DIE 258
BESSER HAT ES SICH... 274
Beth-El 369
Beveland 293
Bíblia 153, 160, 161, 163, 205, 331, 478
Bibliothèque de la Pléiade 24
Biermann, Wolf 485
Bismarck, Otto v. 25
Blok, Aleksandr 20
Blücher, Gebhard L. v. 173
Boabdil el Chico 325
boca 143, 191, 203, 405
bolha de sabão 351, 353
Bonaparte, Napoleão 45, 155, 225, 455
Bonn 15
Bopp, Franz 13, 459
borboleta 203
Borges, Jorge Luis 15, 30, 452
Börne, Ludwig 15, 40, 219, 223, 464, 470
Bourbons, Casa dos 267
Bourdin, Gustave 507
brasa 143, 343
Brasil 2, 32, 33
, recepção de Heine no 24
Brentano, Clemens 457
Bretanha 267
Breton, André 24, 469
Briegleb, Klaus 33
Browning, Robert 29
Bruto, Marco Júnio 255

Bückeburg, Itzig 491
Bull, John 174
Bürger, Gottfried August 73
burguês 373, 480
burguesia 74, 176
Burns, Robert 19, 29
burro 133, 441
Byron, Lord 18, 29, 164, 457

C

cabana 123
cabrito 91
cálice 135
cama 41, 199
camera obscura 39, 75
Campe, Julius 178, 224, 462, 471, 482, 489
Campos, Augusto de 34
Campos, Geir 29
canário 197
canção 57, 67, 73, 79, 99, 117, 145, 169, 205, 282, 303, 373
   popular 73
Canetti, Elias 17
Canossa 243
Cantiga dos dobrões 49
cão 170, 176, 215, 245, 275, 339, 361, 431
caráter 14, 85
Carducci, Giosuè 19
cariátide 439
Carlos Magno 167
Carlos X 167, 466
Carlyle, Thomas 30
carnaval 63, 135, 268
carne 14, 89, 155, 433
Cartas de Berlim 459
CARTAS DE HELGOLAND 33, 147
carvalho 61, 253
Carvalho, Age de 34

índice analítico-remissivo

519

Casa Gonçalves Pereira 383, 385
Cássio, Caio 255
Castália 303
Castela 323
castelo, palácio 105, 253, 287, 293
Castro, Eugénio de 27
Catarina II, a Grande 225
Catarina, Torre de 226
Catulo 19
cavaleiro 105, 175, 281, 311, 323
cavalo 47, 72, 117, 287, 323, 355, 417, 423, 433
Celan, Paul 18
CÉLERE, AO DESEMBARQUE... 187
CELIMENE, CELIMENA 426, 427
Celso, conde Afonso 28
celtas 266
censura 16, 178, 269
centauros 439
cérebro 67, 169, 411
Ceres 233
céu 203, 215, 261
chá 127, 173, 187
Chajim, Jitzchak ben 491
Chamisso, Adelbert v. 458, 475, 498
charruas 20
CHEGOU A MORTE... 415
cholent 367
Chopin, Frédéric 13, 468
ciência 251, 476
cinzas 135, 341
cipreste 303
cítara 117
civilização 161, 281
Cobenzl, J. Ludwig, conde de 225
cobra, víbora 55, 65, 205, 429
Cocotte 471
comida 41, 151, 293, 367
COMO RASTEJA DEVAGAR... 401

compaixão 41, 425
COM ROUPINHAS DE DOMINGO... 91
comunismo 283
contrabando 40
contracultura 32
Contribuição à História da Religião e Filosofia na Alemanha 473
convento 259, 301
coração 2, 55, 65, 67, 83, 91, 101, 103, 117, 129, 133, 135, 139, 199, 201, 377, 379, 399, 403, 415, 445
Corbière, Tristan 22
corda 327
Cornillon, Santa Julienne de 510
corpo 89, 429, 431
Corps de Ballet 265
Correia, Raimundo 28
coruja 243
corvo 205, 243
Cotta, Johann Friedrich 224, 464, 470
criação 207
crise do Reno 482
cristãos 228
cristianismo 152
crítica teatral 220
Croce, Benedetto 15
cruz 135, 301, 417, 427, 443
Cruz e Sousa 27
CUBRO-LHE OS OLHOS... 191
culpa 417
Cunha, Euclides da 28
Curel, François 21
CURSO DO MUNDO 337

D

Dafne 303
daguerreótipo 468
DÄMMERND LIEGT... 112

Dânae 441, 475

dança 61, 105, 109, 135, 233, 265, 269, 353, 389, 391, 393, 468, 479
- baile 268
- balé francês 267
- cancã 269, 271
- e cristianismo 266
- entrechat 269
- nacional 267
- polca 271
- thé dansant 166

DAS FRÄULEIN STAND AM MEERE... 184

DAS GLÜCK IST EINE LEICHTE DIRNE... 334

DAS IST EINE WEISSE MÖVE... 180

Daulnoy, Jean Baptiste 454

Davi, rei 309, 317

Davout, Louis Nicolas 173

Declaração dos Direitos do Homem 168

defunto, cadáver 259, 379, 387, 401, 439, 447

DEGENERAÇÃO 245

Delacroix, Eugene 469

De l'Allemagne 472, 473

Delfino, Luís 28

Delvau, Alfred 507

DE MANHÃZINHA 209

DER BRIEF, DEN DU GESCHRIEBEN... 140

DER GANGES RAUSCHT... 116

DER SCHMETTERLING... 136

DER STOFF, DAS MATERIAL... 260

DESASTRADO 215

DESCONHECIDA, A 235

desejo 41, 351

DESEJOS PERDIDOS 349

despedida 141, 341, 371, 411

DESPEDIDA 411

destino 149, 189, 415

Deus 41, 53, 103, 161, 171, 172, 176, 193, 207, 211, 277, 285, 289, 331, 353, 359, 367, 393, 407, 413, 417, 419, 427, 443, 454, 487

Deusa Diana, A 468

DEUS APOLO, O 301

deuses 121, 127, 163, 168, 266, 401, 439

diabo 72, 195, 369, 441

dialética 154

Diana 441

Diário do Rio de Janeiro 26

Dias, Antônio Gonçalves 24

DICH FESSELT MEIN GEDANKENBANN... 428

Diderot, Denis 18

DIE BLAUEN FRÜHLINGSAUGEN... 138

DIE EULE STUDIERTE PANDEKTEN... 242

Dieffenbach, Johann F. 220

DIE GESTALT DER WAHREN SPHYNX... 408

DIESER LIEBE TOLLER FASCHING... 134

DIESE SCHÖNEN GLIEDERMASSEN... 192

DIE WELT IST DUMM... 84

Dilthey, Wilhelm 15

Diná 156

dinheiro 49, 152, 339, 353, 385, 407

Direito 15

doença 207, 247, 359, 387, 431
- cãimbra 359, 447
- cólica 359
- constipação 127
- convulsão 359
- hemorroida 359
- hérnia 359
- sífilis 439, 487

DOIS CAVALEIROS 311

DOKTRIN 250

dolce far niente 349
DONA CERES, MINHA SOGRA... 233
DONA CLARA 105
DONA PREOCUPAÇÃO 353
DONNA CLARA 104
dor 45, 72, 99, 103, 425
Doutor Fausto. Um Poema-dança 468, 490, 535
DOUTRINA 251
DU BIST WIE EINE BLUME... 102, 464
Ducros, Louis 15
dudaim 156
Dumas, Alexandre 13, 491
Düsseldorf 15, 16, 21, 33
Dylan, Bob (Robert Zimmerman) 32

E

Édipo 409
Edom 119
EFEMÉRIDE 347
Egito 154, 247
EHMALS GLAUBT ICH... 188
EIN FICHTENBAUM... 86
EINGEHÜLLT IN GRAUE WOLKEN... 120
EIN JÜNGLING LIEBT EIN MÄGDLEIN... 82
EINST SAH ICH VIELE BLUMEN... 402
EIS QUE OS DEUSES DA PAIXÃO... 271
ELA DANÇA... 273
ELA EXPIRA 357
elefante 117
Elegias Romanas 178
Elementais 468
elfos 113, 266
Eliot, George 15, 18
Elísio 367
Ellis, Havelock 15, 18, 31
Elssler, Fanny 265
emancipação 155, 281, 460

Endimião 209
Enfantin, Barthélemy Prosper 476
ENFANT PERDU 376, 377
ENGEL, DIE 296
Engels, Friedrich 486, 509
Ense, A. Varnhagen v. 221, 458, 476, 500
Ense, Rahel Varnhagen v. 169
ENTARTUNG 244
Eros, Amor 72, 115, 213, 341, 441
escravidão 152, 201, 281, 317
escrever 221
Esfinge 409
ESFREGO SAL NA SANGUESSUGA... 413
ES KOMMT DER TOD... 414
ES LÄUFT DAHIN DIE BARKE... 186
Espanha 323
    islâmica 105, 323
    recepção de Heine na E. e países
    de língua espanhola 30
ESPEREM SÓ 253
espírito 39, 154, 429, 478
Espírito Santo 14, 162
espiritualismo 161, 227
esquecimento 359, 403, 411
ESSES MEMBROS COLOSSAIS... 193
ESSES OLHOS-PRIMAVERA... 139
ES STEHEN UNBEWEGLICH... 80
estrangeiro 349
ES TRÄUMTE MIR VON EINER SOMMERNACHT... 438
estrela 22, 57, 79, 81, 137, 183, 215, 321, 391, 423
Etiópia 365
Eufórion 37
EU NÃO SEI COMO EXPLICAR... 99
EU RIO... 65
Europa 18, 163, 281
Europa (mitologia) 475

Eu te prendi no pensamento... 429
Eu vi seu riso... 405
Eva 439
Evangelho de S. João 158
exílio 129, 323
Ex-Lebendige, Der 254
Ex-vivente, O 255

F

fábula 67, 99, 361
Faibish 307
fantasma, espectro 22, 91, 170, 343,
401, 405, 423
Faubourg Saint-Marceau 209
Fausto 37, 474
Febo 209, 441
Fechner, Theodor 15
feitiço 259, 361, 369
Fenícia 154
ferida 18, 45, 93, 167, 247, 257, 377
Fichte, Johann 480
Filístia 19
filistinismo 18
filistinos 91, 170, 229
Filomela 375
filosofia 12, 15, 164, 331, 454, 478, 479,
481
    alemã 481
    da história 282
    kantiana 480
Filosofia da História 154
fisionomia 37
flânerie 459
flâneur 15
Flaschen sind leer, Die 198
Fleiuss, Max 27
flor 2, 57, 79, 103, 109, 143, 145, 201, 215,
241, 289, 403, 405, 423, 431, 443, 447

de lótus 431
Flor de lótus, A 431
floresta 2, 91, 101, 139, 303
Foi melhor o céu assim... 275
fome 289, 421
fonte, chafariz 291, 303, 369
forasteiro 123, 125, 183
Fortuna 256, 257
fortuna, sorte 335
Fouqué, Friedrich de la Motte 458
França 14, 22, 23, 45, 151, 167, 170, 173,
209, 331, 454, 466, 472, 474, 487
    recepção de Heine na 20
franceses 166, 281
francês (idioma) 21, 22
Frankfurt 15, 219, 222, 226, 227, 229,
281
Frau Sorge 352
Frederico Guilherme IV 287
Freud, Sigmund 13, 482
frio 127, 205, 289
futurismo 20

G

Gaben mir Rath... 96
gaivota 181
Gandharvas 117
Gans, Eduard 461
Ganz entsetzlich ungesund... 422
Garrafas pelo chão, As 199
gato 373, 419, 431
Gautier, Théophile 13, 15, 19, 23, 24,
37, 468, 491
gazela 79
Gazeta de Portugal 25
Gedächtnissfeyer 346
Geldern, Simon van 535
Geração de 70 25

índice analítico-remissivo

523

germanos 266
GIB HER DIE LARV'... 62
Gilead 369
Ginisty, Paul 24
Giselle, ou Les Willis 265, 468, 506
Goethe, Johann W. v. 18, 24, 28, 31, 38, 73, 155, 221, 227, 228, 229, 457, 461, 473, 474, 480
Gólgota 159, 443
Golovnin, Wassily 158
Göttingen 15, 463
Grabbe, Christian Dietrich 458
Granada 323, 327
GRANADEIROS, Os 45
Grécia, Hélade 154, 159, 303, 305, 369, 443
gregos, helenos 281, 447
GRENADIERE, DIE 44
grilo 113
Grisi, Carlotta 265
Gubitz, Friedrich Wilhelm 459
guerra 14, 26, 149, 164, 281, 282, 295, 319, 377
Guesa, O 26
Guimaraens, Alphonsus de 27
Gutzkow, Karl 179
Guyunusa 21

H

Haddad, Jamil Almansur 29
Ha-Levi, Iehudá 365, 511
Hamburgo 15, 173, 224, 247, 462, 484
Harris, Frank 15
Harz 15
HAST DU DIE LIPPEN MIR... 92
Hauenschild, Richard v. 490, 535
Hefestião 311
Hegel, Georg 13, 154, 251, 458, 473

Heigel, Karl 221
Heine, Betty 453
Heine, Carl 508
Heine, Harry 453
Heine, Isaak 491
Heine, Mathilde 347, 355, 471, 490, 491
Heine, Salomon 455, 482, 486
Heine, Samson 453
Heinrich-Heine-Portal 33
Heissenbüttel, Helmut 18
Heitor 441
Helena 37, 441
helenos vs. nazarenos 228
Helgoland 466
helgolandeses 169
Hengstenberg, Ernst 162
Hércules 441
Herder, Johann G. 282
Hermes 31
Herodias 267, 441
Herrero, José J. 30
hérulos 165
hieroglifo 154
Hiller, Ferdinand 503
Himalaias 117
história 282
História da Revolução Francesa 225
História dos Lombardos 163
Hoffmann, E. T. A. 475
Holanda 305
holandeses 166
Hölderlin, Friedrich 24, 29, 31
HOL' DER TEUFEL DEINE MUTTER... 194
Holofernes 309, 441
Homero 160, 163, 164
Hugo, Victor 25
humanidade 26, 153, 155, 159, 164, 227, 281, 447
Humboldt, Alexander v. 458

524

heinehein?

Humboldt, Wilhelm v. 458
humor 227, 229

I

Ibsen, Henrik 18
ICH GROLLE NICHT... 54
ICH HALTE IHR DIE AUGEN ZU... 190
ICH KANN ES NICHT VERGESSEN... 88
ICH LACHE... 64
ICH SAH SIE LACHEN... 404
ICH STAND IN DUNKELN TRÄUMEN... 50
ICH TANZ NICHT MIT... 60
ICH WEISS NICHT, WAS SOLL ES
BEDEUTEN... 98
Idade Média 31, 74, 175, 282
ídolo 61, 305, 339
Iêmen 291
Igreja 163, 266
imagem 13, 72, 117, 154
Imagens de Juiz de Fora 29
IM HIRN SPUKT... 66
Immermann, Karl Leberecht 465
IN DER FRÜHE 208
Índia 38, 117
Índias Ocidentais 281
Inferno de Wall Street, O 26
infortúnio 297
Inglaterra 15, 150, 319, 483
    recepção de Heine na 18
ingleses 150
Inquisição 341, 399
intempérie 253
Intermezzo Lírico 24, 27, 28
Investigações Italianas 469
INVOCAÇÃO, A 259
IN WELCHE SOLL ICH MICH
VERLIEBEN... 132
irlandeses 281

Israel 365
Itália 15
    recepção de Heine na 19

J

Jacó, Israel 156, 363, 441
jamanta 181
janela 41, 91, 301, 343
Janin, Jules 23
Japão 429
jardim 2, 79, 101, 105, 215, 235, 293
Jardim das Plantas 20
Jean Paul 18, 221, 227, 475
Jerusalém 161
Jesus Cristo 155, 159, 393, 441
JETZT WOHIN? 318
Jitscher, Moisés 307
Joab 317
João Batista 267, 441
Jocasta 409
Jonas 172, 173
Jordão 369
jornalismo 15
Journal des Débats 167
Jovem Alemanha 475, 482
judaísmo 247
Judaísmo na Música, O 468
Judeia 443
judeus 107, 153, 154, 228, 281, 349, 460
Judite 441
juízo final 53
Jünger, Ernst 24
juventude 239, 343, 345

K

kadisch 347
Kafka, Franz 24

Kant, Immanuel 24, 479
Kerr, Alfred 15
Kitty 187
KLEINES VOLK 292
Klopstock, Friedrich G. 38
KÖNIG DAVID 316
Konstablerwache 226
Kraus, Karl 15, 17
Krinitz, Elise 489

L

Labão 156
lábios 51, 93, 109, 129, 285, 475
labirinto 321
Lafayette, marquês de 167, 168, 176
Laforgue, Jules 22
lágrima 51, 197, 249, 355, 405, 425
Lamartine, Alphonse de 38
Lambert, o Gago 510
Lamennais, Félicité Robert de 229
lamento 87
LARGA AS PARÁBOLAS SAGRADAS... 417
Lassalle, Ferdinand 486
LAß DIE HEIL'GEN PARABOLEN... 416
Laube, Heinrich 484
Lazarus, Emma 15
LEBEWOHL 410
Leda 441, 475
LEGADO 359
Lekhá Dodi 365
LENDA DE CASTELO 287
Le Nôtre, André 267
Leopardi, Giacomo 29
Lérmontov, Mikhail 20
Lessing, Gotthold Ephraim 18, 455
Levi 156
Levin, Rahel 221, 458, 499
Lévy-Bruhl, Lucien 15

Lia 156
liberdade 152, 153, 166, 168, 176, 222,
226, 229, 269, 281, 319, 377
Liberdade Guiando o Povo, A 469
libertação 26, 164, 173, 174, 281
LIED VON DEN DUKATEN, DAS 48
Linée, Carl v. 490
língua (anat.) 379
linguagem 17, 81, 203, 445
língua-mãe 309
lira 307, 423
lírio 2, 107, 125
Liszt, Franz 13, 468
literatura 15, 23, 74, 75, 476
história da 455
moderna 478
livre-espírito 309
livro 153
Livro das Canções 15, 24, 29, 178, 283,
463, 472
locomotiva 282
lombardos 165
Londres 187
Longino 161
LORELAI, A 99, 491, 499
LORELEY, DIE 98
Lot 441
LOTOSBLUME, DIE 430
Louvre, museu do 170, 176
lua 57, 113, 181, 343
Lucchesi, Marco 29
Ludwig Börne. Um Memorial 33, 471
Luís Filipe I (Philippe d'Orléans)
170, 331, 466, 487
Luís XIV 267
Lukács, Georg 17
LUMPENTHUM 338
LUSCO-FUSCO DE VERÃO... 113
Lutécia. Relatos sobre Política, Arte e

Vida Social 269, 283, 468
Lutero, Martinho 24, 156, 174, 477, 478, 502
Luxembourg, palácio de 265

M

Mabille, Le Bal 271
macaco 65
madressilva 343
Magalhães, Valentim 27, 28
Magdeburgo, Mechthild de 510
Maiakóvski, Vladimir 20
Malasartes 309
Mandelstam, Óssip 473
Mann, Thomas 466
Maomé 153, 159
Maracujá 490
Mar do Norte 15, 169
Mar do Norte, O 500
Marggraff, Hermann 15
Maria 415, 445
mar, oceano 164, 172, 181, 185, 391
Marselhesa 168, 173
Marx, Karl 13, 24, 485, 509
máscara 63
matéria 154, 478
matzá 230
Matzerath, Christian J. 255
mecena 339
Medor, cão 176
ME ENTUPIRAM DE CONSELHOS... 97
MEINE SCHWIEGERMUTTER CERES... 232
MEIN HERZ, MEIN HERZ IST TRAURIG... 100
Memorial de Aires 383
memória, recordação 39, 89, 325, 359, 399, 403

Memórias 492
Menzel, Wolfgang 15, 162, 228
ME PASSA A MÁSCARA... 63
Mercúrio 441
mestre Hemling 175
metáfora 143, 445
Metternich, Clemens v. 15, 226, 227, 455, 457, 482
MEU CORAÇÃO TÃO TRISTE... 101
Meyer, Augusto 513
Meyerbeer, Giacomo 482, 486
MICH LOCKEN NICHT DIE HIMMELSAUEN... 406
Mignet, François-Auguste 491
Mimi 372, 373
Mirabeau, Honoré de 421
Mirat, Crescence (v. Heine, Mathilde)
Miserê 339
miséria 247, 289, 423
missa 347
Missal 27
modernidade 13, 32
modernismo 28
mohel 307
MOHRENKÖNIG, DER 322
Moisés 17, 32, 154, 159, 367, 441, 447
Monardes, Nicolás Bautista 490
montanha 99
Monteiro, José Gomes 24
Montmartre 347
moralidade 157, 158, 269
morfina 16
MORFINA 299
Morgenblatt für gebildete Stände 469
MORPHINE 298
morte 53, 91, 101, 183, 257, 275, 299, 345, 355, 379, 405, 415, 447
mosca 353
Moscou 311

índice analítico-remissivo

527

Moser, Moses 461, 462
mosquito 107
Mouche 490
mouros 107, 109, 291, 323
Muhammad XI 511
mula 323
mulher 135, 193, 205, 233, 261, 345, 355, 407, 409, 427
Müller, Johanna Christiana 489
Müller, Wilhelm 475
mundo 53, 57, 85, 125, 143, 337, 355, 407, 409
Munique 15, 223
Munk, Salomon 509
Münzer, Thomas 175
Musée de l'Homme 21
Museu Zoológico 20
música 301, 373, 389, 429

N

Nabokov, Vladímir 20
NACHT AM STRANDE, DIE 122
NA FLORESTA, O ROUXINOL... 197
NÃO ENTRO NESSA DANÇA... 61
NÃO ME SAI DA MEMÓRIA... 89
NÃO RECEIES... 143
NÃO VOU CHIAR... 55
nariz 37, 149, 439
NAS ASAS DA CANÇÃO... 79
natureza 40, 160, 161, 164, 245, 468, 469, 476
Navio Fantasma, O 468
NAVIO NEGREIRO 385
Navio Negreiro, O 26
negros 281, 385
Nerval, Gérard de 13, 15, 22, 23, 25, 39, 498
NEUE ISRAELITISCHE HOSPITAL ZUR

HAMBURG, DAS 246
NEUE MELODIEEN SPIEL' ICH... 204
Nietzsche, Friedrich 13, 15, 16, 24, 31, 470
Níger 385
nigun 309
Nikolaus, Lenau 28
Nínive 172, 173
NO AFINADO VIOLÃO... 205
nobreza 175, 176
NO CÉREBRO... 67
noite 22, 93, 99, 115, 123, 183
NOITE NA PRAIA 123
Noites Florentinas 468
nome 491
NO MEU PEITO AS TRICOLORES... 201
norte 87, 129, 150, 183
Noruega 123, 266
NO SONHO DE UMA NOITE DE VERÃO... 439
Novalis 475
Nova Primavera 27
Nova York 152
NOVO HOSPITAL ISRAELITA DE HAMBURGO 247
Novos Poemas 16, 24, 486
Novo Testamento 158, 159
NUM SONHO ESCURO... 51
nuvem 121, 145, 255

O

O CARNAVAL... 135
Ocidente 154
O CONTEÚDO QUE UM POEMA... 261
O DIABO QUE CARREGUE... 195
O GANGES BRAME... 117
olhos 37, 57, 91, 133, 139, 191, 203, 267
Olimpo 439

O MUNDO É TOLO... 85
ONDE? 183
O PORQUÊ DA CRIAÇÃO... 207
ORA, ENQUANTO EM OUTRO
CANTO... 211
orgia 401
oriente 87, 153, 154, 156
Orwell, George 484
O SANTO OFÍCIO DA RAZÃO... 399
Os Escravos 26
OS GRANDES DEUSES ORA
DORMEM... 121
OS TEUS BEIJINHOS... 93

P

Pã 159, 160, 165, 168, 171, 447
Paddy 174
paganismo 163
palácio 166, 169, 172
palavra 109, 125, 160, 161, 203, 349,
399, 433, 478
PALAVRAS, SÓ! JAMAIS AÇÃO... 433
palmeira 79, 87, 183
panteísmo 331, 487
papoula 299
parábola 417
paraíso 407
pardal 91
parentes 285
Paris 15, 16, 17, 21, 167, 168, 173, 178,
209, 235, 311, 313, 467
parnasianismo 24, 26
Parnaso 303
Parnasse contemporain, Le 24
Pasternak, Boris 20
Pátroclo 311
Paxi, ilhas 160
Paz de Campo Formio 225

pecado 72, 427
Pelayo, Menéndez 30
pelicano 411
PELO CAMINHO EU VIA OUTRORA... 403
Pelodes 160
pensamento 20, 139, 221, 227, 282, 429,
477, 478, 481
Pentateuco 154
perdão 41, 427
perfume 403
Perrée, Louis Marie 265
Perú, Vaimacá 21
Petrarca, Francesco 235
PHILISTER IN SONNTAGSRÖCKLEIN... 90
Pignatari, Décio 7, 29
pinheiro 87
Pintores Franceses 469
pirilampo 109, 445
Pitaval, François Gayot de 72
plantas 20, 245
Platen, August, conde v. 15, 465, 466
Plukenet, Leonard 490
Plutão 441
Plutarco 159
pobres 337
Poe, Edgar Allan 459
poema 261, 283, 431
Poemas. 1853 e 1854 16, 489
poesia 26, 31, 71, 74, 143, 454, 467, 475,
478, 480
    clássica 485
    finalidade da 71, 72
    indiana 459
    moderna 437
    política 483
    romântica 437
    -tendência 484
poeta 14, 17, 26, 39, 40, 74, 129, 255,
297, 401

índice analítico-remissivo

Polichinelo 174
política 155, 164
Polônia 15, 311, 313
Pomaré, Rainha 271, 275, 507
Pompeia, Raul 28
ponche 313
popular 73
Porchat, Reinaldo 28
porco 215, 309
Porète, Marguerite 510
POR QUAL DAS DUAS ME APAIXONO... 133
POR SÉCULOS AFORA... 81
Portugal 27
   recepção de Heine em 24
portugueses 307
posteridade 26
Pound, Ezra 19
povo 22, 40, 149, 169, 176, 251, 268, 293, 295, 317, 443
Prakriti 479
prazer 205, 301
Príapo 441
PRINCESA SCHABAT 361
Príncipe da Boêmia, Um 467
PRINZESSIN SABBATH 360
Prometeu 479
prosa 39, 222
Prosas Bárbaras 25
Prosérpina 233, 441
Proteu 32, 38
Prússia 162
PSIQUÊ 213
PSYCHE 212
público 72, 469
pulga 429
purgatório 427
Purusha 479
Púschkin, Aleksandr 20

Pustkuchen, Johann 162
Pütttlingen, Johann v. 489

Q

Quadrilha 29
Quadros de Sonho 74
Quadros de Viagem 14, 224, 281, 462
QUANDO AS TROMBETAS... 53
Queirós, Eça de 25
QUEM TEM UM CORAÇÃO... 379
Quental, Antero de 25
quimeras 439
Quintiliano 421

R

Rabelais, François 38
Rabi de Bacherach, O 461
rabino 111, 307
Racine, Jean 267
racismo 152
raio 168, 171, 253, 475, 481
RAMSGATE 128, 129
RAPAZ AMA UMA JOVEM, O 29
rapé 353
raposa 65
Raquel 156
rato 419, 421
RATOS RETIRANTES 419
razão 67
Reforma 473, 481
Regent's Park 187
rei 287, 289, 323
REI DAVI 317
REI MOURO, O 323
Reis, Jaime Batalha 25
religião 12, 71, 154, 157, 331, 476, 479
Renascença 439

representação 71, 72, 74, 222
RESENHA 69
resignação 427
Rever 343
Revista Brasileira 27
revolução 281, 478, 481
   de 1830 175, 176, 331
   filosófica 481
   francesa 169, 466, 479, 481
   política 481
Revue des Deux Mondes 23
Rheinisch-Westfälischen Anzeiger 69
riacho 49, 113, 445
Ribeiro, João 28
ricos 337, 339
Rilke, Rainer Maria 24
Rimbaud, Arthur 22
rio
   Ganges 79, 117
   Letes 233, 403
   Neckar 255
   Reno 15, 20, 99, 293, 301, 305, 331, 482, 483
   Sena 166, 255
   Tâmisa 187
Rio de Janeiro 385
riso 51, 65, 109, 115, 117, 287, 349, 405
Rivera, Fructuoso 21
Robert, Friederike 499
Robespierre, Maximilian 479
Rogue, Pauline 347
Roma 160
Romandia 243
romanos 266
romantismo 16, 24, 32, 74, 437, 457, 473
Romanzero 16, 332, 488, 535
Römer 219
rosa 2, 79, 105, 137, 143, 241
ROSA VELHA 241

Rosenfeld, Anatol 15
Rose Pompon 275, 508
Rossini, Gioachino 468
rosto, face 37, 51, 81
Roterdã 293
Rothschild, barão James de 13, 467
Rothschild, Betty 509
Rothschild, Mayer Amschel 227
rouxinol 14, 109, 137, 139, 197, 245, 283
Rubem 156
Ruge, Arnold 483, 509
ruína 282, 341, 439, 490
rum 127
Rumohr, Carl Friedrich v. 469
Rússia 45, 265, 319, 483
   recepção de Heine na 19

S

Sabá, rainha de 365
Safo 19
Sainte-Beuve, Charles A. 15, 24, 40
Saint-Simon, conde de 476
saint-simonismo 476
Salão de 1831 469
Salomão, rei 153, 283, 317
Salon 178
Salsipuedes 21
Sand, George 13, 15
sangue 377
sanguessuga 413
Santíssima Trindade 162
sapo 423
Sapos, Os 29
Satiricon 178
sátiros 37, 439
saúde 345, 407, 423
Schabat 367
Schaumburg-Lippe 491

Schelling, Friedrich W. v. 480
Schenk, Eduard v. 465
Schiller, Friedrich 38, 167, 367, 501
Schlegel, August v. 13, 74, 456, 457, 473
Schlegel, Friedrich v. 456
Schleiermacher, Friedrich 498
SCHLESISCHEN WEBER, DIE 288
SCHLOSSLEGENDE 286
Schm. 69, 498
Schopenhauer, Arthur 15, 30
Schumann, Robert 465
Século XIX, O 25
segredo 143
seio 193, 203
Selden, Camille 489
Selene 375
selvagem 131, 225
Semana, A 27
Semana de Arte Moderna 29
Semele 475
Senaqué 21
Senegal 385
senha 409
SE NOS CASARMOS NO PAPEL... 95
sepultura 45, 53, 215, 345, 347, 379, 401, 403, 405, 415, 443, 491
Sergent, Élise-Rosita 507
Sethe, Christian 59, 460, 498
Shakespeare, William 14, 18, 161
Shimshon, Chaim ben 491
Siècle, Le 265
SIE ERLISCHT 356
SIE KÜSSTEN MICH... 284
SIE TANZT 272
Silenus 441
Silésia 289
Silva, Francisca Júlia da 28
simbolismo 20
Simeão 156

Simplon 225
sinagoga 307, 363
Sinai 367, 441
Siquém 156
Situações Francesas 470
SKLAVENSCHIFF, DAS 384
Sobieski, Jan 315
socialismo 476
sol 22, 57, 137, 185, 353
soldado 26, 45, 151, 273
SOLITÁRIO, NA MONTANHA 87
soneto 61, 63, 64, 66, 117, 285
SONETOS-AFRESCO 59, 74
sonho 22, 45, 51, 55, 75, 79, 87, 341, 439
sono 121, 149, 199
SORGE NIE, DASS ICH VERRATHE... 142
sorte 353, 409
SÓS, NA DILIGÊNCIA ESCURA... 115
Sousândrade, Joaquim de 26
Spiegelman, Art 32
Staël, Madame de 16, 472
Stendhal 509
Stevenson, Robert Louis 15, 31
Strauß, Salomon 471
Sturm und Drang 32
Stuttgart 228
Sue, Eugène 508
Suíça 28
sul 129, 150, 183
sultão 291
surrealismo 24, 469

T

Tacuabé 20, 21
Taglioni, Marie 265
Taillandiers, Saint-René 21
Tânatos 355
Tannhäuser 468

teatro 195, 309, 357
TECELÕES DA SILÉSIA, Os 289, 485
tédio 150, 268, 377, 389
tempestade 61, 121, 172
tempo 247, 401, 439
Terceiro Estado 74, 478
Terra 261, 423
TERRÍVEL MAL FAZ À SAÚDE... 423
terrorismo 479
Teseu 228
testamento 359
Thamus 160
Thiers, Adolphe 21, 225, 482
Thomson, James 15
Tibério 160
tília 101
Tinianov, Iuri 20
tirano, déspota 255, 317
Tiútchev, Fiódor 19
Tolstói, Lev 18
Torá 363
torre 101, 223
tortura, suplício 117, 345, 403, 443, 454
tosse 127
tradução 20, 21, 33, 478
TRANSFIGURA-SE NUM VELHO... 145
Treitschke, Heinrich v. 15
TRÊS MAL-AMADOS, Os 29
Troia 441
tropicalismo 32
trovão 168, 171, 253, 481
Tsvetáieva, Marina 20, 513
tubarão 181, 387, 393
TU ÉS COMO UMA FLOR... 103, 464

U

Udine 225
Últimos Sonetos 27

UMA ESFINGE DE VERDADE... 409
UMA GAROTA, LÁ NA PRAIA... 185
Uminski, Jan Nepomucen 315
UNBEKANNTE, DIE 234
UND BIST DU ERST MEIN EHLICH
WEIB... 94
Un rien, M. 492
UNSTERN 214
Urspruch, Philipp Jacob 221
Uruguai 21

V

VALKYREN 294
VALQUÍRIAS 295
Varnhagen, Francisco Adolfo de 24,
458
Vendôme, coluna de 225
veneno 150, 285, 291, 423
vento 123
Vênus 332, 441
verdade 40, 447
Verdadeiramente 57
Verde, Cesário 27
Veríssimo, José 27
Verlaine, Paul 22
VERLORENE WÜNSCHE 348
VERMÄCHTNISS 358
VÊ-SE UMA GAIVOTA BRANCA... 181
Vesta 72
Vestris, Gaetano 267, 268
Viagem ao Harz 2, 461, 463
Viagem ao Japão 158
vício 407
Vico, Giambattista 282
vida 239, 285, 337, 359, 423, 447, 491
finalidade da 179
VIER UND ZWANZIG STUNDEN... 202
Villon, François 19

índice analítico-remissivo

533

VINTE E QUATRO HORAS... 203
violeta 2, 79, 139, 245, 403
Voltaire 14, 18, 38, 281
VOM SCHÖPPENSTUHLE DER
VERNUNFT... 398
VOR DER BRUST DIE TRIKOLOREN... 200
Vulcano 441
vulcão 265

W

Wage, Die 221
Wagner, Richard 468
WÄHREND ICH NACH ANDRER
LEUTE... 210
WAHRHAFTIG 56
WÄLDERFREYE NACHTIGALLEN... 196
WANDERRATTEN, DIE 418
Warnefrido, Paulo 163, 165
Wartburgo 174, 175
WARTET NUR 252
WARUM ICH EIGENTLICH ERSCHUF...
206
Weerth, Georg 12
Weidner, Julius 221
Weimar 475
Weltlauf 336
WENN EINST DIE POSAUNEN... 52
WENN SICH DIE BLUTEGEL
VOLLGESOGEN... 412
WER EIN HERZ HAT... 378
West-End 187
Whitman, Walt 18
WIEDERSEHEN 342
WIE EIN GREISENANTLITZ... 144
Wieland, Christoph M. 38
WIE LANGSAM KRIECHET SIE... 400
Willis 266, 506
WIR FUHREN ALLEIN IM DUNKELN... 114

WO? 182
Wohl, Jeanette 223, 229, 470
Wolf, Friedrich August 459
WORTE! WORTE! KEINE THATEN... 432

X

xenofobia 25

Z

Zaragoza, Israel de 111
Zeitschwingen, Die 221
Zeitung für die elegante Welt 484
Zendrini, Bernardino 19
Zeus, Júpiter, Jove 31, 441
ZU DER LAUHEIT UND DER FLAUHEIT...
130
Zunz, Leopold 461
ZWEY RITTER 310

De imagens

P. 3:

Globo terrestre desenhado pelo tio-avô de Heine, Simon van Geldern (1720–1774), por alcunha "o Levantino", em seu diário de viagem; consta que teria sido o primeiro ocidental a visitar a Genizah de Cairo, em 1753.

P. 333:

Ilustração do poeta, escritor e artista gráfico Richard Georg Spiller von Hauenschild, mais conhecido pelo pseudônimo de Max Waldau (1825–1855), para a capa de *Romanzero*, 1851.

P. 494:

Ilustração do mesmo artista para a capa de *Doutor Fausto. Um Poema-dança*, 1851.

Contracapa:

Algumas figuras extraídas do único desenho remanescente de Heine, feito no início de seu período universitário, 1819–1820.

Geral

Introdução
Poeta dos contrários 11

Daguerreótipos 35

Verdadeiramente | Poemas, 1819–1821
Die Grenadiere | Os granadeiros 44
Das Lied von den Dukaten | Cantiga dos dobrões 48
Ich stand in dunkeln Träumen | Num sonho escuro 50
Wenn einst die Posaunen | Quando as trombetas 52
Ich grolle nicht | Não vou chiar 54
Wahrhaftig | Verdadeiramente 56

Sonetos-afresco | 1821
Ich tanz nicht mit | Não entro nessa dança 60
Gib her die Larv' | Me passa a máscara 62
Ich lache | Eu rio 64
Im Hirn spukt mir | No cérebro 66

Resenha | 'Schm.' 69

Nas asas da canção | Poemas, 1822–1830
Auf Flügeln des Gesanges | Nas asas da canção 78
Es stehen unbeweglich | Por séculos afora 80
Ein Jüngling liebt ein Mägdlein | O rapaz ama uma jovem 82
Die Welt ist dumm | O mundo é tolo 84
Ein Fichtenbaum | Solitário, na montanha 86
Ich kann es nicht vergessen | Não me sai da memória 88
Philister in Sonntagsröcklein | Com roupinhas de domingo 90
Hast du die Lippen mir wund geküßt | Os teus beijinhos 92

índice geral

Und bist du erst mein ehlich Weib | Se nos casarmos no papel 94

Gaben mir Rath und gute Lehren | Me entupiram de conselhos 96

Die Loreley | A Lorelai 98

Mein Herz, mein Herz ist traurig | Meu coração tão triste 100

Du bist wie eine Blume | Tu és como uma flor 102

Donna Clara | Dona Clara 104

Dämmernd liegt der Sommerabend | Lusco-fusco de verão 112

Wir fuhren allein im dunkeln | Sós, na diligência escura 114

Der Ganges rauscht | O Ganges brame 116

An Edom! | A Edom! 118

Eingehüllt in graue Wolken | Os grandes deuses ora dormem 120

Die Nacht am Strande | Noite na praia 122

Ramsgate | Ramsgate 128

Zu der Lauheit und der Flauheit | A morna fragilidade 130

In welche soll ich mich verlieben | Por qual das duas 132

Dieser Liebe toller Fasching | O carnaval do nosso amor 134

Der Schmetterling ist in die Rose verliebt | A borboleta, afim da rosa 136

Die blauen Frühlingsaugen | Esses olhos-primavera 138

Der Brief, den du geschrieben | A cartinha que me escreves 140

Sorge nie, daß ich verrathe | Não receies: para o mundo 142

Wie ein Greisenantlitz droben | Transfigura-se num velho 144

Cartas de Helgoland 149

Uma gaivota | Poemas, 1830–1839

Carta a Karl Gutzkow 178

Das ist eine weiße Möve | Vê-se uma gaivota branca 180

Wo? | Onde? 182

Das Fräulein stand am Meere | Uma garota, lá na praia 184

Es läuft dahin die Barke | Célere, ao desembarque 186

Ehmals glaubt ich, alle Küsse | Acreditava antigamente 188

Ich halte ihr die Augen zu | Cubro-lhe os olhos 190

Diese schönen Gliedermassen | Esses membros colossais 192

Hol' der Teufel deine Mutter | O diabo que carregue 194

Wälderfreye Nachtigallen | Na floresta, o rouxinol 196

Die Flaschen sind leer | As garrafas pelo chão 198

heinehein?

Vor der Brust die trikoloren | No meu peito as tricolores 200

Vier und zwanzig Stunden | Vinte e quatro horas 202

Neue Melodieen spiel' ich | No afinado violão 204

Warum ich eigentlich erschuf | O porquê da criação 206

In der Frühe | De manhãzinha 208

Während ich nach andrer | Ora, enquanto em outro canto 210

Psyche | Psiquê 212

Unstern | Desastrado 214

Memorial 219

Degeneração | Poemas, 1840–1844

Meine Schwiegermutter Ceres! | Dona Ceres, minha sogra 232

Die Unbekannte | A desconhecida 234

Zuweilen dünkt es mich | Às vezes acho que te nubla 238

Alte Rose | Rosa velha 240

Die Eule studierte Pandekten | A coruja leu as ditas 242

Entartung | Degeneração 244

Das neue Israelitische Hospital zu Hamburg | Novo Hospital Israelita
de Hamburgo 246

Doktrin | Doutrina 250

Wartet nur | Esperem só 252

Der Ex-Lebendige | O ex-vivente 254

Fortuna | Fortuna 256

Die Beschwörung | A invocação 258

Der Stoff, das Material | O conteúdo que um poema 260

Ela dança

De *Lutécia*. Relatos sobre Política, Arte e Vida Social 265

Alle Liebesgötter jauchzen | Eis que os deuses da paixão 270

Sie tanzt | Ela dança 272

Besser hat es sich gewendet | Foi melhor o céu assim 274

Poemas do tempo | 1844–1851

Diversos 281

Sie küßten mich mit ihren falschen | Beijaram-me com lábios 284

índice geral   539

Schloßlegende | Lenda de castelo 286
Die schlesischen Weber | Os tecelões da Silésia 288
Der Asra | O azra 290
Kleines Volk | Povinho 292
Valkyren | Valquírias 294
Die Engel | Os anjos 296
Morphine | Morfina 298
Der Apollogott | O deus Apolo 300
Zwey Ritter | Dois cavaleiros 310
König David | Rei Davi 316
Jetzt wohin? | Agora aonde? 318
Der Mohrenkönig | O rei mouro 322

Auto da fé | Poemas, 1851–1853

Do Posfácio de *Romanzero* 331
Das Glück ist eine leichte Dirne | A Sorte é uma mulher vadia 334
Weltlauf | Curso do mundo 336
Lumpenthum | Miserê 338
Auto-da-fé | Auto da fé 340
Wiedersehen | Rever 342
Der Abgekühlte | O apagado 344
Gedächtnißfeyer | Efeméride 346
Verlorene Wünsche | Desejos perdidos 348
Frau Sorge | Dona Preocupação 352
An die Engel | Aos anjos 354
Sie erlischt | Ela expira 356
Vermächtniß | Legado 358
Prinzessin Sabbath | Princesa Schabat 360
Mimi | Mimi 372
Enfant perdu | Enfant perdu 376
Wer ein Herz hat | Quem tem um coração 378

Navio negreiro | 1853

Do *Memorial de Aires* – Machado de Assis 382
Das Sklavenschiff | Navio negreiro 384

Larga as parábolas | Poemas 1853–1855

Vom Schöppenstuhle | O Santo Ofício da razão 398

Wie langsam kriechet | Como rasteja devagar 400

Einst sah ich viele Blumen | Pelo caminho eu via outrora 402

Ich sah sie lachen | Eu vi seu riso 404

Mich locken nicht | Ao paraíso eu não me animo 406

Die Gestalt der wahren Sphynx | Uma esfinge de verdade 408

Lebewohl | Despedida 410

Wenn sich die Blutegel | Esfrego sal na sanguessuga 412

Es kommt der Tod | Chegou a morte 414

Laß die heil'gen Parabolen | Larga as parábolas 416

Die Wanderratten | Ratos retirantes 418

Ganz entsetzlich ungesund | Terrível mal faz à saúde 422

Celimene | Celimena 426

Dich fesselt mein Gedankenbann | Eu te prendi no pensamento 428

Die Lotosblume | A flor de lótus 430

Worte! Worte! | Palavras, só! 432

Último canto | 1855

De *Confissões* 437

Es träumte mir von einer Sommernacht | No sonho de uma noite 438

Adendo

Crônicas do Sr. Um nada 453

Obras disponíveis no Brasil 493

Notas 497

Índices

Analítico-remissivo 517

De imagens 535

Geral 537

Coleção Signos
Haroldiana

1. Panaroma do Finnegans Wake | James Joyce (Augusto e Haroldo de Campos, org.)
2. Mallarmé | Augusto e Haroldo de Campos e Décio Pignatari
3. Prosa do observatório | Julio Cortázar (trad. de Davi Arrigucci Jr.)
4. Xadrez de estrelas | Haroldo de Campos
5. Ka | Velimir Khlébnikov (trad. e notas de Aurora Bernardini)
6. Verso, reverso, controverso | Augusto de Campos
7. Signantia quasi coelum: Signância quase céu | Haroldo de Campos
8. Dostoiévski | Boris Schnaiderman
9. Deus e o Diabo no Fausto de Goethe | Haroldo de Campos
10. Maiakóvski – Poemas | Boris Schnaiderman, Augusto e Haroldo de Campos
11. Osso a Osso | Vasko Popa (trad. e notas de Aleksandar Jovannovic)
12. O Visto e o Imaginado | Affonso Ávila
13. Qohélet / O-Que-Sabe – poema sapiencial | Haroldo de Campos
14. Rimbaud livre | Augusto de Campos
15. Nada feito nada | Frederico Barbosa
16. Bere'Shith: a cena da origem | Haroldo de Campos
17. Despoesia | Augusto de Campos
18. Primeiro Tempo | Régis Bonvicino
19. Oriki Orixá | Antonio Risério
20. Hopkins: A Beleza Difícil | Augusto de Campos
21. Um encenador de si mesmo: Gerald Thomas | S. Fernandes e J. Guinsburg, org.
22. Três tragédias gregas | Guilherme de Almeida e Trajano Vieira
23. 2 ou + corpos no mesmo espaço | Arnaldo Antunes
24. Crisantempo | Haroldo de Campos
25. Bissexto sentido | Carlos Ávila
26. Olho-de-corvo | Yi Sáng (Yun Jung Im, org.)
27. A espreita | Sebastião Uchoa Leite
28. A poesia árabe-andaluza: Ibn Quzman de Córdova | Michel Sleiman
29. Murilo Mendes: ensaio crítico, antologia e correspondência | Laís Corrêa de Araújo
30. Coisas e anjos de Rilke | Augusto de Campos
31. Édipo Rei de Sófocles | Trajano Vieira
32. A lógica do erro | Affonso Ávila
33. Poesia Russa Moderna | Augusto e Haroldo de Campos e Boris Schnaiderman
34. Re visão de Sousândrade | Augusto e Haroldo de Campos
35. Não | Augusto de Campos
36. As Bacantes de Eurípides |Trajano Vieira
37. Fracta: antologia poética | Horácio Costa
38. Éden: um tríptico bíblico | Haroldo de Campos

39. ALGO : PRETO | Jacques Roubaud (trad. de Inês Oseki-Dépré)
40. FIGURAS METÁLICAS | Claudio Daniel
41. ÉDIPO EM COLONO DE SÓFOCLES | Trajano Vieira
42. POESIA DA RECUSA | Augusto de Campos
43. SOL SOBRE NUVENS | Josely Vianna Baptista
44. AUGUST STRAMM: POEMAS-ESTALACTITES | Augusto de Campos
45. CÉU ACIMA: UM TOMBEAU PARA HAROLDO DE CAMPOS | Leda Tenório da Motta, org.

COLEÇÃO SIGNOS
DIRIGIDA POR AUGUSTO DE CAMPOS

46. AGAMÊMNON DE ÉSQUILO | Trajano Vieira
47. ESCREVIVER | José Lino Grünewald (José Guilherme Correa, org.)
48. ENTREMILÊNIOS | Haroldo de Campos
49. ANTÍGONE DE SÓFOCLES | Trajano Vieira
50. GUENÁDI AIGUI: SILÊNCIO E CLAMOR | B. Schnaiderman e Jerusa Pires Ferreira, org.
51. POETA POENTE | Affonso Ávila
52. LISÍSTRATA E TESMOFORIANTES, DE ARISTÓFANES | Trajano Vieira
53. HEINE, HEIN? | André Vallias

IMPRESSÃO	Meta Brasil
PAPEL DE MIOLO	Pólen 80 g/m²
PAPEL DE CAPA	Cartão Supremo 250 g/m²
TIPOGRAFIA	Stempel Garamond